中等职业教育国家规划教材配套教材

Gonglu Xiaoqiaohan Sheji

公路小桥涵设计

（第二版）

周传林　主编

人民交通出版社

内 容 提 要

本书为中等职业教育国家规划教材的配套教材，由交通职业教育教学指导委员会路桥工程专业指导委员会组织编写。内容包括：概述，小桥涵勘测，小桥涵流量及孔径计算，涵洞构造，小桥涵基础设计，小桥涵设计，小桥涵工程数量。书后附有本课程教学基本要求，供各校在进行教学组织和安排时参考。

本书作为中等职业学校公路与桥梁专业教学用书，也可供继续教育及职业培训使用，或供从事公路设计、施工的工程技术人员学习参考。

图书在版编目(CIP)数据

公路小桥涵设计／周传林主编．—2版．—北京：人民交通出版社，2008.12

ISBN 978-7-114-07439-4

Ⅰ．公… Ⅱ．周… Ⅲ．公路桥－桥涵工程－设计－专业学校－教材 Ⅳ．U448.142.5

中国版本图书馆CIP数据核字（2008）第161271号

中等职业教育国家规划教材配套教材

书　　名：公路小桥涵设计（第二版）
著 作 者：周传林
责任编辑：张　斌
出版发行：人民交通出版社
地　　址：（100011）北京市朝阳区安定门外外馆斜街3号
网　　址：http://www.ccpress.com.cn
销售电话：（010）59757969，59757973
总 经 销：北京中交盛世书刊有限公司
经　　销：各地新华书店
印　　刷：廊坊市长虹印刷有限公司
开　　本：787×1092　1/16
印　　张：10.75
字　　数：261千
版　　次：2003年7月第1版　2009年2月第2版
印　　次：2009年2月第2版第1次印刷总第4次印刷
书　　号：ISBN 978-7-114-07439-4
印　　数：11001～14000册
定　　价：22.00元

第一版前言

为了贯彻《中共中央国务院关于深化教育改革全面推进素质教育的决定》，落实《面向21世纪教育振兴行动计划》中提出的“职业教育课程改革和教材建设规划”，教育部于2001年全面启动了中等职业教育国家规划教材建设工作。交通职业教育教学指导委员会路桥工程学科委员会于2001年11月组织全国交通职业学校（院）的教师，根据教育部最新颁布的公路与桥梁专业主干课程教学基本要求，编写了中等职业教育国家规划教材（工程测量、道路材料试验、公路工程施工技术、钢筋混凝土结构、路面结构、桥梁构造与施工、公路工程管理、公路养护与管理共8种），经全国中等职业教育教材审定委员会审定后，于2002年7月在人民交通出版社出版发行。

根据教育部《中等职业学校公路与桥梁专业教学指导方案》中专业课程设置的要求，路桥工程学科委员会在启动主干课程教材编写的同时，着手与之配套的教材的组织编写工作。经过广泛征求意见及建议，通过多次讨论，最后选定《工程制图》（附《工程制图习题集》）、《应用力学》、《土工技术》、《公路几何设计》、《公路小桥涵设计》、《施工监理基础》、《施工机电基础》、《高速公路简介》共8种教材作为中等职业教育国家规划教材的配套教材。

本套教材在编写中注意了与主干课程教材的合理衔接，融入了全国各交通职业学校（院）公路与桥梁专业的教学改革成果，结合最新的技术标准、规范以及公路科技进步等情况，具有较强的针对性；较好地贯彻了素质教育的思想，力求体现以人为本的现代理念，从交通行业岗位群的知识和技能要求出发，并结合对学生动手能力、创新能力、职业道德方面的要求，提出教学目标，组织教学内容，在教材的理论体系、组织结构、内容描述上与传统教材有了明显的区别。

《公路小桥涵设计》是中等职业教育国家规划教材配套教材之一，主要介绍公路小桥涵的构造形式，各类小桥涵的特点及选择原则，小桥涵勘测的内容及方法，小桥涵流量及孔径计算，涵洞的组成及构造，小桥涵的基础设计，小桥及涵洞内业设计的基本方法。全书共7章。书后附有本课程的“教学基本要求”，供各院校在进行教学组织和安排时参考。

参加本书编写工作的有：南京交通职业技术学院周传林（编写第一、二、三、四章）、张波（编写第五、六章），内蒙古交通学校段琼云（编写第七章）。全书由周传林主编，四川交通职业技术学院杨甲奇主审，烟台师范学院交通学院于敦荣担任责任编委。

限于编者经历及水平，教材内容很难覆盖全国各地的实际情况，希望各教学单位在积极选用和推广新教材的同时，注意总结经验，及时提出修改意见和建议，以便再版修订时改正。

交通职业教育教学指导委员会
路桥工程学科委员会
2003年4月

第二版前言

随着公路特别是高速公路建设事业的快速发展，我国在公路与桥梁工程设计理论、公路建设新材料、公路施工新技术和新工艺等方面的研究取得了许多新的成果；近年来中华人民共和国交通运输部颁布了一些新的行业标准、规程和规范以及职业技能鉴定标准，为紧跟行业新技术的发展步伐，适应新标准和规范的要求，改正第一版教材中与新标准、规程和规范表述不相吻合的内容，也为了弥补第一版教材在使用过程中发现的不足，交通职业教育教学指导委员会路桥工程专业指导委员会研究决定，对2003年出版的中等职业教育国家规划教材的配套教材按以下原则重新编写。

1. 遵循"去旧补新"的原则。根据国家和行业颁布的最新标准、规程和规范以及职业技能鉴定标准和行业科技进步需要，对原教材中的部分内容进行适当的调整和更新，同时对原教材中的不足予以弥补。

2. 突出实践技能的原则。按照教育部对中等职业教育培养目标的定位，吸收近几年职业教育教学改革的经验和成果，力求使新修订的教材更符合中职学生的认知规律、实际应用和职业技能的训练需要，体现"所学即所用，所用即所教"。

本书由南京交通职业技术学院周传林担任主编。

书后附有《公路小桥涵设计》课程的"教学基本要求"，以便于各校在组织教学时参考。

交通职业教育教学指导委员会
路桥工程专业指导委员会
2008年12月

目　　录

第一章 概 述

知识点

1. 描述小桥涵的划分标准、分类及特点；

2. 描述小桥涵设计的原则及选型应考虑的因素；

3. 描述小桥涵设计的基本要求。

第一节 小桥涵的划分、分类及特点

一、小桥涵的划分

公路跨越沟谷、溪沟、河流、人工渠道以及排除路基内侧边沟水流时，常常需要修建各种横向排水构造物。小桥涵是常见的小型排水构造物。有时跨越其他路线或障碍，也需修建小桥涵。就单个而言，小桥涵工程量较小，费用较低。但对一条公路来说，因小桥涵遍布全线，数量多，其工程量占很大的比重。一般平原区每公里有1~3道，山区有3~5道。据已建成公路统计，小桥涵的工程投资约占公路总投资的15%~20%，其投资总额为大、中桥的2~4倍。同时，小桥涵的设计还与农田水利灌溉有着密切的关系，由此可见，小桥涵的设计是否合理，对于整条公路的造价和使用都有很大的影响。

根据交通部颁布的《公路工程技术标准》(JTGB01—2003)的规定，小桥和涵洞按其多孔跨径总长 L 和单孔跨径 L_k 两项指标来划分，如表1-1。

小桥和涵洞按跨径分类表 表1-1

划分指标 / 桥涵分类	多孔跨径总长 L(m)	单孔跨径 L_k(m)
小桥	$8 \leqslant L \leqslant 30$	$5 \leqslant L_k < 20$
涵洞	—	$L_k < 5$

表1-1中单孔跨径 L_k 指标准跨径。对于梁式桥、板式桥涵为两桥墩中心线或台背前缘间的距离；对于拱式桥涵、箱涵则以净跨径为准。小桥涵的标准跨径为：0.75m、1.0m、1.25m、1.5m、2.0m、2.5m、3.0m、4.0m、5.0m、6.0m、8.0m、10.0m、13.0m、16.0m。L 为多孔跨径总长，仅是划分桥涵的指标，对于梁式桥、板式桥涵为多孔标准跨径的总长；对于拱式桥涵为两岸桥台内起拱线间的距离；对于其他型式桥涵则为桥面系行车道长度。

对于圆管涵及箱涵，不论管径或跨径大小、孔数多少，均称为涵洞。

小型排水构造物除上述的小桥和涵洞外还有下面几种类型。

1. 漫水桥

允许设计洪水短期淹没桥面的公路桥跨结构物称漫水桥，如图1-1所示。

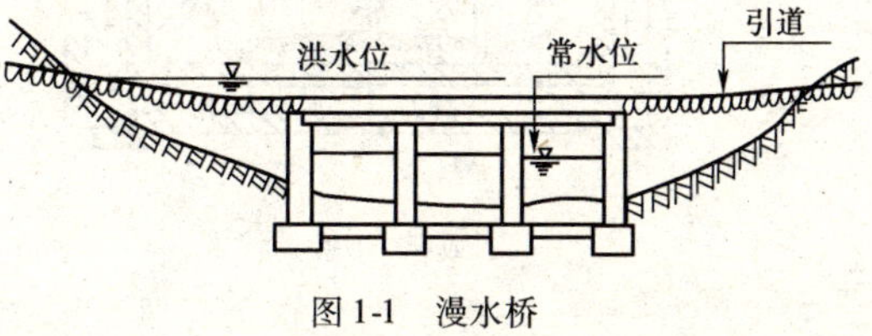

图1-1 漫水桥

在洪水期，由于桥上要漫水，允许临时中断交通。漫水桥通常适用于雨量集中，洪水历时短暂，河床宽浅，河滩宽阔，两岸地形平坦，容许有限度中断交通的三、四级公路。

2. 过水路面

用加固路面、路肩及路基边坡的方式，允许洪水期水流从路面上流过的排水构造物称为过水路面，如图1-2所示。

带有涵洞或漫水桥的过水路面称为混合式过水路面。

过水路面既起排水作用，又起路面作用。过水路面构造简单，建筑高度小，造价低，用料省，只适用于流速较小，无底沙运动或底沙运动轻微，并且容许有限度中断交通的三、四级公路，常用于宽阔漫流地区的河流。

3. 透水路堤

透水路堤是一种用块、片石干砌成路堤，利用石块间孔隙排水的构造物，透水路堤也可与涵洞配合使用，如图1-3所示。

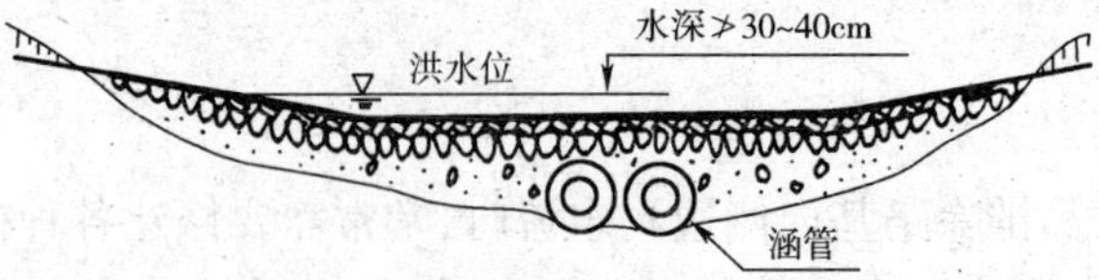

图1-2 过水路面

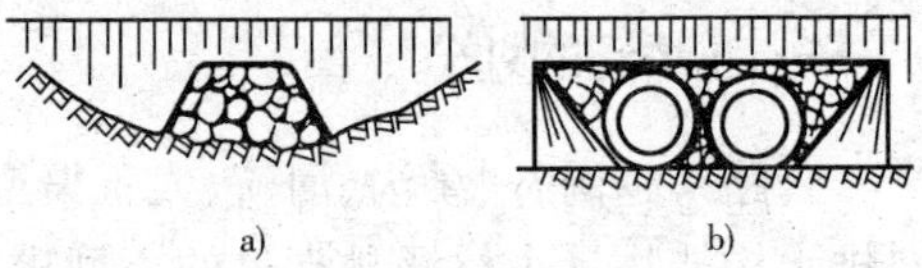

图1-3 透水路堤

a) 石砌透水路堤；b) 带涵管的透水路堤

透水路堤排水量少，费用低，一般只在流量小、水流含沙量少的低等级公路采用。在寒冷地区，受冰冻的影响，不宜采用透水路堤。

4. 倒虹吸涵洞

当横跨公路的沟渠，水面与路面高差较小，不能满足设置涵洞的最小建筑高度要求时，为避免渠路干扰，利用倒虹吸原理修建的排水构造物称倒虹吸涵洞，如图1-4所示。

倒虹吸涵洞属压力式涵洞，由于其排水量少，易被泥沙及漂浮物淤塞，涵管接头又易漏水，养护困难，因而除特殊情况外，一般较少采用。

5. 渡槽

当横跨公路的沟渠被公路截断，又不能改移，且沟渠下足以保证行车净空高度时，在公路上空架设的横向排水构造物称渡槽，如图1-5所示。渡槽一般用于农田灌溉排水，很少用于排洪。

小型排水构造物还有截水沟、盲沟、急流槽、边沟等。

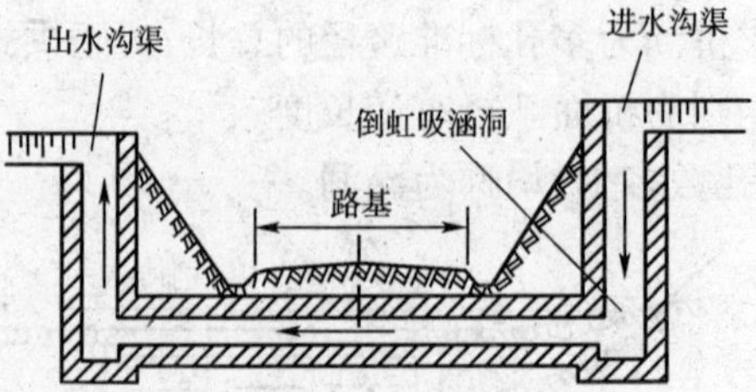

图1-4 倒虹吸涵洞

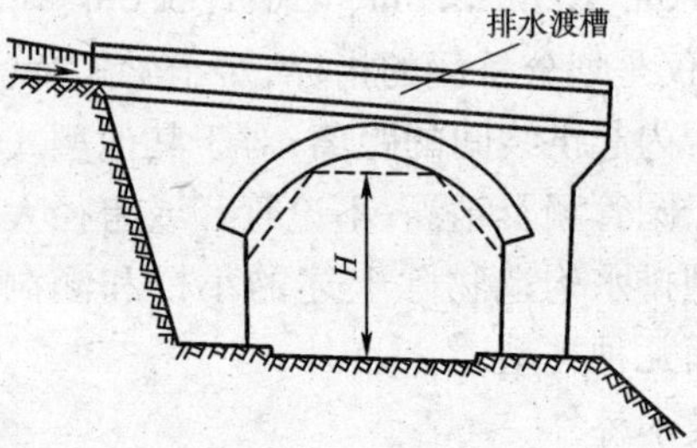

图1-5 渡槽

H-行车净空高度

二、小桥涵的分类

1. 按建筑材料分类

(1)木桥涵

木桥涵是以木材为主要承重结构建造的桥涵,一般为临时性结构物,较少采用。

(2)石桥涵

石桥涵是以石料为主要承重结构建造的桥涵,这是公路常见的桥涵类型。

石桥涵按力学性能不同又分为盖板涵、石拱涵、石拱桥等类型;按构成桥涵的砌体有无砂浆有浆砌和干砌之分。

(3)混凝土桥涵

混凝土桥涵是以混凝土为主要承重结构建造的桥涵。按力学性能不同,混凝土桥涵又有四铰管涵、混凝土圆管涵、混凝土盖板涵、混凝土拱桥、双曲拱桥之分。

砖、石料和混凝土材料在工程结构物中以承受压力为主,统称圬工材料,由这些材料组成的桥涵叫圬工桥涵。

(4)钢筋混凝土桥涵

钢筋混凝土桥涵是以钢筋混凝土为主要承重结构建造的桥涵。由于钢筋混凝土材料坚固耐用、力学性能好,是高等级公路常采用的结构类型。

钢筋混凝土桥涵按力学性能不同又有钢筋混凝土管涵、钢筋混凝土板涵、钢筋混凝土板梁桥、钢筋混凝土箱涵、钢筋混凝土拱涵、钢筋混凝土拱桥、钢筋混凝土双曲拱桥等类型。

(5)其他材料组成的涵洞

除以上四种桥涵外,涵洞由于孔径小,有时也可以采用其他材料如砖、陶瓷、铸铁、钢波纹管、石灰三合土等建造,这类涵洞有砖涵、陶瓷管涵、波纹管涵、石灰三合土涵。除特殊情况外,一般很少采用这类涵洞。

2. 按构造形式分

小桥涵按构造形式可分为管涵(通常用圆管涵)、盖板涵(又有空心板和实心板之分)、梁桥、拱涵、拱桥、箱涵等类型。各类不同形式的涵洞又可由不同材料构成多种类型的涵洞或小桥。由于各类涵洞的构造及力学性能不同,在跨径尺寸上有很大的差异,常见的涵洞及小桥适用的跨径如表1-2。

不同构造形式涵洞及小桥适用跨径(cm) 表1-2

构造形式	适用的跨径(或直径)	构造形式	适用的跨径(或直径)
钢筋混凝土圆管涵	50、75、100、125、150、200	拱涵	150、200、250、300、400、500
钢筋混凝土盖板涵	150、200、250、300、400、500	箱涵	150、200、250、300、400、500
板桥、拱桥	500、600、800、1000、1300、1600	倒虹吸管涵	75、100、125、150

注:①跨径50cm的涵洞仅用于农田灌溉区;

②石盖板涵的跨径仅为50cm、75cm、100cm、125cm。

3. 按填土高度和孔数分

按洞顶填土高度不同,涵洞可分为明涵和暗涵两类,如图1-6。

(1)明涵

当涵洞洞顶填土高度小于0.5m时称明涵。通常在低填方和挖方路段时采用。

(2)暗涵

当涵洞洞顶填土高度大于或等于 0.5m 时称暗涵。通常在高填方路段采用。

桥涵按跨沟谷的孔数分又有单孔、双孔以及多孔之分，如图 1-7。

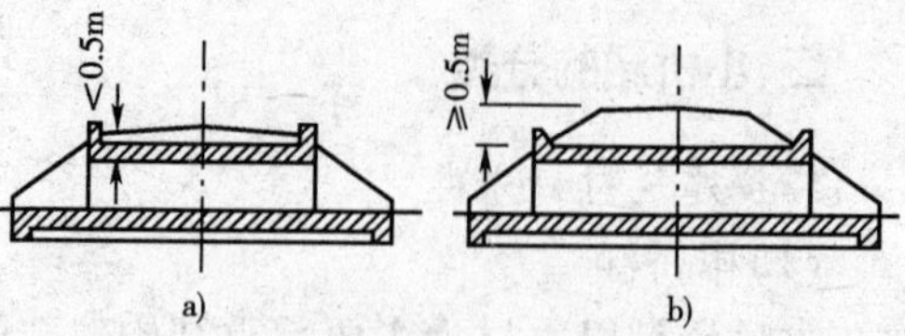

图 1-6　涵洞按填土高度分类

a）明涵；b）暗涵

4. 按水力性质分

通过涵洞的水流深度不同，直接影响涵洞过水的水力状态，从而产生不同的涵洞水力计算图式。因此，按涵洞过水的水力性质不同，涵洞可分为无压力式、半压力式和压力式三种，如图 1-8。

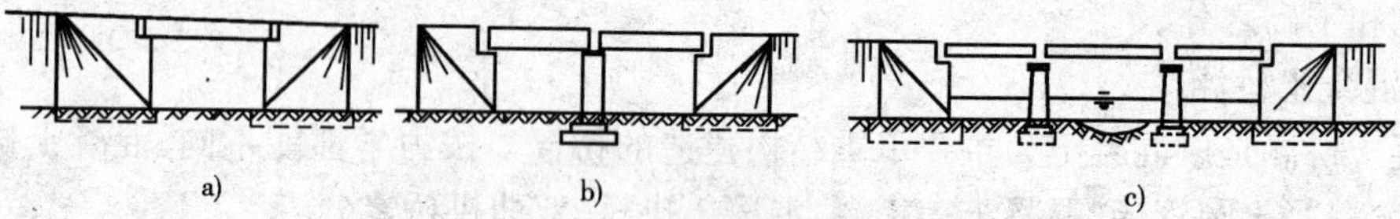

图 1-7　桥涵按孔数分类

a）单孔；b）双孔；c）多孔

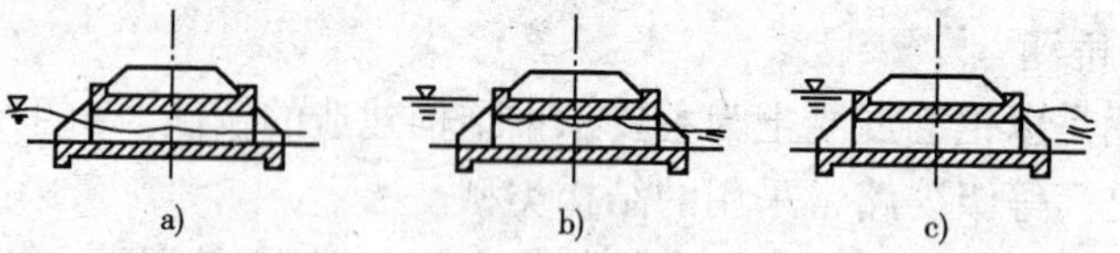

图 1-8　涵洞按水力性质分类

a）无压力式；b）半压力式；c）压力式

（1）无压力式涵洞

涵洞入口水流深度小于洞口高度，并在洞身全长范围内水面都不触及洞顶，洞内具有自由水面，称无压力式涵洞。

（2）半压力式涵洞

涵洞入口水流深度大于洞口高度，水流充满洞口，但在洞身全长范围内（进水口处除外）都具有自由水面，称半压力式涵洞。

（3）压力式涵洞

涵洞入口水深大于洞口高度，并在洞身全长范围内都充满水流且无自由水面，称压力式涵洞。

5. 按洞身形式分

（1）进口抬高及不抬高的形式，如图 1-9a）、b）。

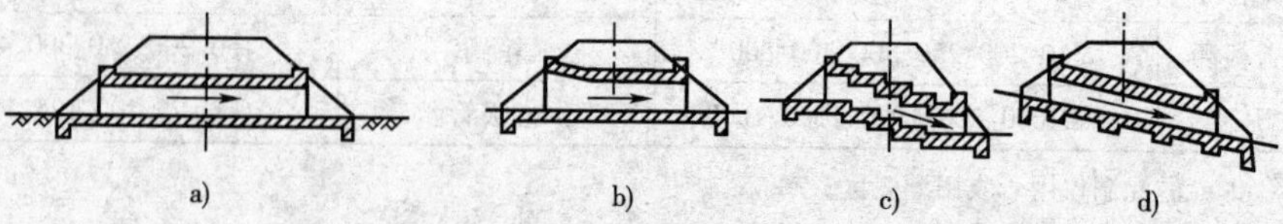

图 1-9　涵洞按洞身形式分类

a）进口不抬高；b）进口抬高；c）平置式；d）斜置式

（2）平置式，如图 1-9c），洞身呈台阶式布置，基础平置，又称阶梯涵。

（3）斜置式，如图 1-9d），洞身呈斜坡布置，基础斜置。

平置式和斜置式涵洞统称斜坡涵洞。

6. 按适用功能分

按适用功能，小桥涵可分为排洪涵（桥）、灌溉涵（桥）和交通涵（桥）三类。交通涵（桥）又有人行地道（通道）、人行天桥和立交桥之分。

7. 按洞身平面布置分

按洞身平面布置，小桥涵有正交桥（涵）、斜交桥（涵）、曲线桥（涵）等类型，如图 1-10。

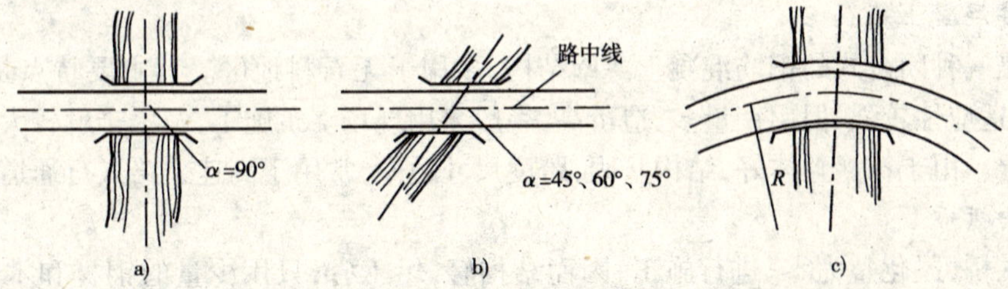

图 1-10　小桥涵按洞身平面布置分类

a) 正交桥（涵）；b) 斜交桥（涵）；c) 曲线桥（涵）

桥上路线纵坡大于 3% 的桥梁称坡桥。

三、各类小桥涵的特点及选用条件

1. 石拱桥（涵）

石拱桥（涵）是山区公路常采用的一种类型。其主要特点是：①能充分利用天然石料，不需钢材，只需少量水泥，因而造价低，工程费用少；②施工技术简单，专用设备少，适于群众建桥；③结构坚固，自重及超载潜力大，使用寿命长。与板式桥（涵）相比，由于拱式结构需要较大的建筑高度；不能进行工厂预制现场装配；遭受破坏后难于修复；施工时占用劳动力较多，工期较长以及对地基要求较高等特点，因而在使用范围上受到限制。

石拱桥（涵）通常适用于盛产石料的地区，设计流量一般大于 $10m^3/s$，路堤填土高度在 2 ~ 2.5m以上，跨径等于或大于 2m，地基条件较好。

2. 石盖板涵

石盖板涵除了具有石拱涵能就地取材、结构坚固等特点，还具有建筑高度较小，对地基条件要求不高、施工简便、易于修复等特点。但由于其力学性能较差，因而一般仅适用于跨径小于 2m，设计流量通常在 $10m^3/s$ 以下的小型涵洞。

3. 钢筋混凝土板桥（涵）

这是无石料地区常采用的一种桥涵类型，其主要特点是：①建筑高度较小，不受填土高度限制；②能采用工厂预制，现场装配，施工简便迅速；③为简支结构，对地基条件要求不高；④遭受破坏后易于修复。但由于需用水泥、钢筋等材料，一般造价较高。通常适用于石料短缺、填土高度受限制以及公路等级较高的情况。由于这类桥涵用钢材较多，在缺乏钢材的情况下，应尽量采用其他类型。

钢筋混凝土桥（涵）按施工方法的不同还可有预制装配和就地浇筑之分。装配式桥（涵）不仅能在工厂分块预制，再运至现场安装，具有施工不受气候条件影响、工期短、节省模板等优点，而且还能与下部工程同时施工，加快施工进度，适用于桥涵分布集中并有运输及吊装条件的公路。就地浇筑的桥涵，整体性好，可以按需要做成各种外形，施工不需运输及吊装设备、施工简便，但施工进度慢，又要耗费较多的支架和模板材料，适用于分散或改建的单个桥涵，以及不具备运输及吊装条件的公路。

4. 钢筋混凝土圆管涵

这也是一种在缺石料地区常采用的涵洞，其主要特点是：力学性能好，对地基的适应性较强，构造简单，不需墩台，圬工数量少，施工方便，适于工厂预制，便于装配运输，工期较短。受预制吊装条件的限制，一般孔径较小，为0.5～2.0m，宣泄设计流量在$10m^3/s$以下。圆管涵一般采用单孔比较经济，多孔时一般不宜超过3孔。

5. 钢筋混凝土箱涵

箱涵是一种闭合式的钢筋混凝土薄壁结构，多用于无石料地区。其主要特点是整体性能好、对地基适应性较强，但用钢量多、造价高，一般多用现场浇筑施工，施工难度较大，通常适于软地基情况。由于箱涵整体好，结构坚固，跨度尺寸适中，常用于高速公路人行通道。

6. 双曲拱桥

双曲拱桥可"化整为零"进行施工，因而结构轻，圬工省；只用少量的钢材和木材，造价较低；同时它还具有施工快、工期短、利于装配施工等特点。在无石料地区的地方性小桥可考虑采用这种类型。

各类涵洞按建筑材料、构造形式及水力性质不同，其适用性及优缺点汇总于表1-3、表1-4、表1-5，可供选型时参考。

不同材料涵洞的适应性和优缺点　　表1-3

种类		适用性	优缺点
常用	石涵	产石地区，可做成盖板涵、石拱涵	节省钢筋、水泥，经久耐用，造价、养护费用低
	混凝土涵	可现场浇筑或预制成拱涵、圆管涵和小跨径盖板涵	节省钢筋，便于预制，但损坏后修理和养护较困难
	钢筋混凝土涵	用于管涵、盖板涵、拱涵；软土地基上可用箱涵	涵身坚固，经久耐用，养护费用少。管涵、盖板涵安装运输便利，但耗钢量较多，预制工序多，造价较高
	砖涵	用于平原或缺少石料地区。可做成砖拱涵，有时做成砖管涵	便于就地取材，但强度较低；当水流含碱量大时或冰冻地区易损坏
其他	陶瓷管涵	陶、瓷产地，定型烧制	强度较高，运输、安装时易碎；造价高，跨径小
	铸铁管涵	工厂化生产的金属定型产品	强度很高，但长期受水影响易锈蚀；造价高，跨径小
	钢波纹管涵	小跨径暗涵	力学性能好，但施工管节接头不易处理，易锈蚀；造价高，跨径小
	石灰三合土涵	可做成石灰三合土篾管涵或拱涵	强度较低，造价低；但水流冲刷极易损坏

不同水力性质涵洞分类　　表1-4

水力性质	外观描述	适用性
无压力式	进口水流深度小于洞口高度，水流受侧向束挟，进口后不远处形成收缩断面。下游水面不影响水流出口。水流流经全涵保持自由水面	要求涵顶高出水面，涵前不允许壅水或壅水不高
半压力式	水流充满进口，呈有压状态，但进口不远的收缩断面及以后的其余部分均为自由水面，呈无压状态	全涵净高相等，涵前允许一定的壅水，且略高于涵进口净高
有压力式	涵前壅水较高，全涵内充满水流，无自由水面。一般出口被下游水面淹没，但升高式进水口（流线形），且涵底纵坡小于摩阻坡度时，出口不被下游水面淹没	深沟高路堤，不危害上游农田、房屋的前提下，涵前允许较高壅水
倒虹吸管	进出水口设置竖井，水流充满全部涵身	横穿路线的沟渠水面高程基本同于或略高于路基高程

各种构造形式涵洞的适用性和优缺点 表 1-5

构造形式	适用性	优缺点
管涵	有足够填土高度的小跨径暗涵	对基础的适应性及受力性能较好,不需墩台,圬工数量少,造价低
盖板涵	要求过水面积较大时,低路堤上的明涵或一般路堤的暗涵	构造较简单,维修容易。跨径较小时用石盖板;跨径较大时用钢筋混凝土盖板
拱涵	跨越深沟或高路堤时设置。山区石料资源丰富,可用石拱涵	跨径较大,承载潜力较大。但自重引起的恒载也较大,施工工序较繁多
箱涵	软土地基时设置,人行道通常采用	整体性强,但用钢量多,造价高,施工较困难

第二节 小桥涵的类型选择及设计的基本要求

一、小桥涵的设计原则

小桥涵是公路构造物的重要组成部分之一。小桥涵设计应与所在公路的等级、使用任务、性质和将来的发展相适应,应遵循适用、经济、安全、美观和有利环保的原则进行设计。

1. 适用

小桥涵设计必须满足交通运输、排水的基本功能。在满足基本功能的同时,还应综合考虑农田水利、农田灌溉,桥涵下通航、通车、行人的要求,靠近城市、村镇的桥涵还应结合有关方面的要求,考虑综合利用。

小桥涵要有足够的承载力,能保证行车的畅通、舒适和安全,既满足当前的需要,又照顾今后的发展。小桥涵要有足够的排洪能力,以使桥下水流畅通,不影响路基和周围的安全。

2. 经济

在满足适用的条件下,桥涵设计要体现经济上的合理性。桥涵类型选择要尽量因地制宜、就地取材和便于施工、养护,要进行技术经济比较,力求做到优选、优化,以达到用料省、工日少、造价低并且养护费用少的目的。桥涵结构设计应尽量标准化、定型化,多采用装配式,积极采用新结构、新材料、新工艺,要有利于施工机械化、工厂化,以求得最大的经济效益。

3. 安全

确保工程安全是土木工程设计的基本要求。设计的桥涵构造物,应具有足够的强度、刚度和稳定性,以使在车辆和自然力的作用下,牢固、可靠,确保正常使用。桥面系设计应保证车辆行驶畅通和安全。

4. 美观

在适用、经济、安全的前提下,桥涵应尽可能具有优美的造型,并与周围的环境相协调。桥梁的轮廓形状,涵洞的孔径尺寸比例、洞口的结构形式的选择,都应在不过分增加工程费用的条件下,力求达到美观、协调的要求。

二、小桥涵类型选择应考虑的主要因素

小桥涵类型决定了小桥涵的功能、造价和使用年限,选型时应根据所在公路的使用任务、性质和将来发展的需要,按照适用、经济、安全和美观的总原则合理确定桥涵类型。

1. 地形、地质、水文和水力条件

(1)小桥和涵洞的选择

当跨越常年有水但流量较小,或仅在暴雨时产生水流的河沟,并且水流中漂流物少,上游泥沙运动较小,路堤高度满足壅水高度的要求,能够满足需宣泄的设计流量时,宜采用涵洞(包括明涵和暗涵)。而当河沟地处陡峭深谷或冲积堆上,漂流物多或有泥石流运动,需宣泄的设计流量较大时,宜采用小桥。

(2)按水力性质选择涵洞计算图式

一般新建涵洞以采用无压力式涵洞为主。为了提高宣泄设计流量,在不造成淹没上游农田、村庄的前提下,允许涵前较大壅水高度时,可采用压力式或半压力式涵洞。压力式涵洞在设计施工中,必须保证涵身不漏水,即不能让水渗入路基,影响路基强度和稳定性;压力式涵洞进水口采用升高式(或流线形),可提高宣泄设计流量,但水流速度加大,必须加固涵洞基础或增设涵底铺砌,保证进出口、基底及附近路基不被冲毁。半压力式涵洞因水位起落变化引起水流不稳定(水力图式相应变化),因此不常用。

(3)选择构造类型

当设计流量在 $10m^3/s$ 左右时,一般宜采用圆管涵。但路堤高度过低,圆管涵顶填土高度不足时,宜采用盖板涵(先考虑采用暗涵,当盖板涵顶填土高度不足时,再考虑采用明涵)。

设计流量在 $20m^3/s$ 以上时,宜采用盖板涵。但当设计流量更大时,特别是当路堤较高时,宜采用拱涵。

涵洞基础对涵洞质量影响很大。砖涵、拱涵都要求有较坚实的地基基础,其他类型的涵洞也要求基础不能有过大沉陷,而且沉陷必须均匀。

涵洞位置应尽量避免在地基松软、坚硬不均匀或地质条件不良地段设置。当地基过分松软无法避让时,应采取对地基的加固或对基础的加强处理措施,也可以采用钢筋混凝土箱涵,选择时应对各种可行的处理方案进行技术和经济比较后确定。

(4)过水路面和混合式过水路面选用比较

三、四级公路跨越季节性小河,在交通允许有限度的中断时,可考虑修建过水路面或带有涵洞的混合式过水路面。

平时干涸无水,暴雨后洪峰涨落迅速,主槽不明显,洪水时漫滩较宽,河床地质情况较好,路线纵坡较平缓,可选用过水路面。若平时水流流量较小,主槽较明显,水流集中,可选用混合式过水路面。

过水路面受水流冲刷不易养护,洪水时阻车不安全,所以宜尽量少用。当考虑采用过水路面方案时,应与改为路线升高建涵方案作经济比较后确定。

2. 经济造价

因地区不同,涵洞的造价差异往往很大。涵洞造价主要取决于材料的料场价格,其次是材料的运输费用和当地的人工、机具费用。

在盛产石料的山区,一般选用石涵比较经济;在缺乏石料的地区,当设计流量较小时,选用圆管涵或钢筋混凝土盖板涵比较经济;当设计流量较大时,选用钢筋混凝土盖板涵或拱涵比较经济。

宣泄同样设计流量的小桥涵,单孔比多孔经济得多,且挖基工作量及水下挖基工作量都较少。多孔小桥涵通常是在建筑高度受限制无法采用单孔,或因修建单孔跨径过大而不经济且河床中有良好的修建桥(涵)墩的地基条件时才采用。单孔钢筋混凝土盖板涵比多孔钢筋混凝土圆管涵经济。采用无压力式圆管涵时,一般不宜超过三孔。

路堤越高,涵洞越长。当路堤高度超过5~6m,若设计流量较小时,采用圆管涵比较经济;若设计流量较大时,选择涵洞还是选择小桥,应作方案的技术经济比较后确定。

3.材料选择和施工条件

选用涵洞材料时要因地制宜,尽可能就地取材,优先考虑砖石圬工结构,少用或不用钢材。在石料丰富地区,应充分利用石料修建石涵。在产陶、瓷器的地区,可选用符合载重要求的陶、瓷管涵。对于一些不常用的材料,应经过材料鉴定后方可使用。在考虑就地取材的同时,应综合考虑运输条件。

涵洞设计要方便施工。一段线路上不宜采用过多的涵洞类型,应尽可能定型化,便于集中预制,以节省模板和保证质量。设计预制件时,要考虑运输条件和方便安装,尽可能采用机械化预制和安装,加快施工进度。

4.养护维修

选择涵洞类型时,为了便于养护,孔径不宜过小,洞身不宜过长。

冰冻地区不宜采用小孔径管涵和倒虹吸涵洞。为了农田灌溉必须采用时,须在冻期前将管内积水排除,并将两端进出口封闭。

在不至于造成淤塞的情况下,农田灌溉用涵洞的跨径可采用0.5m。一般涵洞跨径应不小于0.75m。

5.公路立体交叉小桥涵

公路立体交叉小桥涵需满足横向交通的要求。乡村道路也可利用平时无水或流量很小的季节性排洪桥涵或兼作立交通道。

公路立体交叉小桥涵的净空,按公路建筑限界的规定确定。立体交叉在无法采用排水沟、排水涵或地下管道进行自然排水时,应视具体情况设置排水泵站。

公路与铁路立体交叉,当公路从铁路桥涵下穿行时,其净空按公路建筑限界规定确定;当铁路从公路桥涵下穿行时,应按照铁路净空限界规定。

当乡村道路从公路下面穿过,小桥涵兼作通道时,净空可根据当地通行的车辆组成,与有关部门协商而定。小桥涵净空不仅要满足目前需要,还需适当考虑今后的发展需要。

三、小桥涵设计的基本要求

1.行车要求

在设有小桥涵的路段,桥涵与路基共同承受车辆行驶的荷载,构成行车部分。因此,小桥涵的设计首先应满足行车安全、快速、舒适和经济的要求。设计必须满足《公路工程技术标准》(JTG B01—2003)、《公路桥涵设计通用规范》(JTG D60—2004)规定的桥涵净空、路基宽度、线形标准、设计荷载等的要求,并使桥涵构件和结构物在制造、运输、安装和使用过程中具有足够的强度、刚度、稳定性和耐久性。

2.排水要求

小桥涵的布设必须保证桥涵下水流的畅通,使路线通过地区不因公路修建而造成流水宣泄不畅、水毁、积水淹没、严重冲刷等现象,影响路基稳定或造成损害农业等水害。

排水要求主要通过保证桥涵下有足够的净空尺寸来实现。桥涵下的净空尺寸应满足以下两个要求:

（1）保证桥涵下一定设计频率洪水流量的安全宣泄。《公路工程技术标准》（JTG B01—2003）规定，永久性小桥涵设计洪水频率如表1-6。

小桥涵设计洪水频率表　　表1-6

构造物名称	公路等级			
	高速公路、一级公路	二级公路	三级公路	四级公路
小桥	1/100	1/50	1/25	1/25
涵洞及小型排水构造物	1/100	1/50	1/25	不作规定

对于三、四级公路，在交通允许有限度中断时，允许修建漫水桥和过水路面，其设计洪水频率应根据阻断交通时间长短和对上下游农田、村镇的影响以及泥沙淤塞桥孔、上游河床的淤高等因素确定。

（2）根据不同结构类型的要求，限制桥涵下洪水位的高度，使桥涵下有足够的净空高度，以保证结构物能安全、正常使用。《公路桥涵设计通用规范》（JTG D60—2004）规定桥涵下净空高度如表1-7、表1-8。

非通航河流桥下净空表　　表1-7

桥梁的部位	高出计算水位（m）	高出最高流冰面（m）
梁底	0.50	0.75
支承垫石顶面	0.25	0.50
拱脚	0.25	0.25

注：①无铰拱的拱脚可被设计洪水淹没，但不宜超过拱圈高度的2/3，且拱顶底面至计算水位的净高不得小于1.0m；
②计算水位即设计水位加壅水和浪高。

无压力式涵洞净空高度 h_d（m）　　表1-8

涵洞类型 / 进口净高（或内径）h_d（m）	圆管涵	拱涵	箱涵
≤3	≥h_d/4	≥h_d/4	≥h_d/6
>3	≥0.5	≥0.75	≥0.5

当河流中有形成流冰阻塞的危险或有漂浮物通过时，桥下净空应视具体情况确定，对于有淤积的河流，桥下净空应适当加高。

3. 其他要求

（1）通航净空要求

跨越通航（或放筏）河流的小桥，除满足上述桥下净高度外，还应满足桥下通航净空的要求。

（2）跨线净空要求

当桥下需通行火车、汽车、自行车、行人、牲畜时，应满足必要的净空尺寸。

公路与铁路、公路立体交叉时，立交桥下应保证所跨越铁路、公路建筑限界规定的净空尺寸。当农村道路从公路下面穿越时，其净空尺寸可根据当地通行的车辆和交叉情况而定，净空一般不小于2.5m，净宽一般不小于3.5m。

各类交通方式所需净空尺寸可参考表1-9。

各类交通方式净空表 表1-9

交通方式	净高度(m)	净宽度(m)	说明
行人及人力车	2.2	2.5~3.0	可通行吉普车
牲畜	2.5	3.0	牧区牲畜成群通过处宜加宽
畜力车及拖拉机	2.7	4.0	
汽车	4.5~5.0	4.5	
无轨电车	4.2~5.5	8.5	宽度指有对开车辆的道路
大型机械(外形尺寸)	3.5	8.07	联合收割机等
铁路(标准轨,电力牵引)	6.55	4.88(单轨) 8.88(双轨)	困难条件下高度可用6.2m
铁路(标准轨,蒸汽、内燃牵引)	6.00	4.88(单轨) 8.88(双轨)	困难条件下高度可用5.5m

第二章　小桥涵勘测

知识点

1. 描述河流、河床断面的基本概念以及径流形成过程和影响因素；
2. 描述汇水区几何参数；
3. 描述小桥涵勘测的内容以及勘测前的准备工作；
4. 描述形态调查法的基本内容；
5. 描述小桥涵工程地质调查的内容和方法。

技能点

1. 能够进行河沟糙率的选取以及洪水比降的确定，并能利用形态调查法进行流量计算；
2. 能够进行小桥涵横断面图的绘制。

第一节　河流概论

一、河流及河床断面

修建公路就需要架设桥梁和涵洞，以便跨越河流和沟渠，而桥梁和涵洞应根据河流的洪水情势及河床的冲淤变形等进行设计。为此，必须研究自然界中水的运行变化规律，及其在桥涵工程中的应用。

1. 河流

河流按照流量的归属可分为支流和干流。直接流入海洋、湖泊或其他大江、大河的河流称为干流，流入干流的河流称为支流。包括小沟、小溪、支流、干流等脉络相通的水流系统，称为河系（水系）。

沿着河流的干流，开始有地面水流的地方成为河源，它可能是溪涧、冰川、沼泽。干流流入海洋、湖泊或其他大江、大河的地方称为河口。从河源到河口，按其形态和水文特征可分为上游、中游和下游三段。

上游段多处于深山峡谷中，特点是陡坡落差大，水流急，洪水涨落比较急剧。中游段地处丘陵区，河床坡度逐渐变缓，水流较慢，两岸有滩地出现，河床比较稳定，有不明显的冲刷和淤积。下游段多处于平原区，河床坡度平缓，流速小，河槽宽阔，流量大，多浅滩和河湾，明显淤积。

我国西北和北部地区降水量少，有些因河床强烈渗漏造成水流终止的河流，称为内流河（或内陆河）。对于中小型河流和内流河的上、中、下游往往不易区分。

2. 河床断面

河床断面可用横断面和纵断面表示。垂直于水流方向的断面称为横断面，如图 2-1 所示。沿水流方向各横断面上最大水深点的连线，称为中泓线或溪线，沿中泓线的断面称为河床纵断面。河床纵断面能表明河床的沿程变化。

河床由河槽与河滩两部分组成。洪水期河床中有推移质运动的部分称为河槽。河槽又分主槽和边滩。边滩系由可移动的泥沙堆积而成。河滩则只在汛期才有水流，无明显的推移质运动，通常长有杂草、灌木丛或农作物等。

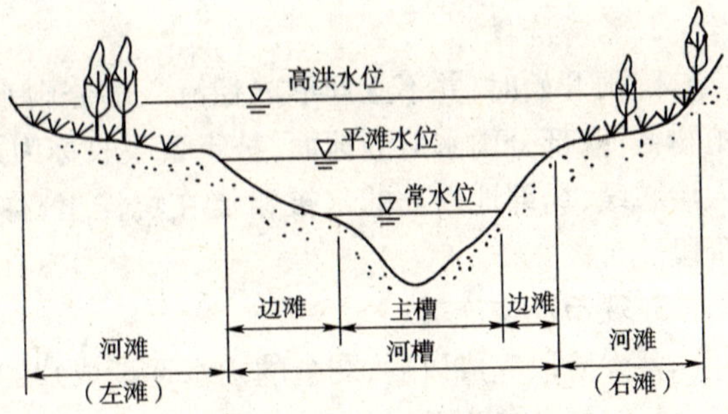

图 2-1　河床横断面图

河床横断面可分为单式和复式断面两种，见图 2-2 所示。单式断面一般只有河槽，没有河滩（多为山区深谷河沟中），或只是宽滩，没有河槽（如戈壁滩上的河沟中）。复式断面可为一槽一滩（多为河湾处），或一槽两滩（多为平原和微丘区纵向顺直的河段中）。

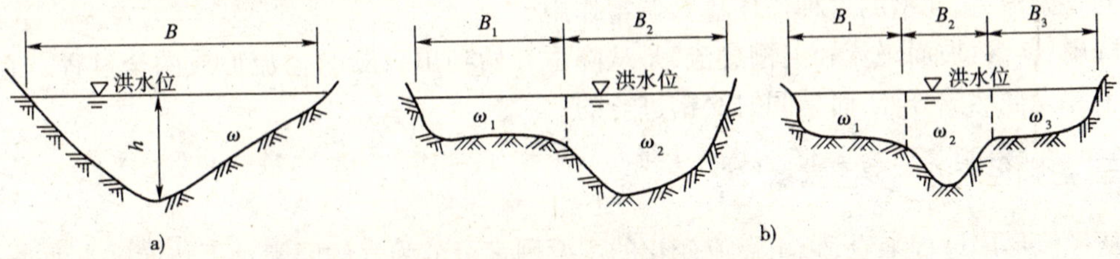

图 2-2　单式和复式横断面

a）单式断面；b）复式断面

二、径流形成过程

河川径流来源于流域内地面径流和地下径流，其中以地面径流为主。自降水开始到水量流过出口断面整个物理过程，称为径流形成过程。

径流过程可概括为四个阶段，见径流形成示意图（图 2-3）。

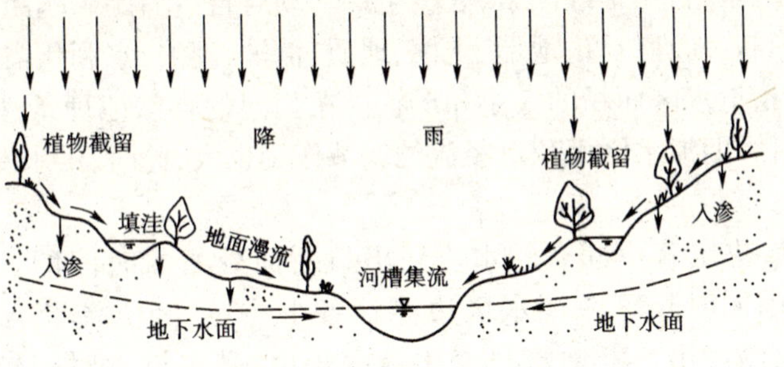

图 2-3　径流形成示意图

1. 降雨阶段

降雨是形成径流的主要因素，降雨量的多少决定径流量的大小。降雨量以降雨厚度（mm）表示，单位时间内的降雨量则以降雨强度（mm/min 或 mm/h）表示。

每次降雨，降雨量及其在空间和时间上的变化都各不相同。降雨可能覆盖某一区域的全部地区，也可能只降落在该区域的局部地区；降雨强度也有时均匀，有时不均匀。降雨的变化过程直接决定径流过程的趋势。

2. 蓄渗阶段

降雨开始时,并不立即形成径流。部分雨水消耗于浸润植物(树木、草、农作物等),称为植物截流;部分雨水落到地面,被土壤吸收称为入渗;随着降雨量的增加,土壤吸收渐趋饱和,入渗减缓,局部地面上的水被蓄流在坑洼里,称为填洼。把植物截流、入渗、填洼合称为蓄渗阶段。

3. 坡面漫流阶段

蓄渗阶段完成以后,剩余的雨水逐渐成片的沿着坡面流动,称为坡面漫流。

4. 河槽集流阶段

漫流很快汇集于小沟、小溪中。许多条小沟、小溪将接纳来自坡面漫流之水送入河槽,从支流到干流,最后到达出口断面,这个阶段叫做河槽集流。汇集于河槽的水流,一部分沿河槽向下游流动,另一部分暂蓄槽内和渗入两岸土壤中,待降雨及坡面漫流停止后,容蓄的部分又慢慢向下游流去,河槽的这种作用称为调蓄作用。

降雨、蓄渗、坡面漫流和河槽集流,是从降雨开始到出口断面径流形成的全过程。它们在时间上并无截然的分界,而是同时交错进行的。

三、影响径流的主要因素

从径流形成过程来看,影响径流变化的主要因素可分为气候因素和下垫面因素两类。

1. 气候因素

(1)降雨

降雨强度、降雨历时和降雨面积对径流量及其变化过程都有很大影响。如果降雨强度大,历时长,面积大,则总降雨量就大,必然产生较大的径流。

(2)蒸发

蒸发包括水面、土壤、植物上的水分蒸发。在一定降雨条件下,蒸发越大径流越小。

2. 下垫面因素

汇水区的几何因素,自然地理因素,人类生产活动对自然界的影响因素,统属下垫面因素,即汇水区的大小、形状、地理位置、地形、土壤、地质、植被、湖泊、水利化措施等。

几何因素主要指汇水区面积的大小和形状。在相同的自然地理条件下,汇水区面积越大则径流量越大,同时大的汇水区面积对径流的调节作用也大,此时,洪水涨落缓慢,径流量的变化幅度较小。

汇水区的形状,决定着不同点的水流到出口断面处所需时间的长短,如图 2-4 所示。对于矩形汇水区,因同时降落在汇水区边界的各水质点,经支流流入干流再到出口断面的径流过程,有先有后,出口断面流量变化幅度较小,洪水持续时间较长。对于扇形汇水区,降落边界的水质点到达出口断面几乎同时,因此,流量大历时短,出现大涨大落的径流现象。

自然地理因素主要指地理位置和地形。地理位置以汇水区中心所在的经纬度来表示。由于降雨、蒸发等各种气候因素是随地理位置而变化的,因此,地理位置是径流在区域性变化上的一个重要标志。

汇水区的地形主要以平均高程和主河沟(河流纵向)平均坡度表示。平均高程的不同,对降雨量、降雨分布以及蒸发均有影响。主河沟平均坡度是决定汇流历时长短的重要因素。坡度大则汇流速度快,渗入土壤的水量较少,相应地径流量增大。

土壤、地质的不同对水分的入渗性能不一样；植被能截留水分；湖泊及水利化措施起着蓄存调节径流的作用。

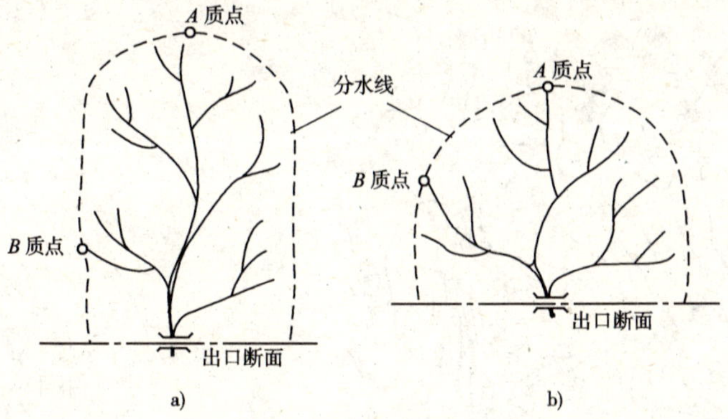

图 2-4　汇水区形状比较

a）矩形汇水区；b）扇形汇水区

四、汇水区几何参数的确定

为了确定桥涵的位置，选择桥涵孔径，推算各种流量，必须确定汇水区的有关几何参数。汇水区几何参数包括：汇水面积 F、主河沟长度 L、主河沟平均坡度 I_z、汇水区平均宽度 B 以及横向平均坡度 I_h。

1. 汇水面积 F

汇水面积 F 是指降水后，某区域的雨水经过地面漫流和径流，最后只能通过某一出水口断面排出（如穿过路线的桥涵）的该区域地面面积，通常以 km^2 计。

（1）利用已有地形图现场校核

在已有 1∶10 000 ~1∶50 000 地形图上勾绘汇水区，再经现场校核，一般有足够的准确性。由于农田水利设施的迅速发展，原绘制的地形图上的分水岭及水系流向往往与实际情况不尽相符，因此，在利用已有地图时，必须进行现场勘察或访问群众进行校核，否则可能相差很大。

校核的方法是首先在图上标明原图出版以来新增添的人工沟渠、水库、堤坝的位置；标明由于增添了这些水利设施后，所改变的水流流向；然后再标明漫流归入这些沟渠、水库等的地面范围；最后根据确定的新水系情况，勾绘出汇水区来。

在平原区，地形图上等高线稀疏，并受河网化的影响，分水界限不易划分，必须通过调查，参照图上各村庄或其他明显地物位置，根据村庄地势常高于周围田地的特点，勾绘出汇水区，力求与实际相符。

利用地形图勾绘出汇水区的方法见图 2-5。当汇水区勾绘好之后，可蒙上透明厘米格纸，采用不规则边格凑整的方法，按地形图的比例，计算出汇水面积 F 值。

（2）实测与估测

当没有地形图可利用时，需用地形测量仪器实地测绘，一般采用交会法、绕行法或辐射法。当汇水区甚小时，也可采用实测和估测相结合的方法。估测法是用气压计与角度手水准，类似以上所述的测量方法。

2. 主河沟长度 L 及平均坡度 I_z

（1）主河沟长度 L：表示出口断面沿河沟到河源（分水岭）的水平距离（以 m 或 km 计）。

主河沟长度 L 可根据地形图的比例尺，沿河沟的流经方向，从所求的出口断面至河源直接量出。

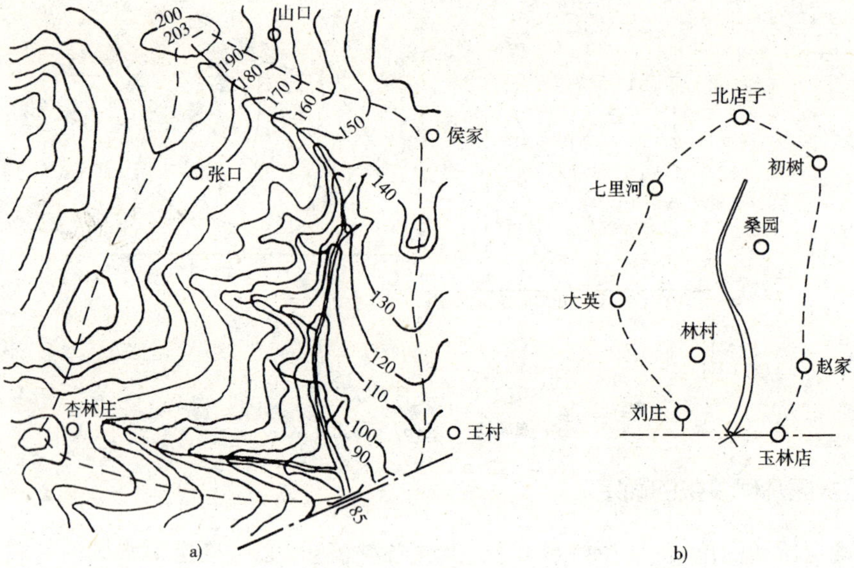

图 2-5　勾绘汇水区

主河沟平均坡度 L_z：表示长为 L 的河沟坡面的平均比降（计算中以小数计，表示为‰形式）。主河沟平均坡度 L_z 的求法：可先从出口断面至河源依等高线逐一查读出河沟各点高程 Z_i，同时量出相邻两点间水平距离 L_i，然后根据作纵断面的等割面积法原理，使 $F_1 = F_2$（图 2-6），切割线 AB 的坡度即主河沟平均坡度 I_z。

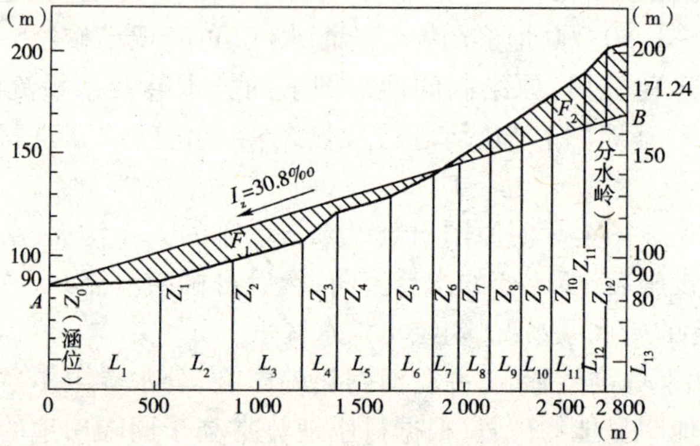

图 2-6　按图 2-5a) 汇水区所绘制的主河沟纵断面图

这种方法在数学上即为加权平均法，因而可按下式计算 I_z：

$$I_z = \frac{(Z_0 + Z_1)L_1 + (Z_1 + Z_2)L_2 + \cdots + (Z_{n-1} + Z_n)L_n - 2Z_0L}{L^2}$$

式中：$Z_0, Z_1, \cdots, Z_n$——自出口断面起沿流程各特征点（或等高线处）地面高程；

$L_1, L_2, \cdots, L_n$——各特征点（或等高线处）点间距离。

（2）当高程点较多时，为避免计算差错，建议按表 2-1 的形式列表计算。现按图 2-5a）的汇水区将 I_z 计算方法示例于表 2-1 中。

用加权平均法计算主河沟平均坡度　　　　表 2-1

特征点	高程 Z_i(m)	Z_i+Z_{i+1}(m)	间距 L_i(m)	$(Z_i+Z_i+1)\times L_i$(m)	I_z(‰)
涵位	85	175	525	91 900	
1	90	190	350	66 500	
2	100	210	350	73 500	
3	110	230	175	40 300	
4	120	250	250	62 500	
5	130	270	200	54 000	
6	140	290	125	36 300	
7	150	310	150	46 500	
8	160	330	150	49 500	
9	170	350	150	52 500	
10	180	370	175	64 800	
11	190	390	100	39 000	
12	200	403	100	40 300	
分水岭	203				
		Σ	$L=2\ 800$	717 700	

注：如高程点较多，为简化计算，也可仅选其坡度显著变化点，如本例仅选 0(涵位)、1、3、6、11、12、13(分水岭)各点即可。但此法一般需绘出主河沟纵断面图，才能适当选取。

$$I_z=\frac{717700}{2800^2}-\frac{2\times 85\times 2800}{2800^2}=30.8‰$$

3. 汇水区平均宽度 B 及横向平均坡度 I_h

(1)利用地形图计算

当利用地形图上勾绘出汇水范围，并计算出汇水面积 F 后，可通过汇水面积大约的形心 C，垂直主河沟作一直线，交于汇水区边界的 A、B 两点，量取此两点间的距离，即为汇水区平均宽度 B(以 m 或 km 计)，见图 2-7 所示。

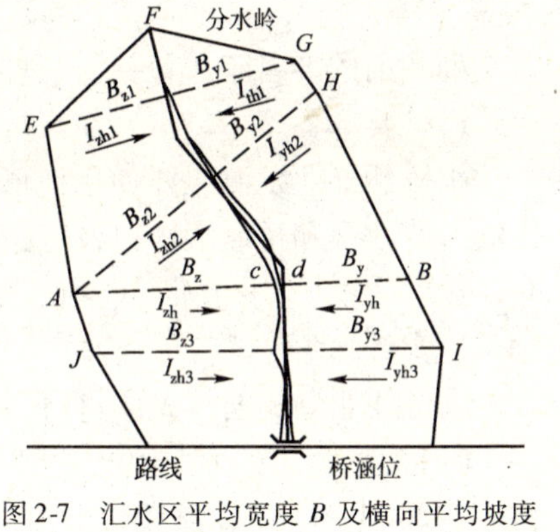

图 2-7　汇水区平均宽度 B 及横向平均坡度 I_h 计算示意

在地形图上分别读出 A 点、B 点及 AB 直线与主河沟交点 D 点的高程 H_A、H_B、H_D，分别量出 AD 间的距离 B_z，BD 间的距离 B_y，则汇水区左右两部分的横向平均坡度分别为：

$$I_{zh}=\frac{H_A-H_D}{B_z};I_{yh}=\frac{H_B-H_D}{B_y}$$

全汇水区的横向平均坡度 $I_h=\dfrac{I_{zh}+I_{yh}}{2}$

(2)实测或估测

在实测或估测中，当测出若干个垂直于主河沟的汇水区宽度 B_i 后，取其算术平均值也可得到汇水区平均宽度 B(此值与汇水区形心 C 处垂直于主河沟量出的 B 值略有出入)。

实测或估测中横向平均坡度 I_h 的求法，与上述利用地形图的方法类似，结合估测各个 B_i

的同时,通常先分别测出主河沟以左的各个宽度 B_{zi},计算出相应的横向坡度 I_{zhi};主河沟以右的各个宽度 B_{yi},相应的横向坡度 I_{yhi};然后计算出各个 I_{hi},最后取其算术平均值,可得全汇水区横向平均坡度 I_h,见图 2-7。

第二节　小桥涵勘测的内容及准备工作

一、主要内容

小桥涵勘测是小桥涵测设的前阶段工作,通过外业测量、调查为桥涵设计以及水文、水力计算提供必要的资料和数据。

1. 初测阶段

根据我国《公路勘测规范》(JTG C10—2007)规定,公路初步测量阶段小桥涵勘测的工作内容包括:搜集有关资料,拟定桥涵位置、结构类型、孔径、附属工程的基本尺寸,初步设计工程量等。一般的涵洞,可不作外业测量,但小桥以及复杂的涵洞,需进行必要的测量。

2. 定测阶段

定测阶段小桥涵勘测工作应在初测的基础上,进行详细调查、测量和分析计算,确定小桥涵位置、孔径、墩台高度、结构类型、基础埋置深度,以及必要的附属工程。定测阶段小桥涵测设的主要工作内容有:拟建小桥(涵洞)址处和形态断面处的测量和水文勘测;工程地质和地貌调查;气象尤其是洪水暴雨资料搜集;建筑材料的供源调查;原有桥涵构造物和水利设施的情况;当地对拟建小桥涵的要求等。

二、准备工作

勘测前的准备工作包括:仪具准备和资料收集两项工作。

1. 仪具准备

小桥涵外业勘测主要使用地形测量、水文测验、地质调查等方面的有关仪器和工具,随收集资料的内容和桥涵大小以及复杂程度不同,仪器工具的种类和数量也有所不同,常用的仪具有:经纬仪、皮尺、手水准、罗盘仪、地质锤等。

2. 资料收集

进行外业勘测前首先应进行下列资料的收集工作:

(1)地形图。一般应收集比例尺为 1:10000 ~ 1:50000 的沿线地形图;若路线已初测,可收集 1:2000 ~ 1:5000 路线地形图。地形图的范围和精度,以能获得汇水区流域面积、主河沟纵横坡等资料为原则。

(2)水文资料。应向当地水文站、水利和防汛部门收集水文资料,包括:各种频率的年洪峰流量及相应的洪水位标高;桥涵附近的坝、闸、渠等水利设施的修建情况和水文资料,以便考虑对桥(涵)位选择、孔径确定、类型选择、基础埋深、沟槽加固等的影响。

(3)气象资料。收集当地气象站、雨量站的气象资料,包括年、月平均降雨量;暴雨密度和持续时间;气温情况;主导风向和风力等。

(4)地质资料。向当地有关部门收集地质特征资料和区域地质图及土壤资料。地质特征资料主要包括:岩石种类及其分布、层理、节理、风化情况;地形地貌;土质类别;地下水、植被及分布情况等资料。北方地区还应了解当地土壤冰冻层厚度。

(5)其他资料。对于改建公路,还需收集有关原路测设、施工及竣工资料,了解工程的使用养护、水毁等情况,征询对桥涵工程改建设计的意见等。

第三节　小桥涵位置的选择

一、小桥涵位置选择原则

小桥涵位置选择恰当与否,直接关系到路基的稳定、桥涵的使用以及工程造价的高低。因而选择好小桥涵位置,是小桥涵设计的重要步骤。小桥涵择位时应遵循以下原则:

(1)小桥涵位置应服从路线走向。由于单个小桥涵的工程数量不大,因而小桥涵位置一般是在路线走向基本确定的情况下来选择。只有在特殊情况下(如路线遇大洼深沟、路线与河沟斜交太大等情况)才进一步权衡利弊,在不降低路线标准的条件下局部调整路线,使之从较好的桥涵位通过。

(2)小桥涵应布设在地质条件良好、河床稳定的河段。

(3)小桥涵址应选择在水文、水力条件较好的河段。不因小桥涵位置不当而造成排洪不畅、冲毁路基、积水淹田或使农业灌溉和正常交通受到影响。

小桥涵位置和轴线方向确定,要满足设计流量的宣泄,使水流畅通,做到“进口要顺、水流要稳”,不发生斜流、漩涡等现象,以免冲毁洞口、堤坝或农田。

(4)位置选择要综合考虑各种因素并进行技术经济比较,使桥涵工程量(包括桥涵主体及一切附属工程)最小,以减少工程造价和养护费用。

小桥涵位置选择主要解决设置地点及具体定位两个问题。

二、小桥涵设置地点

沿路线在哪些地方需要设小桥涵,这是选择位置的首要问题。一般情况下,应在下列位置考虑设置小桥或涵洞:

1. 天然河沟与路线相交处

凡路线与明显沟形的干沟、小溪、河流相交时,当路线上游汇水面积大于 $0.1km^2$ 时原则上应设一道小桥或涵洞。

2. 农田灌溉渠与路线相交处

路线经过农业区、跨越水渠、堰塘或水库的排水渠以及通过大片梯田影响农田灌溉时应考虑设置涵洞。

3. 路基边沟排水渠

在山区公路的山坡线,为排除路基挖方内侧边沟流水,应考虑设置涵洞。其间距一般不大于200~400m;在干旱山区,间距不大于400~500m。

4. 与其他路线交叉处

当路线与铁路、公路、大车路、人行路、农村机耕道及重要管线交叉,如采用立体交叉,且路线又从其上方通过时,应考虑设置相应的小桥或涵洞。

5. 其他设涵情况

(1)在平原区,路线通过较长的低洼地带及泥沼地带,为保证路基稳定,避免排水不畅及长期积水的情况,在地面具有天然纵坡的地方设置多道涵洞。如无灌溉和其他需要,涵洞间距一般是 1 ~2km。

（2）平原区路线穿过天然积水洼地，也应考虑设置数道涵洞，以沟通路基两侧水位，平衡水压。

（3）路线紧靠村镇通过，要特别注意设涵，以排除村镇内地面汇流水。

（4）山区岩层破碎及坍方地段，雨季时经常有地下水从路基边坡冒出，为使路基边坡稳定，及时疏干地下水，应配合路基病害整治设置涵洞。

三、小桥位置的确定

小桥定位主要是确定小桥的中心桩号及桥轴线方向以及跨河沟时路中线位置。由于小桥工程数量较涵洞大，择位时可以允许路线稍有摆动。因此，在确定小桥位置时，应结合路线经过河流的水文、地形、地质、土壤等条件与路线布置综合考虑。在测设中，通常是桥涵组与选线组人员协同选定桥位。在不过分增加土石方数量和路线长度，不降低路线标准情况下，适当考虑和照顾小桥位的需要，选择有利的跨河桥位。择位时要综合考虑以下条件：

（1）桥梁纵轴线应尽可能与洪水主流方向垂直。如不能正交时，应使墩台轴线与水流方向平行，以减少水流对桥墩台、路基边坡的冲刷，如图 2-8 所示。

（2）桥位最好选在河道顺直、水流平稳河段，以减少水流对桥台的冲刷，也可减少墩台基础及河岸防护加固工程数量。

当路线遇河湾时，最好把桥位选择在河湾上游，如图 2-9 中桥位方案 I。限于路线和地形影响不能在上游跨河时，也可在河湾下游，但尽量远离河湾，一般最好设在河流宽度的 1 ~1.5 倍以外，如图 2-9 桥位 III。桥位应避免设在河湾上，即图 2-9 桥位 II 应避免采用。

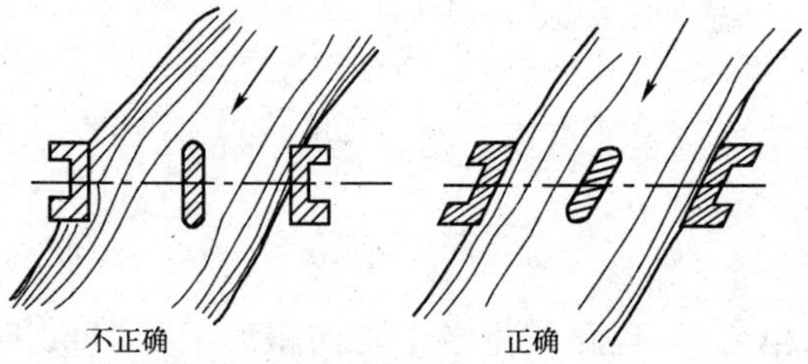

图 2-8　斜交桥位

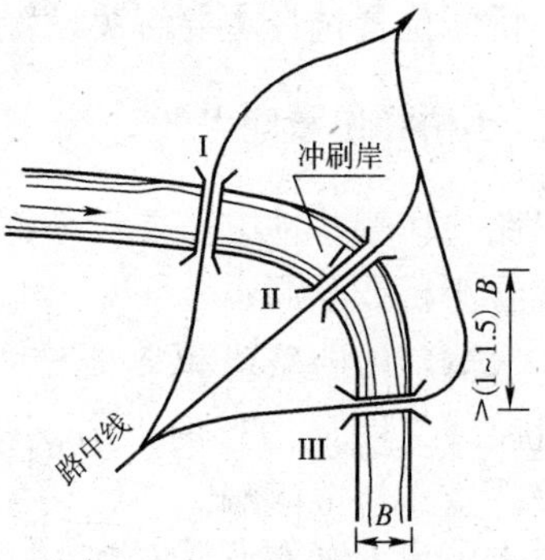

图 2-9　河湾处桥位

（3）桥位应选择在河床地质良好、地基承载力较大的河段。尽量避免在岩溶、滑坡、泥沼、盐渍土及其他地质不良地段通过。为减少墩台基础费用，桥位最好选在河床两岸有基岩外露或覆盖层较浅的地点。桥位处如系土质河床，应尽量避免在淤泥沉积地段设置。

（4）桥位宜选择在河流狭窄、河滩较窄较高、岔流少的河段跨河，这样可缩短桥长，减少工程数量。在河流有沙洲、河汊汇合口等水流紊乱的河段，应避免设桥。当路线必须通过两河沟或支流汇合口时，应从其汇合口处下游离汇合口 1.5 ~2.0 倍河宽以外的范围跨过，如图 2-10。

（5）沿溪线跨越支沟时，桥位应尽量选在受大河壅水倒灌影响范围以外，如图 2-11。

（6）桥位选择应尽量使两岸桥头土石方较少，利于路线衔接，并避开两岸不良地质地段。

（7）沿溪线路线与桥位布置要密切配合。在可能条件下应利用河湾、“S”形河段以及适当斜交的办法跨河，以创造较好的线形条件，如图 2-12。

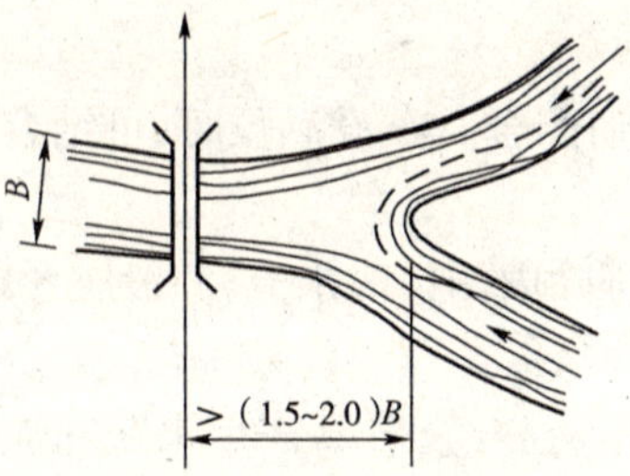

图 2-10　河流汇合口桥位

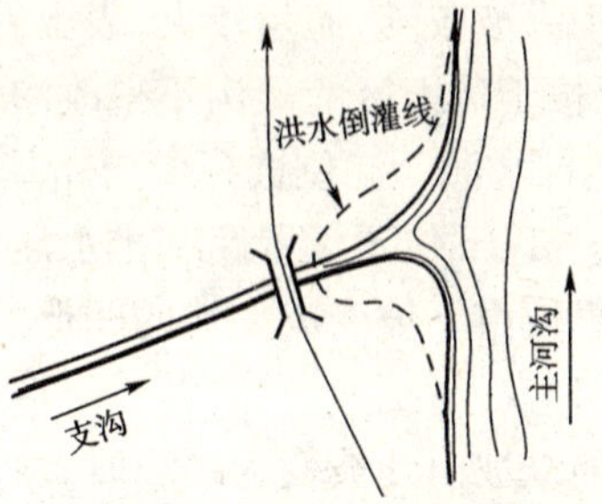

图 2-11　大河倒灌对桥位的影响

四、涵洞位置的确定

涵洞定位，通常是沿着已确定路线方向前后移动，选择一个合理而又经济的位置。根据不同地形情况，选择涵洞位置时要注意以下几点：

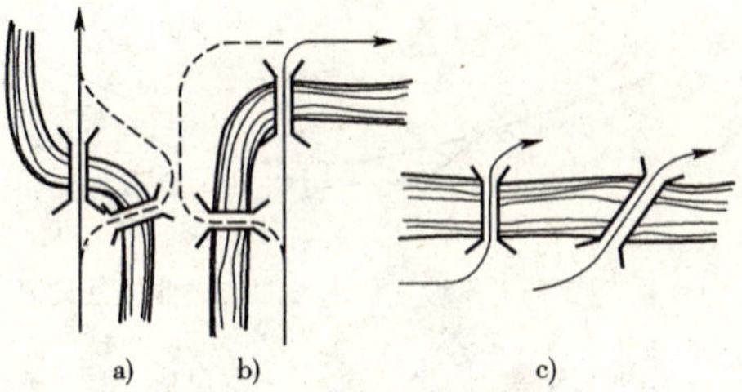

图 2-12　桥位与路线配合

a）S 形河段桥位；b）河湾段桥位；c）斜交桥位

1. 平原区涵位

（1）沟心设涵。平原区涵位通常设在河沟中心，一般与路线方向正交，并使其进水口对准上游沟心。

（2）适当改沟。在河沟十分弯曲地段，为使水流畅通，可采用裁弯取直或改移河沟的办法设正交涵，如图 2-13。移位后的涵洞，上游一般应有 1.5 倍河槽宽度的直沟段长度。避免因改沟合并占用农田，破坏现有的耕作和排水系统。

（3）注意设农田灌溉涵洞。当路线与农田排水沟渠相交时，应注意设置农田灌溉涵洞，避免设涵后对下游出口处农田产生不利冲刷，防止上游水位壅高造成积水淹没农田村庄。

2. 山岭及丘陵区涵位

（1）顺沟设涵。山区河沟坡陡水急、洪水猛、历时短，冲刷及水毁比较严重，因此，涵位布置应尽量符合水流方向，顺沟设置。一般不宜改沟设涵、强求正交。

（2）改沟设涵。只有当河沟比较宽浅，沟底纵坡平缓，水流较小时才考虑改沟设涵。改沟时要注意做好引水及防护工程，注意对下游农田的影响。

在经常有水流的河沟上，采用裁弯取直的办法改沟设涵，还具有可在干土中开挖基坑以及取直后沟底增高缩短涵洞长度的优点。当河沟支汊较多，水流紊乱时，可采用改沟整流做正交涵的办法，如图 2-14。

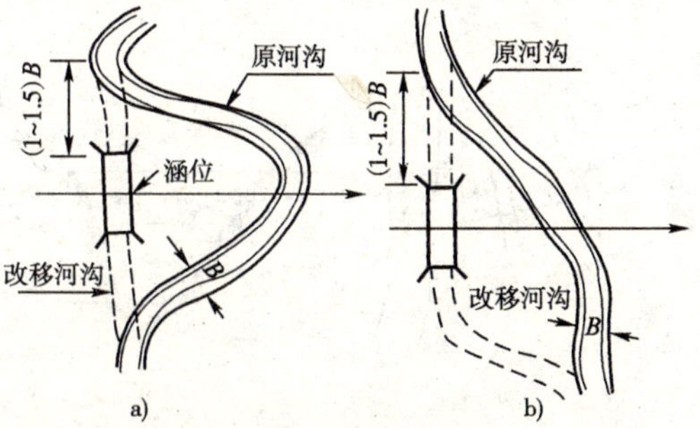

图 2-13　平原区改沟设涵

a）裁弯取直；b）改沟设涵

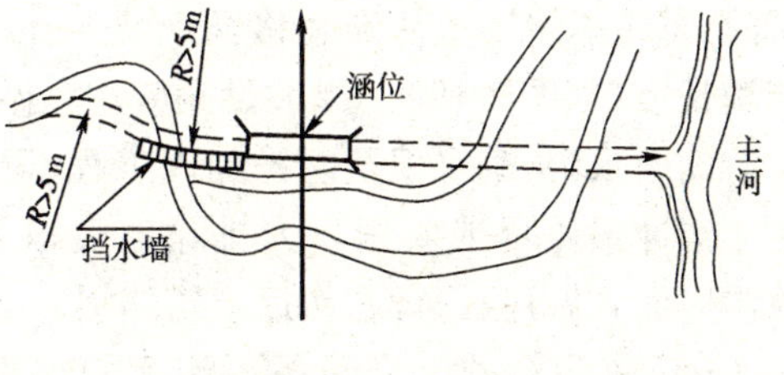

图 2-14　改沟整流正交设涵

位于河沟纵坡较陡，流量较大，表土易被冲刷，而且改沟后所设排水沟纵坡平缓，易被冲积土淤塞，以及位于黄土区的河沟不得改沟合并。

(3)路基排水涵。涵位选择应与路基排水系统密切配合。布设涵位时，可结合路线平、纵面设计图，选择以下位置设置路基排水涵洞。

①路线纵坡由下坡变成上坡的凹形竖曲线处，为排除内侧边沟水流，一般应考虑设边沟排水涵，如图2-15。

②纵断面纵坡由陡坡变为缓坡时，内侧边沟水流由急变缓，容易产生水跃和泥沙沉积，不利排水。若在近距离内无其他涵洞时，在变坡点附近应考虑设边沟排水涵，如图2-16。

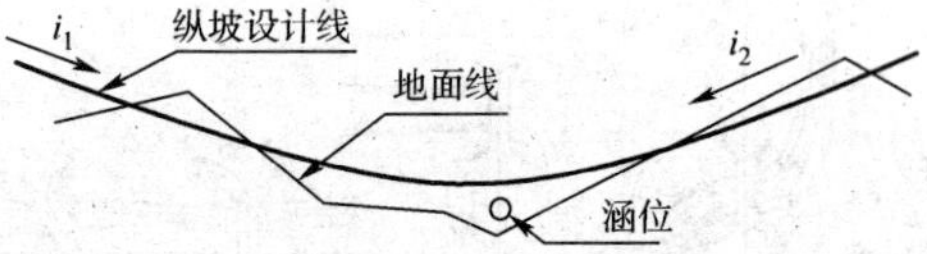

图2-15　下坡变成上坡凹形竖曲线处设涵

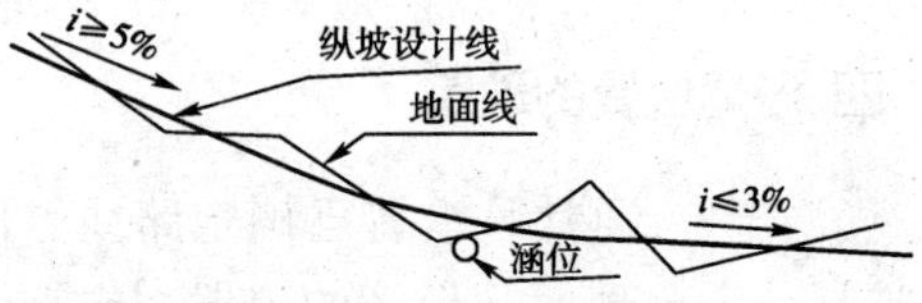

图2-16　纵坡陡缓变坡处设涵

③陡坡急弯处。当路线的偏角较大(大于90°)，平曲线半径较小，路线进入弯道前的纵坡又为大于4%的陡坡时，边沟水流直接顶冲路基内侧，在暴雨期甚至水流溢出边沟漫过路基，直接影响路基稳定及行车安全。在弯道起(止)点附近，应考虑设边沟排水涵，如图2-17。

④在路基挖方边坡上，设有截水沟的地段，截水沟出口处应设置排水涵洞，如图2-18，以免截水沟水流顺边沟流程过长，冲刷路基和路面。

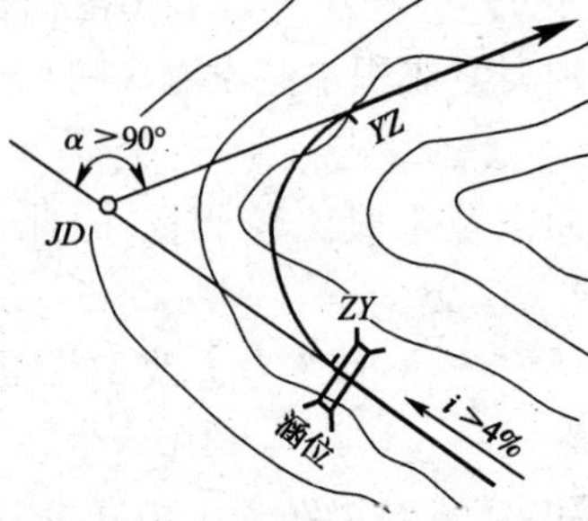

图2-17　陡坡急弯处设涵

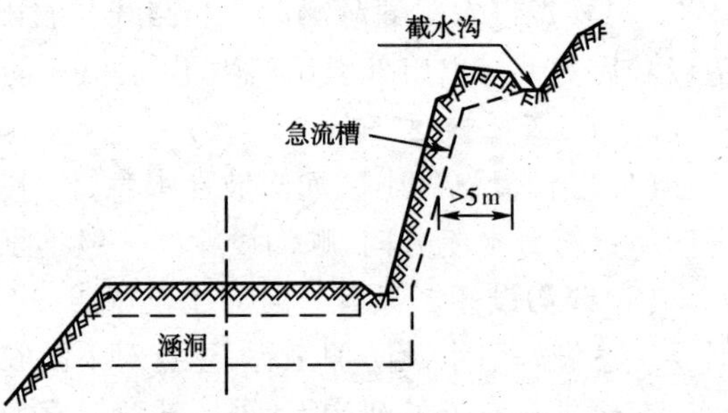

图2-18　截水沟出口设涵

(4)岸坡设涵。当河沟边坡稳定、土壤密实(一般多为石质或不透水的亚黏土)、河沟又很深时，可考虑将涵位从沟底移至岸坡上，以缩短涵洞长度(如图2-19)。岸坡设涵应注意做好上下游的引水沟、截水坝及防护加固工程，避免水顺老沟冲毁路堤或农田。为排除地表积水，在原沟底面宜做片石盲沟，然后填筑路堤。

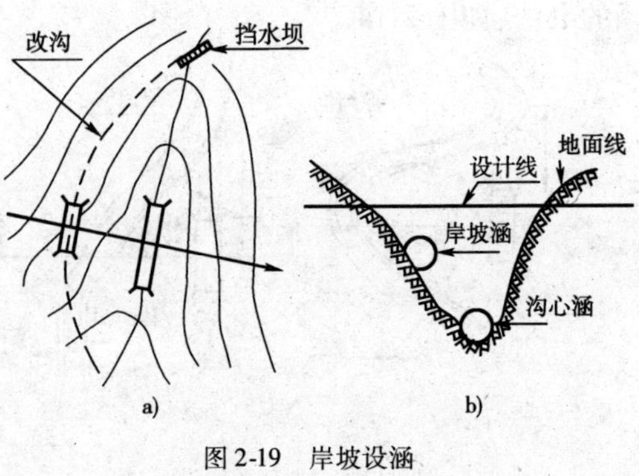

图2-19　岸坡设涵

a)平面；b)纵断面

(5)改沟合并。当两条溪沟相距很近(一般山区在100m以下；丘陵区在200m以下)，汇水区面积又很小(一般在0.03～0.05km^{2}以下),河沟纵坡小于3%,且水流速度不大,含沙量较小时,经过经济比较,可考虑改沟合并以减少涵洞数量。改沟合并要注意开挖排水沟或加深、加宽边沟,并做好旧沟的堵塞、截水墙及路基加固工程。

若改沟合并后,使河沟产生过大冲刷或淤积,以至影响路基稳定,或改沟工程过大不经济时,都不宜改沟合并设涵。改沟时,引水沟断面一般要经过计算来决定。由于水沟易于淤塞,一般断面宁可偏大些,引水沟距路基边坡应尽量远些。改沟方式应结合改沟条件灵活处理,如有条件,在河沟上游远离桥涵处挖沟引水则更为合适。

改沟合并有如图2-20几种方式。

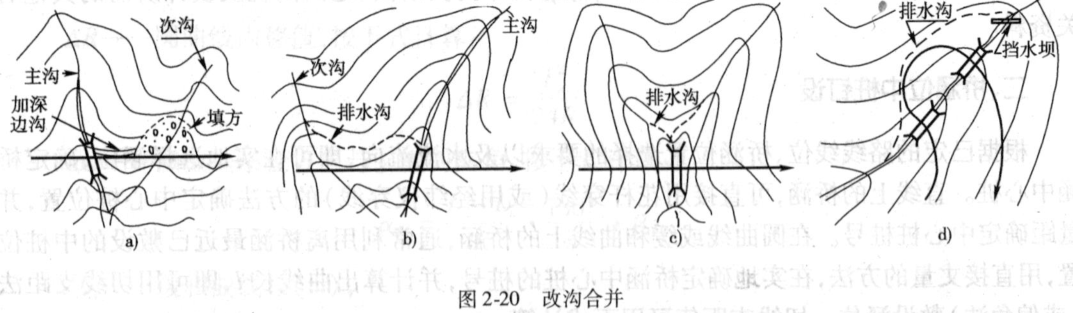

图2-20 改沟合并

a)填平次沟并入涵洞;b)用排水沟并入涵洞;c)同时改沟并入涵洞;d)改沟取消涵洞

(6)路线跨越丘陵地区的山脊线,在凹形竖曲线处可有开挖排水沟而不设涵洞的方案(如图2-21),但应注意设涵与挖沟方案的比较。

(7)当必须在河湾处设涵时,涵位应设在水流较集中的一侧,以利水流通过。

(8)涵洞位置应尽量避免布置在可能错动的断层、崩坍、滑坡及岩溶发育等不良地质路段。当无法避免时,宜选择设置在岩层破碎较轻、地质稳定或堆积层较薄的路段。

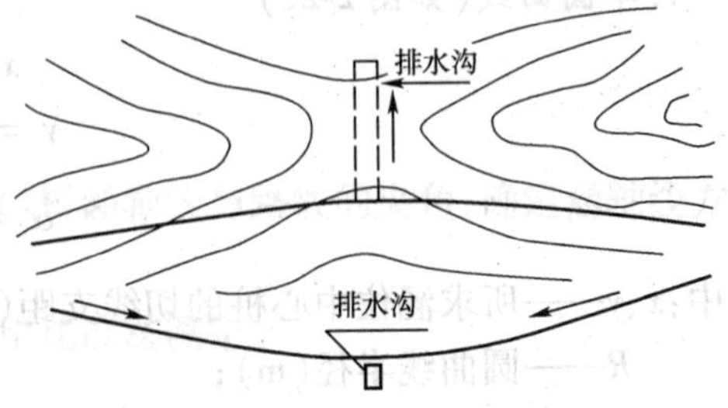

图2-21 用排水沟代替涵洞

3. 斜交涵位布置

为确保涵下水流顺畅,山区涵洞宜顺沟设置斜交涵洞,不宜强求正交,下述条件宜布置斜交涵。

(1)在流速或流量较大的前提下,当河沟水流方向与路线不垂直时,为了使水流畅通,避免形成较严重的涡流现象,减轻对农田、路堤和小桥涵洞口及基础的冲刷,宜斜交布置。

(2)当河沟水流方向与路线不垂直,需设多孔涵洞时,为了避免因采用正交涵洞水流方向不顺,孔(洞)内水流分布不均匀,泥沙沉积,淤塞部分孔(洞)口和孔(洞)身,可采用斜交布置。

(3)当深窄河沟两岸横向坡度较大,河沟水流与路线不垂直时,为了避免采用正交桥涵引起改沟土石方及防护工程量过大,此时宜将涵洞斜交布置。

设置斜交小桥涵时,应先实测出河沟水流与路线的夹角,然后根据标准图中常用的夹角 α (75°、60°、45°),相近地选用。

当实地水流方向与路线夹角小于45°很多时,一般不宜采用45°以下夹角的斜交小桥涵。可在河沟上下游分别采取改沟、加设导流和调治构造物等方法,增大水流方向与路线相交的夹角。

装有直径 20 ~ 25cm 起稳定作用的铁盘或木盘。测深杆适用于水深 $h<6m$。

(2)测深绳锤法

用铅或铸铁制成 4 ~ 6kg 的重锤(当流速很大时,酌予加大质量),其形状为圆柱体或流线形。用测绳一头拴住重锤,从锤底面量起,沿着测绳作刻度记号,并注意校正测绳的伸缩度。此法适用于水深 $h>6m$。

2. 起点距控制

为了便于起点距的控制,首先沿着桥轴线或河床横断面,在河岸各选定一个指定点(并打桩标记),并由路线测量确定指定点的里程和原地面高程。控制断面各测深点到该断面岸上某一指定点的起点距,实施水深测量。常用的有以下方法:

(1) 断面索法

用钢索或测绳一端固定,另一端用绞车收紧,也可利用沿路线上的大树固定和收紧。在索上扎有明显的尺度标记,以便控制起点距。测船沿索前进,测出各测深点的水深,见图 2-24 所示。此法适用于不通航或船只较少,便于架设跨河索的情况。

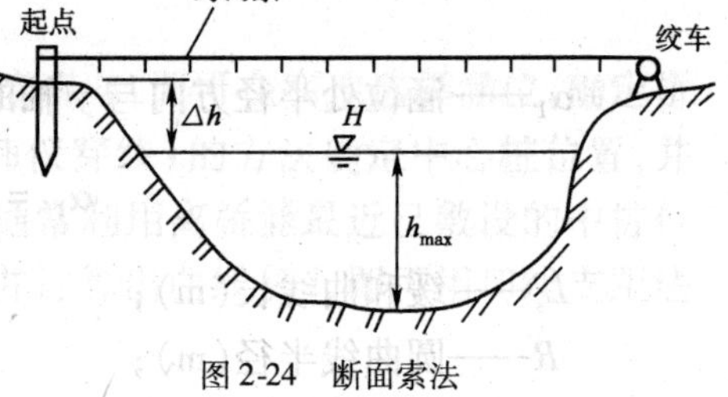

图 2-24　断面索法

(2)仪器交会或图解交会法

图 2-25 中 A、B 两点为河床横断面上设在两岸控制轴线的指定点。施测前以通视为原则,在较平坦的一岸布设基线 AC,长为 b。安置经纬仪或小平板于 C 点,通过仪器拨角度 φ,按交会法定位施测 D 点的水深。

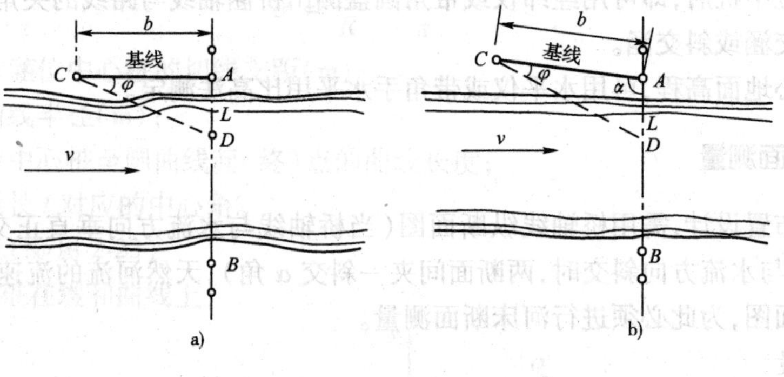

图 2-25　仪器交会或图解交会法

D 点距 A 点的起点距 L:

当基线与横断面垂直时,见图 2-25a)

$$L = b\tan\varphi \tag{2-8}$$

当基线不与横断面垂直时,见图 2-25b)

$$L = b\frac{\sin\varphi}{\sin(\alpha+\varphi)} \tag{2-9}$$

由于小桥和涵洞设计时布图要求不同,因而对河沟断面测量的要求也不相同。对于小桥一般沿路线方向(即河沟的横断面方向)按上、中、下三个部位施测断面,如图 2-26。

测量范围一般至最高洪水位泛滥线以上或河岸两侧以外 20m。施测时要注意把上、下游断面与路中断面联系起来,用比高法测出上、下游断面中心处的地面高程,以便将三个断面套绘在一个图上。当河床顺直,比降不大时,可只测下游断面。

横断面图上，除绘制地面线外，还要注明中心桩号、测时水位、调查洪水位及设计水位、土壤类别等。若有地质土壤试坑或钻孔柱状图亦应绘于图上。小桥河沟断面图如图 2-27 所示，比例尺根据河沟宽度采用 1∶50～1∶200。

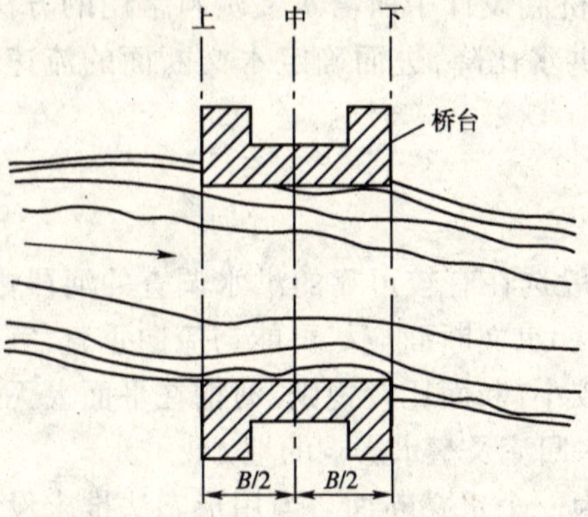

图 2-26 小桥断面测量

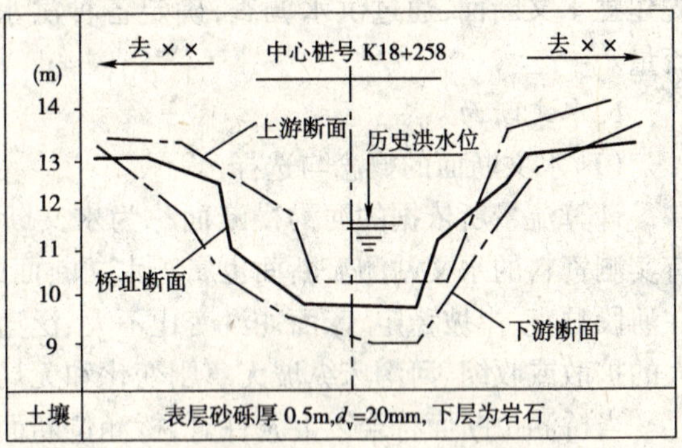

图 2-27 小桥河沟横断面

对于涵洞，由于涵洞布图一般仅作一个纵剖面图，因而断面测量只在涵中心处测一个河沟纵断面。测量范围应根据涵洞长度（或中心填土高度）而定，一般上、下游各测 15～20m 即可。

四、桥涵位地形测量

1. 桥涵址示意图

一般的涵洞可不作详细的测量，涵址处的地形图也不需绘制，但为了便于在设计中了解或回忆涵址附近的地物、地形和地貌特征，可绘制涵址平面示意图。示意图内容包括路线、河沟、附近建筑物的相对位置；涵位的路线里程桩号；历史洪水位泛滥范围；原地面（含河沟底）主要特征点的高程等。

2. 桥涵址地形图

当小桥涵址地形比较复杂，上下游改挖河沟范围较大，布设小桥涵及其附属工程困难时，应测绘桥涵址地形图。地形图测量比例尺为 1∶200～1∶500，其等高距采用 0.5m，测绘范围应能满足小桥涵涵身、进出口及调治构造物的设计需要。一般情况下，最小的测绘长度为：上游约是跨径总长的 2 倍，下游约是跨径总长的 1 倍以上并超过铺砌加固长度；顺路线方向为历史最高洪水位以上 0.5m 或洪水泛滥线水平距离 10m 以外。对于分汊河流、宽滩河流、冲积漫流、泥石流地区以及改沟地段，可视设计需要增加测绘范围。

桥涵址地形图（图 2-28）示出的内容，除了同平面示意图要求外，还须绘出原地面的等高线，设计频率洪水泛滥线；设计并绘出小桥涵平面位置及调治构造物位置，有时还有改沟设计位置等。对于扩建或改建的小桥涵工点地形图的测绘范围可酌情予以缩小，但测绘内容还需增加原有小桥涵墩台、进出口及铺砌的位置和高程等。

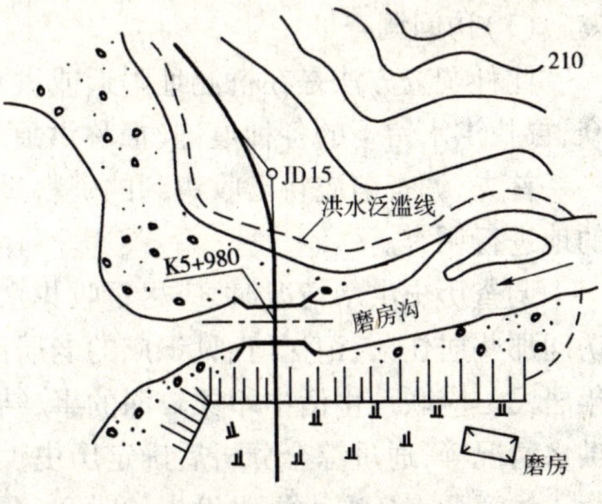

图 2-28 桥涵址地形图

第五节　小桥涵形态调查

对于缺乏水文观测资料的河沟，形态调查是获得桥涵设计中所需水文资料常用的方法。先建立水文断面，通过洪水调查，确定各种洪水位和洪水比降，进而确定水文断面的流速和流量。

1. 水文断面

(1)水文断面的概念与选择

计算流量所依据的河沟横断面称为水文断面，一般选在有较可靠的洪水调查的河段内。有实测资料的水文站测流断面也属于水文断面的范畴。水文断面应尽可能与流向垂直，宜选在河段顺直、岸坡稳定、床面冲淤变化不大、泛滥宽度较小、断面比较规则、河槽在平面上无过大的扩散或收缩、河沟床纵坡无急剧变化和无局部死水回流及壅水影响的地方。

当桥涵位断面符合以上条件时，桥涵位断面可作为一个水文断面。当用形态法推求设计流量，而可靠的洪水调查点与桥涵位有一定距离时，可根据具体情况在洪水调查河段选 2 ~ 3 个水文断面，以便相互推算校核。

(2)水文断面图的测绘

水文断面的绘制范围：平原宽滩河流可测至历史最高洪水泛滥线以外 50m，山区应测至历史最高洪水位以上 2 ~ 5m。河槽与河滩的划分应在现场确定。水文断面图比例尺参照表 2-2 选用。

水文断面比例尺　　表 2-2

泛滥宽度	<100m	≤500m	>500m
水平比例尺	1/200	1/500 或 1/1000	1/1000 或 1/2000
垂直比例尺	1/20	1/50 或 1/100	1/100 或 1/200

水文断面绘制内容包括：河床横断面、测时水位、各种特征水位、河槽分界线、植被和河床地质情况等。

2. 洪水调查

调查可靠的洪水位并确定其发生的年代，在形态调查法的水力计算中，有着非常重要的意义。通常是对历史洪水位和多年平均洪水位进行调查。历史洪水位是指历史上特大年洪峰流量时对应的洪水位；多年平均洪水位是指多年来年洪峰流量的平均值所对应的洪水位。

(1)访问调查

此种调查方法是在桥涵址附近或洪水调查点的河沟两岸上下游一段范围内，通过访问群众，寻找洪水留下的各种痕迹(简称洪痕)，加以辨认确定洪水位。

首先，调查前应将已收集到的资料进行分析，大致掌握流域内洪水发生的情况，以便有目的地进行调查。

调查历史洪水情况时，应尽量收集水利部门的历史洪水调查资料，对早期的历史洪水，宜访问那些居住久、记忆清、见识广的老居民，对近期的历史洪水，宜访问那些熟悉情况的中、青年居民。应联系生活中印象较深的事，结合搜集到的民谚、记事碑文、报刊、历史文献中记载的洪水情况等，通过综合分析后确定历史洪水位。

注意调查各次大洪水发生的时间(包括年月)、大小以及洪水时的雨情、水情与灾情，调查洪水来源、发生原因、涨落幅度、洪水时的主流方向，调查有无漫流、分流、死水以及流域自然条件有无变化和人类活动影响等。

（2）洪痕调查

洪痕位置应由目击者亲自指画，同一洪痕需由几个人确认，同一次洪水至少要调查 3 ~ 5 个洪痕。在确认洪痕时，应注意留存洪痕的标志物有无变动，所反映的洪水位有无受到波浪、漂浮物、水流横向环流引起的水拱、决堤等影响。这些将影响洪痕的可靠程度。

在人烟稀少地区，可结合当地具体情况，根据洪水淤积物、河岸受洪水冲刷痕迹，洪水对河岸所起的物理、化学及生物作用的标志，以判断历史洪水位或多年平均洪水位。调查时现场洪水痕迹和特征辨认，可参见《涵洞》手册表 3-9。

（3）其他调查

在洪水调查的同时，还应进行其他特征水位调查、河床演变调查、既有涉河工程调查和河沟床糙率 n 的确定。

其他特征水位调查，主要是指枯水位、常水位、通航水位和流冰水位的调查。同时还应调查波浪高度，洪水时漂浮物情况，洪水期水流有无水拱及其水拱的横坡度，上游有无分流，有流冰时冰凌解冻形势等。

河床演变调查，主要包括河床的纵向下切和淤积、横向拓宽、河（沟）湾发展、岸壁坍塌、沟槽摆动、河流改道等。通过调查河段的稳定程度和变形特征，并分析预估演变发展的趋势。

既有涉河工程包括桥位河段上既有桥梁和跨河管缆，上下游水库等沿河工业、交通、农田、水利、环保等部门的各种涉河工程设施。随着国民经济的发展，涉河工程不断增加，直接影响桥梁布设和设计工作。

河沟床糙率 n 是形态法计算流速、流量，推求水位的重要数据之一。河槽与河滩糙率定得是否准确，直接影响到计算成果的准确性，同时也影响到桥梁建筑高度和基础埋置深度。桥位附近如有水文站，或勘测时遇上洪水，可以进行水文观测，取得实测资料后，用曼宁公式反求糙率。如无实测资料，对于小河沟可分别查表 2-3、表 2-4 和表 2-5。

山区河沟粗糙系数表

表 2-3

类别	河槽特征	n	$m=\frac{1}{n}$	y
1	在陡壁上开凿出来的十分平整的人工引水河槽	0.020	50	1/6
2	同上类型，但只是将表面进行一般的整理	0.022	45.5	1/6
3	源于山区河流的天然河槽，但坡度不大，并处于十分良好的状况下，清洁、顺直的土质（黏土、砂、小砾石）河槽，纵坡 $i=0.0005\sim0.0008$	0.025	40	1/6
4	同样情况下，小卵石、砾石河槽，纵坡 $i=0.0008\sim0.0010$	0.030	33	1/5
5	河槽形状和表面状况良好的周期性河槽（较大的和较小的），与上类一样，为小卵石、砾石河槽，但带有比较大的小卵石，纵坡 $i=0.001\sim0.003$	0.035	30	1/5
6	在良好条件下，周期性流水的土质河槽（干沟）；山区河流的下游规则，整治良好的小卵石河槽，纵坡 $i=0.003\sim0.007$	0.040	25	1/5
7	颇为堵塞，弯曲和局部植物丛生，水流不平稳的石质河槽（较大和中等河流）；河底为大卵石覆盖或有植物覆盖的周期性（暴雨和春汛）流水的河槽，纵坡 $i=0.007\sim0.015$	0.050	20	1/4
8	非常堵塞和弯曲的周期性的河槽，水流表面不平稳的山区型（中游）的卵石或巨石河槽，其纵坡 $i=0.015\sim0.05$	0.065	15	1/4

续上表

类别	河槽特征	n	$m=\frac{1}{n}$	y
9	山区河流(中游和上游)与周期性流水的山区型巨石河槽,水流湍急有泡沫(水花向上喷溅),其纵坡 $i=0.05\sim0.09$	0.080	12.5	1/3
10	山区瀑布型河槽(多半在上游区段),河床弯曲并有大漂石,跌水现象明显,水花四溅,以致使水失去透明性而变成白色,水流的声音盖过其他声音,其纵坡 $i=0.09\sim0.20$	0.100	10	1/3
11	特征与土类相同的山区河流,但具有更强的阻力	0.140	7.5	1/3
12	山区河流具有极限最高阻力	0.200	5	1/2

平原河沟粗糙系数表

表 2-4

类别	河槽特征	n	$m=\frac{1}{n}$	y
1	渠化河流的顺直区段,具有薄层的淤泥而较密实的土壤	0.020	50	1/6
2	渠化河流的弯曲区段,具有薄层的淤泥而较密实的土壤	0.022	45.5	1/6
3	在十分良好状况下的天然土质河槽,清洁、顺直、水流平稳	0.025	40	1/6
4	同上类条件下的小卵石与砾石河槽	0.030	33	1/5
5	在河槽与水流处于十分良好的状况下,经常流水的中等和较大的河流	0.035	30	1/5
6	一般条件下比较清洁的经常流水的河槽,其流向具有不规则的弯曲,或流向随顺直,但河底不规则,有浅滩、深坑或零星孤石,而无茂密杂草的平坦河滩	0.040	25	1/5
7	颇为堵塞,弯曲和部分长有植物,水流不平稳的多石的大、中河流的河槽;覆以正常数量植物(草、灌木丛),稍加整治的较大和中等河流的河滩	0.050	20	1/4
8	十分堵塞和弯曲的周期性流水的河槽,比较堵塞、不平坦,缺乏整治的河滩(深坑、灌木丛、树木、存在回水),平原河流的多石滩区段	0.065	15	1/4
9	具有很深的深坑、植物丛生的河槽与河滩(水流很慢)	0.080	12.5	1/3
10	同上类,但具有很不规则的斜流和回水等现象	0.100	10	1/3
11	沼泽性河流(芦丛、草丘,在很多地方水不流动等),具有很大死水区域的,多树木的、有很深的深坑以及湖泊的河滩等	0.140	7.5	1/3
12	同上类型,满布树木堵塞的河滩	0.200	5	1/2

泥石流沟粗糙系数表

表 2-5

组别	沟槽特征	m_c 值		坡度
		极限值	平均值	
1	沟槽中堆积有难以滚动的棱角石或稍能滚动的大石块。沟槽被树木严重阻塞,无水深植物。沟底以阶梯式急剧降落	3.9~4.9	4.5	0.375~0.174
2	不平整的泥石流沟槽,沟底无急剧突起,沟床内均堆积大小不等的石块,沟槽被树木阻塞,沟槽内两侧有草木植被,沟床不平整,有洼坑,沟底呈阶梯式降落	4.5~7.9	5.5	0.199~0.067

续上表

组别	沟槽特征	m_c 值		坡度
		极限值	平均值	
3	较弱的泥石流沟槽，但有大的阻力。沟槽由滚动的砾石和卵石组成。常因有稠密的灌木丛而严重阻塞，沟槽凹凸不平	5.4 ~ 7.0	6.6	0.187 ~ 0.116
4	山区中下游的泥石流沟槽，沟槽经过光滑的岩面，有时经过具有大小不断的阶梯跌水的沟床，在开阔河段有树枝、矿石停积阻塞，无水生植物	7.7 ~ 10.0	8.8	0.220 ~ 0.112
5	山区或近山区的河槽，由砾石、卵石等中小粒径和能完全滚动的物质所组成，河槽阻塞轻微，河岸有草本及木本植物，河底降落较均匀	9.8 ~ 17.5	12.9	0.090 ~ 0.022

3. 洪水比降的确定

洪水比降是指某次洪水时中泓线上的水面纵坡度。

首先介绍桥涵位河段洪水比降图的绘制方法。可根据桥涵位工点地形图上洪痕位置和洪痕调查记录(主要是指此洪痕的标高和发生年月)，向中泓线上垂直转移，见图 2-29。然后以纵坐标表示洪痕高程，横坐标表示各洪痕在水流中泓线上的投影距离，分别连接同一洪水的洪痕投影点，可得各次洪水的水面线，从而绘制出桥涵位河段洪水比降图，如图 2-30 所示。

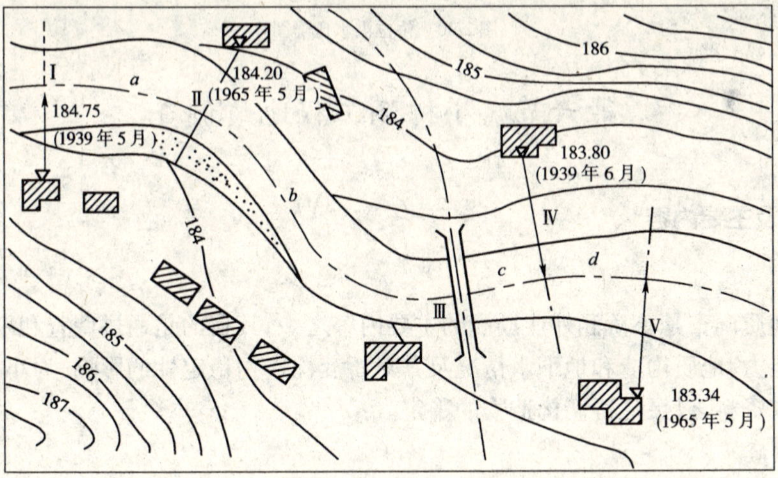

图 2-29　标有洪痕位置和高程的桥涵位工点地形图

依据最可靠的两个洪痕高程 H_1 和 H_2 以及这两个洪痕水位在水流中泓线上的投影距离 L，以下式计算洪水比降 I：

$$I = \frac{H_1 - H_2}{L} \times 1000‰$$

图上每条洪水水面线都具有该次洪水的水面纵坡，称为洪水比降。从桥涵位的洪水比降图上还可得到桥涵位各次洪水的标高。洪水比降图的比例尺，可采用垂直 1∶20 ~ 1∶200，水平 1∶200 ~ 1∶2000。

当寻找多处洪痕有困难时，洪水比降可用常水位或低水位比降代替。当调查时河沟干涸时，也可用河底平均坡度 i 代替，但要注意这段河沟的各横断面不应有较大的收缩或扩张变化。有条件时，可绘制水位与比降的关系曲线，即 $I = f(H)$，以便推求各水位时的比降。

对于离桥涵位有一定距离的洪水调查点,其洪水比降的确定方法与桥涵位相同。但桥涵位设计洪水位需根据洪水调查点的有关水位进行推算。

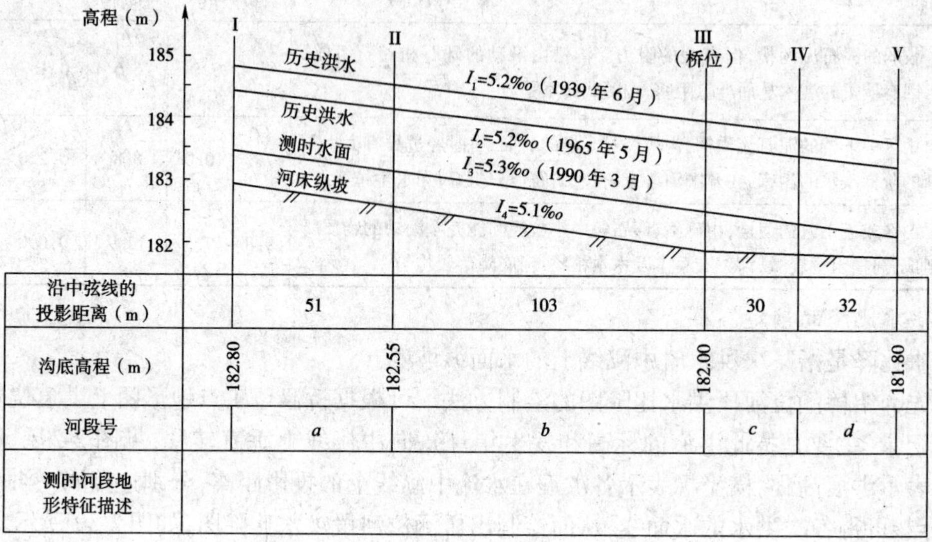

图 2-30　桥位洪水比降图

第六节　小桥涵工程地质调查

一、目的及主要内容

1. 目的

小桥涵地质调查是小桥涵外业勘测的主要内容之一,其目的是通过调查和勘探,了解桥涵地基的承载能力、地质构造和地下水情况及其对桥涵构造物稳定性的影响,为小桥涵位确定和基础设计提供资料,以保证桥涵构造物的稳定。

2. 主要内容

小桥涵地质调查的主要内容有:地基土壤名称、颜色、所含成分、密实程度、含水干湿与可塑状态;地下水情况;岩层走向、倾角、风化程度以及桥涵位处的地质构造、对小桥涵有影响的地质现象等。

调查的范围一般是沿路线向桥涵址处的河沟床和两岸谷地或阶地,沿沟向为桥涵址的上下游各 50～100m。当地质情况复杂时,可增大调查范围。调查的详细内容见表 2-6。

地质地貌一般调查内容　　表 2-6

桥涵址所在处	土质地基	岩质地基
平原微丘	1. 表土的颗粒组成与类别; 2. 表土的密实程度和含水情况; 3. 有无松软地层和特殊土,若存在,判别形态及成因,明确其分布范围,包括位置与厚度; 4. 地下水的蕴藏情况及补给,径流和排泄条件	1. 岩石的工程特征和岩层的层次组合情况; 2. 岩石的风化情况与风化层厚度

续上表

桥涵址所在处	土质地基	岩质地基
山岭重丘	除了以上调查内容以外： 1. 堆积层的成因类型，组成物质成分、结构和胶接情况； 2. 有无下伏基岩，基岩的岩性特征，基岩面的位置和产状等； 3. 山坡土体的稳定性和有无不良地质条件，如泥石流、多年冻土、湿陷性黄土等	除了以上调查内容之外： 1. 地形地貌特征和有无不良地质现象，如岩堆、岩溶、崩坍等； 2. 地质构造形态与路线、桥涵的关系； 3. 软弱夹层和软弱结构面的性质，其发育程度和分布规律及影响； 4. 人工边坡和自然山坡的坡度值及其现状
河沟	1. 河流的性质和发育状况，河段水利特征，以及冲刷或淤积变化情况； 2. 河岸有无崩坍、滑移及其他不稳定状态； 3. 当河岸设置防护时，对下游和对岸的影响； 4. 改移河(沟)道给下游带来的影响及其影响程度	

二、勘测方法

小桥涵工程地质的勘测，以调查为主，挖(钻)探为辅。

1. 工程地质调查

调查方法一般采用目测和访问相结合的方法。调查时应利用所收集的各种有关地质资料，当桥涵附近有已成的防护工程时，应对其基底土壤、基础类型、埋置深度、冲刷深度及使用状态进行调查，为拟定桥涵基础设计参考。

2. 挖(钻)探

当工程规模较大，地质条件比较复杂，用目测方法又难以查明情况时，可辅以挖探、钎探或钻探。

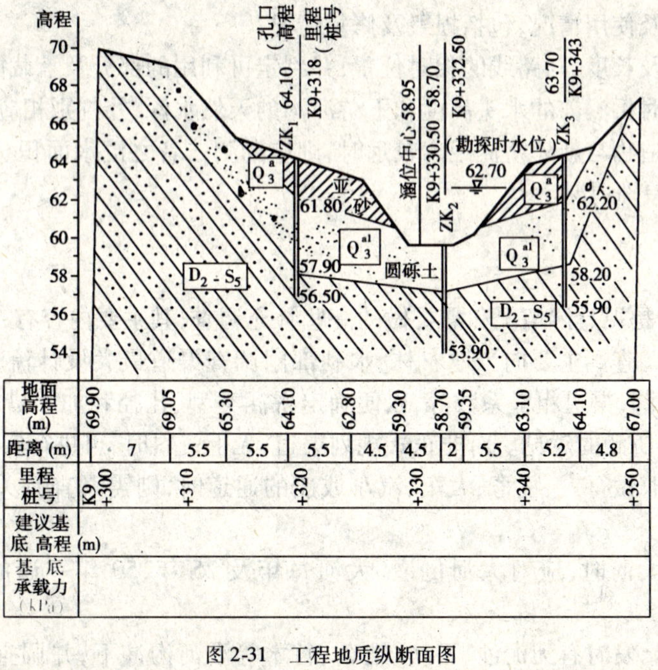

图 2-31　工程地质纵断面图

地质和地形条件简单的小桥涵,原则上一座桥涵只设置一个勘探点。在地层结构基本一致的地区的多座小桥涵,可作代表性的勘探。对于地质条件复杂、跨径较大的小桥或较长的涵洞,勘探点不应少于2个。挖(钻)孔位置一般布置在桥涵中心桩处,第二孔位一般布置在出口处。探孔深度一般不小于预定基底标高以下1~2m。

挖(钻)探应有现场原始记录,必要时可抽取典型土样、水样进行试验或化验。地质条件复杂的小桥涵需有地质说明记录,必要时应绘制桥涵址的工程地质纵断面,并另附地质勘探与试验资料,其中包括土石分类情况及承载力数据等。小桥涵工程地质纵断面图如图2-31。图上应注明挖(钻)孔位置、取土层的标高,并按《公路工程地质勘测规程》(JTJ064—86)规定的图例和要求绘制地质剖面图。

第七节　小桥涵综合调查

一、建筑材料调查

建筑材料调查的目的是为了经济合理地选择桥涵的结构类型,贯彻就地取材的原则。一般采取调查与实地勘查相结合的方法进行。调查的主要内容有:工程材料的产地(能价购的成品和可利用的旧石料等)、蕴藏量、质量、规格、运输条件和运距等。

二、原有桥涵调查

在改建公路上,应对原有桥涵进行调查,以便对原有桥涵提出改建或利用的方案。在新建公路上也应对桥涵上、下游附近原有桥涵进行调查,以便用直接类比法来确定新建桥涵的设计流量及孔径。

调查的主要项目有:

(1)原有桥涵的结构类型、洞口式样、加固类型及各部分主要尺寸等;

(2)修建年月及使用情况,包括损毁及修复情况;

(3)桥涵孔径及长度,与路线的相对位置,并判定可利用的部分及承载能力;

(4)调查洪水时桥涵前的水头高度和下游河沟的天然水深,并判别相应的洪水频率;

(5)当原有构造物与新建桥涵距离较远时,则应勘测二者之汇水面积、主河沟长度以及地形地貌、地质等的差别情况。

三、其他情况

这类调查项目是视具体情况和需要做的一些补充调查,其主要内容有:

(1)灌溉渠道调查。主要向当地农林、水利部门调查渠道最大设计流量、灌溉面积、渠道断面、渠底标高、比降、渠道粗糙系数等,以便确定桥涵类型、孔径和加固措施。调查时还应征求当地对跨越渠道桥涵的意见。对非正式规划渠道,无上资料时,可进行实测和调查来获得。

(2)当桥涵下兼做行人、牲畜、大车、汽车或船的通道时,则需调查有关跨径、净空及位置的要求。

(3)桥涵濒临大河时,应对大河倒灌、大河每年及25年、50年一遇的洪水位高程进行调查。

(4)调查山洪暴发时有无泥沙、石块、柴草、竹木等沿河沟冲下,并调查其数量、尺寸及产生原因。

(5)小桥涵附近如有水文站、气象站等,应视需要收集有关气温、雨量、风力、冰冻及地震资料。

小桥涵调查记录内容详见表2-7和表2-8。表2-7为调查记录的正面,表2-8为背面。

小桥涵调查记录(正面)　　表2-7

水文情况简要记述	
加固防护及改河工程说明	
地质及基础埋置深度	

小桥涵调查记录(背面) 表 2-8

<table>
<tr><td colspan="2">中心桩号</td><td></td><td>地名</td><td></td></tr>
<tr><td colspan="2">跨径</td><td></td><td>结构类型</td><td></td></tr>
<tr><td colspan="2">进口式样</td><td></td><td>出口式样</td><td></td></tr>
<tr><td colspan="2">交角(α)</td><td></td><td>编 号</td><td></td></tr>
<tr><td colspan="5">路基设计资料</td></tr>
<tr><td colspan="2">设计纵坡(%)</td><td></td><td>加宽</td><td></td></tr>
<tr><td colspan="2">设计高程</td><td></td><td>超高(%)</td><td></td></tr>
<tr><td colspan="2">地面高程</td><td></td><td>路基宽</td><td>左 右</td></tr>
<tr><td colspan="2">填挖</td><td></td><td>路基边坡度</td><td>左 右</td></tr>
<tr><td colspan="2">平曲线半径</td><td></td><td>路基加固形式</td><td>左 右</td></tr>
<tr><td rowspan="3">纵断面
测量记录</td><td>左</td><td colspan="3"></td></tr>
<tr><td>中</td><td colspan="3"></td></tr>
<tr><td>右</td><td colspan="3"></td></tr>
<tr><td>横断面
测量记录</td><td colspan="4"></td></tr>
<tr><td>平面示意图</td><td colspan="4"></td></tr>
<tr><td>说明</td><td colspan="4"></td></tr>
</table>

第三章　小桥涵流量与孔径计算

知识点

1. 描述小桥的两种水力图式及判定条件;
2. 描述涵洞的三种水力图式及判定条件;
3. 描述小桥涵孔径计算的特点;
4. 描述小桥孔径计算的方法;
5. 描述涵洞孔径计算的方法。

技能点

1. 能利用直接类比法进行流量计算;
2. 能利用形态调查法进行流量计算;
3. 能进行小桥孔径的计算;
4. 能使用表解法确定涵洞孔径。

第一节　流量计算

设计流量是小桥涵设计中确定建筑物形式和孔径的一个主要数据。公路沿线跨越的小河沟,其汇水绝大多数属于小流域(小于 $100km^2$)范围内。由于流域面积很小,洪峰淹没的范围也小,且洪水历时短,常不为人们所注意,沿河沟往往缺少或根本没有水文观测站,因此,大都属于无观测资料的情况。

我国幅员辽阔,各地气候、地形、地貌、地质和水利化措施等条件的差异很大,难以对小桥涵逐个详尽地调查,收集其各种水文资料,这就给小桥涵设计流量计算带来了一定的困难。目前,全国各地公路、铁路、水利部门根据历年实践经验和理论探讨,制定了各种小流域流量计算公式和相应的图表。实际运用时,这些公式和图表可作参考,并应以多种计算方法互相验证。本节介绍流量计算的直接类比法和形态调查法。

一、直接类比法

当拟建桥涵位同河沟上下游附近具有原有小桥涵时,可通过对原有桥涵的泄流等情况调查,经过计算推求出原有小桥涵在历史洪水情况下的通过洪峰流量,然后换算为原有桥涵处的天然流量,进而推算出原有桥涵处拟建小桥涵规定频率 P 的洪峰流量,最后根据原有小桥涵和拟建小桥涵两者之间的相互位置,推算出拟建小桥涵位的设计流量,此种流量推算方法称为直接类比法。

1. 原有小桥涵的水力图式

1)小桥的两种水力图式

桥头路堤及墩台对水流的横向束挟,使桥前产生壅水,入口处形成水面降落,其水力图式与宽顶堰相似。

水流通过小桥的可能图式，视下游天然水深的大小可分为自由出流与非自由出流（淹没出流）两种。在判定小桥水力计算图式之前，必须首先确定判断条件中的以下两个水深：

（1）临界水深 h_k 和原有小桥下游天然水深 h_t

①临界水深 h_k

由水力学知识可知

$$h_k = \frac{v_y^2}{g} \tag{3-1}$$

式中：v_y——桥下允许流速（m/s），根据河床土的种类或铺砌加固类型，可查表 3-1；

g——重力加速度，取 9.81m/s^2。

②天然水深 h_t

天然水深 h_t 可直接调查原小桥通过某一历史洪峰流量时小桥下游的洪水位获得。或者建立小桥下游的水文断面，按曼宁公式试算求得。也可对原桥桥前的某一历史洪水位调查，获得小桥桥前水深 H，根据桥前上游河床土的种类，查表 3-1 近似得桥前行近流速 v_0，以下式计算桥前水头高度 H_0，然后以公式（3-3）计算桥下游天然水深 h_t。

$$H_0 = H + \frac{v_0^2}{2g} \tag{3-2}$$

$$h_t = H_0 - \frac{v_y^2}{2g\varphi^2} \tag{3-3}$$

式中：H——小桥桥前水深（m）；

H_0——包括桥前行近流速 v_0 在内的水头高度（m）；

φ——流速系数，查表 3-2 。

（2）水力图式的判定条件

①小桥下游天然水深 $h_t \leqslant 1.3h_k$ 时，水面二次跌落，桥下为自由出流，水力图式见图 3-1a)，此时桥下水深为临界水深 h_k。

②小桥下游天然水深 $h_t > 1.3h_k$ 时，进桥水流不能推开下游水面顶托的影响，流速有所降低而成非自由出流，见图 3-1b)。此时水面仅一次跌落，桥下水深 h_t。

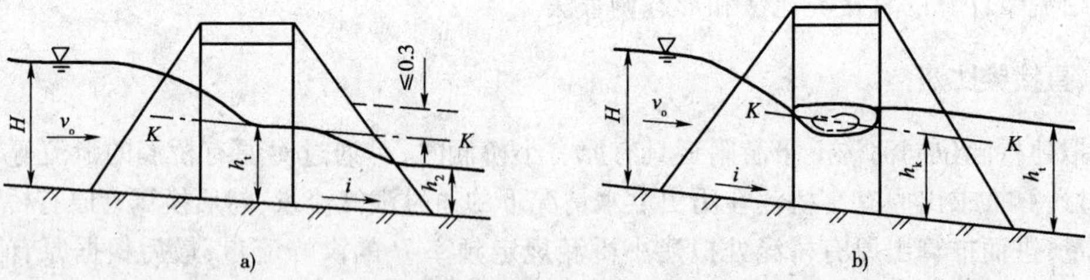

图 3-1　小桥的两种水力图式

a) 自由出流；b) 非自由出流

2）涵洞的三种水力图式

按涵洞进水口建筑形式以及涵前水深的不同，可分为无压力式、半压力式、压力式三种水力图式，见图 3-2。

非黏性土的允许(不冲刷)平均流速

表 3-1a)

序号	土及其特征		土的颗粒尺寸(mm)	水流平均深度(m)					
	名称	形状		0.4	1.0	2.0	3.0	5.0	10 及以上
				平均流速(m/s)					
1	灰尘及淤泥	灰尘及淤泥带细砂,沃土	0.005 ~ 0.05	0.15 ~ 0.20	0.20 ~ 0.30	0.25 ~ 0.40	0.30 ~ 0.45	0.40 ~ 0.55	0.45 ~ 0.65
2	砂,小颗粒的	细砂带中等尺寸的砂粒	0.05 ~ 0.25	0.20 ~ 0.35	0.30 ~ 0.45	0.40 ~ 0.55	0.45 ~ 0.60	0.55 ~ 0.70	0.65 ~ 0.80
3	砂,中颗粒的	细砂带黏土,中等尺寸的砂带大的砂粒	0.25 ~ 1.00	0.35 ~ 0.50	0.45 ~ 0.60	0.55 ~ 0.70	0.60 ~ 0.75	0.70 ~ 0.85	0.80 ~ 0.95
4	砂,大颗粒的	大砂夹杂着砾,中等颗粒砂带粘土	1.00 ~ 2.50	0.50 ~ 0.65	0.60 ~ 0.75	0.70 ~ 0.80	0.75 ~ 0.90	0.85 ~ 1.00	0.95 ~ 1.20
5	砾,小颗粒的	细砂带着中等尺寸的砾石	2.50 ~ 5.00	0.65 ~ 0.80	0.75 ~ 0.85	0.80 ~ 1.00	0.90 ~ 1.10	1.00 ~ 1.20	1.20 ~ 1.50
6	砾,中颗粒的	大砾带砂带小砾	5.00 ~ 10.00	0.80 ~ 0.90	0.85 ~ 1.05	1.00 ~ 1.15	1.10 ~ 1.30	1.20 ~ 1.45	1.50 ~ 1.75
7	砾,大颗粒的	小卵石带砂带砾	10.0 ~ 15.0	0.90 ~ 1.10	1.05 ~ 1.20	1.15 ~ 1.35	1.30 ~ 1.50	1.45 ~ 1.65	1.75 ~ 2.00
8	卵石,小颗粒的	中等尺寸卵石带砂带砾	15.0 ~ 25.0	1.10 ~ 1.25	1.20 ~ 1.45	1.35 ~ 1.65	1.50 ~ 1.85	1.65 ~ 2.00	2.00 ~ 2.30
9	卵石,中颗粒的	大卵石夹杂着砾	25.0 ~ 40.0	1.25 ~ 1.50	1.45 ~ 1.85	1.65 ~ 2.10	1.85 ~ 2.30	2.00 ~ 2.45	2.30 ~ 2.70
10	卵石,大颗粒的	小鹅卵石带卵石带砾	40.0 ~ 75.0	1.50 ~ 2.00	1.85 ~ 2.40	2.10 ~ 2.75	2.30 ~ 3.10	2.45 ~ 3.30	2.70 ~ 3.60
11	鹅卵石,小个的	中等尺寸鹅卵石带卵石	75.0 ~ 100	2.00 ~ 2.45	2.40 ~ 2.80	2.75 ~ 3.20	3.10 ~ 3.50	3.30 ~ 3.80	3.60 ~ 4.20
12	鹅卵石,中等的	中等尺寸鹅卵石夹杂着大个的鹅卵石,大鹅卵石带着小的夹杂物	100 ~ 150	2.45 ~ 3.00	2.80 ~ 3.35	3.20 ~ 3.75	3.50 ~ 4.10	3.80 ~ 4.40	4.20 ~ 4.50
13	鹅卵石,大个的	大鹅卵石带小漂圆石带卵石	150 ~ 200	3.00 ~ 3.50	3.35 ~ 3.80	3.75 ~ 4.30	4.10 ~ 4.65	4.40 ~ 5.00	4.50 ~ 5.40
14	漂圆石,小个的	中等漂圆石带卵石	200 ~ 300	3.50 ~ 3.85	3.80 ~ 4.35	4.30 ~ 4.70	4.65 ~ 4.90	5.00 ~ 5.50	5.40 ~ 5.90
15	漂圆石,中等的	漂圆石夹杂着鹅卵石	300 ~ 400	—	4.35 ~ 4.75	4.70 ~ 4.95	4.90 ~ 5.30	5.50 ~ 5.60	5.90 ~ 6.00
16	漂圆石,特大的	—	400 ~ 500 及以上	—	—	4.95 ~ 5.35	5.30 ~ 5.50	5.60 ~ 6.00	6.00 ~ 6.20

粘性土的允许(不冲刷)平均流速

表 3-1b)

序号	土的名称	颗粒成分(%) 小于 0.005mm	颗粒成分(%) 0.005mm 至 0.05mm	土的特征：不太密实的土壤(孔隙系数 1.2～0.9)，土壤容重在 12.0kN/m³以下				中等密实的土壤(孔隙系数 0.9～0.6)，土壤容重 12.0～16.6 kN/m³				密实的土壤(孔隙系数 0.6～0.3)，土壤容重 16.6～20.4 kN/m³				极密实的土壤(孔隙系数 0.3～0.2)，土壤容重 20.4～21.4 kN/m³			
				水流平均深度(m)															
				0.4	1.0	2.0	3.0	0.4	1.0	2.0	3.0	0.4	1.0	2.0	3.0	0.4	1.0	2.0	3.0
				平均流速 (m/s)															
1	粘土	30～50	70～50	0.35	0.40	0.45	0.50	0.70	0.85	0.95	1.10	1.00	1.20	1.40	1.50	1.40	1.70	1.90	2.10
2	重砂质粘土	20～30	80～70																
3	硗瘠的砂质粘土	10～20	90～80	0.35	0.40	0.45	0.50	0.65	0.80	0.90	1.00	0.95	1.20	1.40	1.50	1.40	1.70	1.90	2.10
4	新沉淀的黄土性土	—	—	—	—	—	—	0.60	0.70	0.80	0.85	0.80	1.00	1.20	1.30	1.10	1.30	1.50	1.70
5	砂质土	5～10	20～40	根据砂粒大小用表 3-1a)的数值															

注：第1、2行的流速数值为两行合并的单元格。

石质土的允许(不冲刷)平均流速 表3-1c)

序号	土的名称	水流平均深度(m)			
		0.4	1.0	2.0	3.0
		平均流速(m/s)			
1	砾岩、泥灰岩、页岩	2.0	2.5	3.0	3.5
2	多孔的石灰岩,紧密的砾岩,成层的石灰岩,石灰质砂岩,白云石质石灰岩	3.0	3.5	4.0	4.5
3	白云石质砂岩,紧密不分层的石灰岩,硅质石灰岩,大理石	4.0	5.0	6.0	6.5
4	花岗岩、辉绿岩、玄武岩、安山岩、石英岩、斑岩	15.0	18.0	20.0	22.0

人工加固工程的容许(不冲刷)平均流速表 表3-1d)

编号	加固工程种类	水流平均深度(m)			
		0.4	1.0	2.0	3.0
		平均流速(m/s)			
1	平铺草皮(在坚实基底上) 叠铺草皮	0.9 1.5	1.2 1.8	1.3 2.0	1.4 2.2
2	用大圆石或片石堆积,20~30cm 当石块平均尺寸为30~40cm 40~50cm及以上	3.3 — —	3.6 4.1 —	4.0 4.3 4.6	4.3 4.6 4.9
3	当篱格内堆两层大石块,20~30cm 当石块平均尺寸为30~40cm 40~50cm及以上	4.0 — —	4.5 5.0 —	4.9 5.4 5.7	5.3 5.7 5.9
4	青苔上单层铺砌(青苔厚度不小于5cm) 1)用15cm大小的圆石(或片石) 2)用20cm大小的圆石(或片石) 3)用25cm大小的圆石(或片石)	 2.0 2.5 3.0	 2.5 3.0 3.5	 3.0 3.5 4.0	 3.5 4.0 4.5
5	碎石(或砾石)上的单层铺砌(碎石厚度不小于10cm) 1)用15cm大小的圆石(或片石) 2)用20cm大小的圆石(或片石) 3)用25cm大小的圆石(或片石)	 2.5 3.0 3.5	 3.0 3.5 4.0	 3.5 4.0 4.5	 4.0 4.5 5.0
6	单层细面粗凿石料铺砌石料铺砌在碎石(或砾石)上(碎石层厚度不小于10cm) 1)用20cm大小的石块 2)用25cm大小的石块 3)用30cm大小的石块	 3.5 4.0 4.0	 4.5 4.5 5.0	 5.0 5.5 6.0	 5.5 5.5 6.0

$H > 1.2H_d$ 普通进水口,且出水口不被淹没。

(3)压力式

压力式水流状态的特征,是全涵内充满水流,无自由液面,涵顶呈有压状态,见图3-2c)。

压力式涵洞的判定条件是:

进出水口全被淹没(如果是普通进水口,且涵身长度较短时);

当出水口不被淹没,$H > 1.4H_d$ 流线形进水口,且涵底坡度 $i < i_w$。其中摩阻坡度 i_w 可按下式计算:

$$i_w = \frac{Q^2}{\omega^2 C^2 R} \tag{3-4}$$

式中:i_w——摩阻坡度(恰好克服阻力所需的坡度),式中以小数计;

Q——通过涵洞的某一历史洪峰流量或多年平均洪峰流量(m^3/s)。当计算 i_w 时,可对涵洞下游进行洪水调查,并按形态调查法求得;

ω——涵身断面全面积(m^2);

R——涵身断面水力半径(m),为涵洞断面积 ω 与湿周 ρ 之比;

C——谢才系数,$C = \frac{1}{n}R^{\frac{1}{6}}$,其中 n 值为糙率。

2. 通过原有小桥的洪峰流量计算

1)原有小桥的洪峰流量计算

(1)按自由出流图式(即 $1.3h_k = h_t$)计算通过小桥的某一历史洪峰流量或多年平均洪峰流量:

$$Q = MBH_0^{\frac{3}{2}} \tag{3-5}$$

式中:B——小桥的净跨径(m);

H_0——桥前包括行近流速水头在内的水头高度(m);

M——流量系数,查表3-2。

(2)按非自由出流图式(即 $1.3h_k < h_t$)计算通过小桥的某一历史洪峰流量或多年平均洪峰流量:

$$Q = \varepsilon v_y h_t B \tag{3-6}$$

式中:ε——挤压系数,查表3-2;

v_y——桥下允许流速,查表3-1;

h_t——原小桥下游天然水深(m),可直接调查得到,或者建立水文断面,按曼宁公式试算求得,也可按式(3-3)确定;

B——小桥的净跨径(m)。

2)原有涵洞的洪峰流量计算

当已知原有涵洞的水力图式,可按以下方法分别计算其某一历史洪峰流量或多年平均洪峰流量:

(1)无压力式、半压力式涵洞通过的洪峰流量计算

无压力式、半压力式涵洞一般可按涵洞的形式、敷设坡度 i 和涵前水深,查相应的涵洞水力计算用表,如公路桥涵设计手册《涵洞》(2001年版)表5-9~表5-20,或涵洞标准图的水力

资料表获得宣泄流量和流速等数值。

(2)压力式涵洞通过的洪峰流量计算

当已知某一历史洪水位或多年平均洪水位,并调查到涵前水深 H 和原涵下游天然水深 h_t,则涵洞内流速 v_d 可按下式计算:

$$v_d = \sqrt{2g(H - h_t)\frac{1}{1 + \xi + \frac{2gL}{C^2R}}} \tag{3-7}$$

$$Q = v_d \cdot \omega \tag{3-8}$$

式中:ξ——涵洞进水口摩阻系数,见表 3-3;

L——涵洞长度(m);

R——水力半径(m);

C——谢才系数,$C = \frac{1}{n}R^{\frac{1}{6}}$。

桥涵进水口摩阻系数 ξ 值 表 3-3

上游洞口建筑形式	ξ	上游洞口建筑形式	ξ
没有洞口建筑的涵洞和没有锥坡的桥梁	0.45	有锥形洞口建筑的涵洞	0.10
有扩张式斜翼墙的洞口建筑的涵洞	0.25	有锥形护坡的小桥	0.15

3. 原有小桥涵处拟建小桥涵规定频率 P 的流量推算

(1)原有小桥涵处通过的洪峰流量 Q 换算为天然洪峰流量 Q_n

以上所求得的流量为原有小桥涵通过的历史洪峰流量或多年平均洪峰流量。由于桥涵挤束河道的影响,造成了桥涵前积水现象,致使小桥涵通过的洪峰流量小于天然洪峰流量。但山区、重丘地区由于河沟底纵坡较大,且小桥涵挤束作用又较小,即积水影响小时,可认为原小桥涵通过的洪峰流量 Q 近似等于天然的洪峰流量 Q_n。而平原、微丘地区当小桥涵挤束河道时,则应以下式将原有小桥涵的通过洪峰流量 Q 换算为天然洪峰流量 Q_n。

$$Q_n = S \cdot Q \quad (m^3/s) \tag{3-9}$$

式中:S——积水折减系数,可按表 3-4 查用;

Q——某一历史洪水位或多年平均洪水位时原小桥涵的通过流量(m^3/s)。

(2)原有小桥涵处拟建小桥涵的规定频率 P 时流量推算

按上述方法算出了某一历史洪水位或多年平均洪水位所对应的原小桥涵处天然洪峰流量 Q_n,并确定了该洪水的频率 n 之后,可用简单的换算系数来推求规定频率的周期流量 Q'_p。周期换算系数 M 列于表 3-5。

$$Q'_p = Q_n \cdot M_p \tag{3-10}$$

式中:Q'_p——原有小桥涵处拟建小桥涵规定频率流量(m^3/s);

Q_n——直接类比法中为原有小桥涵处已知频率为 n 的天然洪峰流量;形态调查法中即为水文断面处某一历史洪峰流量或多年平均洪峰流量 Q;

M_p——令已知频率为 n 的周期换算系数 $M_n = 1$ 时,查表 3-5 得规定的频率 P 时的周期换算系数。

积水折减系数 S 表 3-4

H	$\frac{B}{H\cdot i}$ \ $Q^{\frac{3}{2}}\cdot F$	2	5	10	15	20	30	50	100	200	500	1000
2.0	20		2.67	2.13	1.90	1.76	1.56	1.39				
	25		3.30	2.47	2.12	1.92	1.70	1.49	1.20			
	30				2.38	2.13	1.89	1.63	1.36	1.16		
	40				2.62	2.38	2.12	1.82	1.47	1.21		
	50				3.23	2.87	2.46	2.04	1.67	1.35	1.10	
	70						2.94	2.42	1.92	1.56	1.24	
	100							2.50	2.11	1.79	1.43	
	150								2.73	2.17	1.63	
2.5	10		3.18	2.32	2.00	1.82	1.60	1.41				
	15					2.13	1.90	1.65	1.35	1.11		
	20					2.70	2.25	1.98	1.56	1.22		
	25						2.35	2.02	1.70	1.43	1.11	
	30						3.13	2.50	1.92	1.52	1.20	
	40							2.81	2.15	1.72	1.32	1.16
	50								2.59	1.94	1.56	1.22
	70								3.10	2.40	1.70	1.30
3.0	10	2.60	1.92	1.50	1.32	1.20						
	15					3.00	2.68	2.06	1.83	1.50	1.10	
	20							2.18	1.93	1.16	1.27	
	25							2.90	2.30	1.90	1.38	
	30								2.65	2.10	1.55	1.20
3.5	10						3.10	2.60	2.00	1.60	1.14	
	15							2.70	2.28	1.80	1.40	1.13
4.0	10								2.38	1.93	1.41	
	15								2.90	2.22	1.58	

注：①本表摘自《公路桥涵设计手册·涵洞》(2001 年版)表 4-30。

②表中符号意义：

Q——原小桥涵处的通过洪峰流量(m^3/s)；

F——原小桥涵位上游的汇水面积(km^2)；

H——洪峰时原小桥涵前的水深(m)；

B——原小桥涵前相应于洪峰水深时的水面宽度(m)；

i——原小桥涵处纵向平均坡度(‰)。

③表中所列 S 值在 1.1 ~ 3.3 范围之内，当 $S > 3.3$ 时，应详细调查，确定积水原因后再计算，当 $S < 1.1$ 时按 1.1 计算。

④表中所缺数值，可以内插法计算。

周期换算系数 M 表　　表 3-5

编制单位	频率 P						
	$\frac{1}{300}$	$\frac{1}{100}$	$\frac{1}{50}$	$\frac{1}{25}$	$\frac{1}{20}$	$\frac{1}{10}$	$\frac{1}{5}$
第二铁路设计院 $F \leqslant 30(\mathrm{km}^2)$ （西南地区用）	1.00	0.80	0.67	0.50	0.45	0.33	0.25
	1.25	1.00	0.83	0.62	0.57	0.42	0.32
	1.50	1.20	1.00	0.75	0.68	0.50	0.38
	2.00	1.60	1.33	1.00	0.91	0.67	0.51
	2.21	1.76	1.47	1.10	1.00	0.74	0.56
	3.00	2.40	2.00	1.50	1.36	1.00	0.76
	3.95	3.16	2.64	1.97	1.79	1.32	1.00
第三铁路设计院 $F \leqslant 30(\mathrm{km}^2)$		1.00	0.80	0.60	0.50	0.30	
		1.25	1.00	0.75	0.63	0.38	
		1.67	1.33	1.00	0.83	0.50	
		2.00	1.60	1.20	1.00	0.60	
		3.33	2.66	2.00	1.66	1.00	

［例 3-1］　四川省某微丘地区拟建一公路小桥，其下游不远原有一座单孔净跨径为 5.4m 的钢筋混凝土板式桥，两台具有八字翼墙。桥下河底加固采用碎石垫层上厚 20cm 的片石单层铺砌，纵向坡度 $i = 20\%$。桥头路基高 3.4m，经调查知约 10 年一遇的某次历史洪水位离路基的路肩边缘高尚有 1m。洪水时估计桥下平均水深为 2m，桥前积水的水面宽度 B 为 25m。此桥汇水面积 $F = 6\mathrm{km}^2$，河床土质为大砾石带砂和小砾石。现按拟建小桥的规定频率 $P = 2\%$，以直接类比法推求原有小桥处的周期流量 Q'_{P}。

解：(1)判定水力图式：

根据桥下平均水深为 2m 以及桥下铺砌，查表 3-1 得 $v_y = 4\mathrm{m/s}$。桥下临界水深

$$h_k = \frac{v_y^2}{g} = \frac{4^2}{9.81} = 1.63(\mathrm{m})$$

桥前水深 $H = 3.4 - 1.0 = 2.4\mathrm{m}$，根据河床土质为大砾石带砂和小砾石，查表 3-1 取行进流速 $v_0 = 1.1\mathrm{m/s}$，查表 3-2 得 $\varphi = 0.9$。桥下游天然水深 h_t 以式(3-2)及式(3-3)计算。

$$H_0 = H + \frac{v_0^2}{2g} = 2.4 + \frac{1.1^2}{2 \times 9.81} = 2.46(\mathrm{m})$$

$$h_t = H_0 - \frac{v_y^2}{2g\varphi^2} = 2.46 - \frac{4^2}{2 \times 9.81 \times 0.9^2} = 1.45(\mathrm{m})$$

$h_t < 1.3h_k$，属自由出流。

(2)求通过原有小桥的历史洪峰流量 Q

查表 3-2 得流量系数 $M = 1.46$，小桥跨径 $B = 5.4\mathrm{m}$，则以式(3-5)计算 Q。

$$Q = MBH_0^{\frac{3}{2}} = 1.46 \times 5.4 \times 2.46^{\frac{3}{2}} = 30.4(\mathrm{m^3/s})$$

(3)原有小桥处天然洪峰流量 Q_n

为了查积水折减系数 S,由表 3-4 可见,必须先作以下计算:

$$Q^{\frac{3}{2}} \cdot F = 30.4^{\frac{3}{2}} \times 6 = 1006 \approx 1000$$

$$\frac{B}{H \cdot i} = \frac{25}{2.4 \times 0.20} = 52 \approx 50$$

然后以 $H = 2.4 \approx 2.5$m 和以上二式的结果查表 3-10 得 $S = 1.22$。

再以式(3-9)计算天然洪峰流量

$$Q_n = S \times Q = 1.22 \times 30.4 = 37.1(m^3/s)$$

(4)推求原有小桥处拟建小桥规定频率的周期流量 Q'_p

四川省属西南地区,频率 $n = \frac{1}{10} = 10\%$,$M_n = M_{10\%} = 1$,频率 $P = 2\%$ 时,查周期换算系数表 3-5 得 $M_P = M_{2\%} = 2.00$,以式(3-10)计算周期流量:

$$Q'_P = Q_n M_P = 37.1 \times 2 = 74.2(m^3/s)$$

二、形态调查法

建立水文断面,绘制水文断面图,确定主河沟的糙率 n(滩槽应分计)、主河沟平均坡度 I_Z,有条件时实测洪水位与流速等数据。一般可结合水文断面进行洪水调查,确定比较可靠的历史洪水位及其相应的频率,同时确定历史洪水位在水文断面上的过水面积 ω,相对应的洪水比降 I 等资料,据以确定流速,推算水文断面的历史洪峰流量 Q,进而求得规定频率 P 时的流量 Q'_p。

这种结合水文断面进行洪水调查,确定流量的形态调查法,是目前公路部门较为普遍运用的一种方法。

1. 断面平均流速 v 和历史洪峰流量或多年平均洪峰流量 Q 的确定

当野外勘测时,河沟水位达到多年平均洪水位或接近历史洪水位,可用流速仪、浮标施测流速,然后计算相应的历史洪峰流量或多年平均洪峰流量 Q。一般野外勘测时,河沟水位达不到多年平均洪水位,即处于常水位、枯水位或根本无水状态,此时可用以下方法确定断面流速 v 和计算历史洪峰流量或多年平均洪峰流量 Q。

1)流速的确定

(1)用均匀流公式计算流速

在进行洪水调查的同时,通常尽可能选取河床比较顺直,过水断面沿流程变化不大的河段上建立水文断面。当河沟底纵坡变化不大,且附近无支流汇入分出时,根据水文断面处比较可靠的历史洪水位或多年平均洪水位,可按均匀流公式计算流速。

洪水时河床糙率变化不大的小河沟,也可以简化公式(3-11)计算全断面的平均流速。

$$v = m_z \cdot H_P^{\frac{2}{3}} \cdot I_z^{\frac{1}{2}} \tag{3-11}$$

式中:m_z——主河沟粗糙系数,按表 3-6 选用;

I_z——主河沟平均坡度,公式中以小数计;

H_P——平均水深(m),近似为:三角形断面 $H_P = 0.5H$;矩形断面 $H_P = H$;

H——多年平均洪水位时的最大水深(m)。

主河沟粗糙系数 m_z 表 3-6

河沟类型	m_z 值	河沟类型	m_z 值
平坦土质河床	25	杂草丛生河床	15
弯曲或生长杂草河床	20	阻塞的河沟、有巨大的顽石	10

(2)按沉积物粒径或土的类属特征估算流速

①山区河沟中，在水文断面附近平时高出常水位浅滩上，找 3~5 个最大石块(注意鉴别确认是洪水时从上游被冲下来的，而不是河岸受冲刷后坍塌或从山坡滚下来的)，全断面平均流速估算公式(不适用于泥石流河沟)为：

$$v = 5.5\sqrt{D} \tag{3-12}$$

式中：D——最大石块的平均直径(m)。

②平原区河沟中，可按河床土的类属特征，参考表 3-7 估算平均流速。

平原区平均流速(按河床土确定) 表 3-7

序号	河床土的特征			平均流速(m/s)
	类属		冲刷程度	
1	淤泥、细砂		弱	1.3
2	粗砂或有淤泥隔离的黏土		中等	1.6
3	带卵石的粗砂、黏土		中等	1.8
4	砾石(粒径 2~20mm)		强	2.0
5	卵石(粒径 20~60mm)		强	3.0
6	圆石(粒径 60~200mm)		强	4.0
7	松散或中等密实的土，在深水部分冲刷较强烈，冲刷深度至不冲刷层	当冲刷宽度占河槽整个宽度(%)	20%	1.8
			30%	2.0
			40%	2.3

2)历史洪峰流量或多年平均洪峰流量 Q 的计算

在已测绘的水文断面上，标注上历史洪水位或多年平均洪水位，仍按均匀流公式计算历史洪峰流量或多年平均洪峰流量。

2. 按桥涵规定设计频率推算水文断面处的周期流量 Q'_p

在调查到水文断面处的洪水位(如某一历史洪水位或多年平均洪水位)，并确定其频率且计算出洪峰流量后，还必须把流量换算成拟建小桥涵的规定频率时水文断面处的周期流量 Q'_p，其周期换算除仍可用式(3-10)外，一般的作法还可按以下的流量变差系数推算。

(1)根据已算出的多年平均洪峰流量 Q(应表示为 $\overline{Q}$)，可按下式推求当小桥涵规定设计频率为 P 时在水文断面处的周期流量 Q'_p。

$$Q'_P = (1 + \varphi_P \cdot C_v)\overline{Q} = K_P \cdot \overline{Q} \tag{3-13}$$

式中：φ_P——离均系数，与频率 P 及偏差系数 C_s 有关(C_s 又与 C_v 具有函数关系)；

C_v——变差系数，确定方法见后述。当无资料时可查表 3-8；

K_P——规定频率 P 时的流量模比系数，确定方法见后。

小流域流量变差系数 C_v 值表 表 3-8

土的吸水类属	$\frac{流量变差系数 C_v}{日雨量变差系数 C_v'}$的平均值	全国 C'_v 的平均值	流量变差系数 C_v 的平均值及其变幅
Ⅰ	1.00	全国 40 余站 $C'_v=0.3\sim0.6$，而记录最长的北京、上海、天津三站的历时 10～1440min 间的 C'_v 为 $0.3\sim0.6$，平均 $C'_v=0.45$	0.45(0.30～0.60)
Ⅱ	1.25		0.56(0.38～0.75)
Ⅲ	1.40		0.63(0.42～0.84)
Ⅳ	1.60		0.72(0.48～0.96)
Ⅴ	2.50		1.12(0.75～1.50)
Ⅵ	3.50		1.57(1.05～2.10)

注：土的吸水类属见表 3-9。

土 的 吸 水 类 属 表 3-9

类 别	名 称	含砂率(%)
Ⅰ	无缝岩、沥青面、混凝土面、冻土、重黏土、沼泽土、冰沼土、水稻土	0～5
Ⅱ	黏土、盐土、碱土、龟裂地、山地草甸土	5～15
Ⅲ	壤土(亚黏土)、红壤、黄壤、灰化土、灰钙土、漠钙土、紫色土	15～35
Ⅳ	黑钙土、黄土、栗钙土、灰色森林土、棕色森林土(棕壤)、褐色土、生草沙壤土、冲积沙壤土、冲积性土壤	35～65
Ⅴ	沙壤土(亚沙土)、生草的沙	65～85
Ⅵ	沙	85～100

注：①表中所指含砂率的砂粒径 0.05～3mm；

②土取样位置在地面 0.2～0.5m；

③其他说明详见《涵洞》手册表 4-9a)注。

(2)通过调查获得某一历史洪水位(或其他洪水位)，并知其频率为 n，且计算出其洪峰流量 Q，可按下式推求小桥涵规定频率 P 相应在水文断面处的周期流量 Q'_P。

$$Q'_P = \frac{K_P}{K_n} \cdot Q \tag{3-14}$$

式中：K_n——历史洪水位(或其他洪水位)已知频率 n 时的流量模比系数，确定方法见后述；

其他符号意义同前。

(3)C_v、C_s 及 K 值的确定

①影响变差系数 C_v、偏差系数 C_s 的因素有降雨、地形、地貌及河沟形状、汇水面积等。按数理统计理论的要求，需要具有相当长期的水文资料才能确定。而小桥涵跨越的沿线河沟往往缺乏这些水文资料，所以，目前常按经验的间接方法来确定。

我国有关科研单位提出了小流域(汇水面积 $F \leqslant 30\text{km}^2$)流量按土的吸水类属分别确定变差系数 C_v 的平均值(或在变幅内取值)，如表 3-8。

②若当地有暴雨强度变差系数 C'_v 的资料，可按表 3-8，根据不同土的吸水类属查出 C_v/C'_v 的平均值，求得当地的流量变差系数 C_v。

③当选定变差系数 C_v 后，可根据频率 P(或 n)，查表 3-10 确定流量模比系数 K(或 K_n)。由于 C_s 与 C_v 存在函数关系，同时由该表可确定偏差系数 C_s。

流量模比系数 K 值 表 3-10

C_v	频率 P $\frac{1}{300}$	$\frac{1}{100}$	$\frac{1}{50}$	$\frac{1}{25}$	$\frac{1}{10}$	$\frac{1}{5}$	C_s	C_v	频率 P $\frac{1}{300}$	$\frac{1}{100}$	$\frac{1}{50}$	$\frac{1}{25}$	$\frac{1}{10}$	$\frac{1}{5}$	C_s
0.11	1.37	1.30	1.26	1.20	1.15	1.09	0.6	0.85	5.09	4.06	3.47	2.70	2.11	1.52	2.0
0.13	1.46	1.37	1.31	1.24	1.17	1.10	0.7	0.92	5.42	4.36	3.70	2.84	2.19	1.55	2.1
0.15	1.54	1.43	1.37	1.28	1.20	1.12	0.8	0.99	5.85	4.66	3.94	2.99	2.27	1.57	2.2
0.17	1.63	1.50	1.43	1.32	1.23	1.13	0.9	1.06	6.19	4.98	4.18	3.13	2.35	1.59	2.3
0.20	1.76	1.60	1.51	1.38	1.27	1.15	1.0	1.12	6.58	5.24	4.39	3.28	2.40	1.61	2.4
0.22	1.86	1.68	1.57	1.42	1.29	1.16	1.1	1.20	7.00	5.60	4.67	3.41	2.49	1.64	2.5
0.29	2.17	1.91	1.76	1.55	1.39	1.21	1.2	1.27	7.48	5.91	4.92	3.55	2.56	1.65	2.6
0.36	2.49	2.16	1.96	1.69	1.48	1.26	1.3	1.34	7.97	6.24	5.18	3.69	2.62	1.66	2.7
0.45	2.92	2.48	2.23	1.95	1.61	1.32	1.4	1.41	8.47	6.57	5.44	3.84	2.69	1.66	2.8
0.50	3.17	2.67	2.37	1.98	1.67	1.35	1.5	1.48	8.99	6.90	5.71	3.99	2.76	1.67	2.9
0.56	3.47	2.89	2.55	2.19	1.75	1.38	1.6	1.57	9.50	7.33	6.00	4.25	2.83	1.66	3.0
0.63	3.83	3.16	2.77	2.35	1.83	1.41	1.7	1.69	10.30	7.90	6.24	4.40	2.86	1.65	3.2
0.72	4.34	3.53	3.05	2.45	1.95	1.46	1.8	1.83	11.61	8.59	7.02	4.64	3.43	1.64	3.4
0.78	4.67	3.77	3.25	2.55	2.02	1.49	1.9	1.98	12.96	9.36	7.57	4.90	3.59	1.61	3.6

注:本表可内插。

[例 3-2] 有一山区天然河沟,水文断面如图 3-3。经洪水调查得 25 年一遇的某一历史洪水位水痕标高为 179.30m,形态调查得洪水比降 $I=0.6‰$,河沟纵坡 i 与洪水比降基本相同。沟床土质为中砂,沟岸为黏土。河沟较顺直,附近沿程各断面变化不大。汇水区表土为Ⅳ类土。试按均匀流公式计算此水文断面处的历史洪峰流量 Q,并求拟建小桥规定设计洪水频率为 1/50 时,该断面的周期流量 Q'_p。

解:(1)$I\approx i=0.6‰=0.0006$,系顺直的土质(黏土、砂)河槽,由表 2-3 可查得糙率 $n=0.025$,指数 $y=1/6$。

(2)根据实测河沟断面(图 3-3)作一般计算,见表 3-11。

表 3-11

桩号	床面高程 (m)	水深 (m)	平均水深 (m)	高程差 Δh (m)	间距 L (m)	过水面积 ω (m^2)	湿周 $\rho=\sqrt{L^2+\Delta h^2}$ (m)
K3 +399	179.30	0	0.65	1.3	1	0.65	1.64
+400	178.00	1.3	1.75	0.9	3	5.25	3.13
+403	177.10	2.2	2.40	0.4	2	4.80	2.04
+405	176.70	2.6	1.60	2.0	4.5	7.20	4.92
+409.5	178.70	0.6	0.30	0.6	0.5	0.15	0.78
+410	179.30	0		Σ	11	18.05	12.51

(3)计算历史洪峰流量 Q 及全断面平均流速 v:

水力半径 $$R=\frac{\omega}{\rho}=\frac{18.05}{12.51}=1.44(\text{m})$$

以均匀流公式计算全断面平均流速。

$$v = \frac{1}{n}R^{\frac{2}{3}} \cdot i^{\frac{1}{2}} = \frac{1}{0.025} \times 1.44^{\frac{2}{3}} \times 0.0006^{\frac{1}{2}} = 1.24(\mathrm{m/s})$$

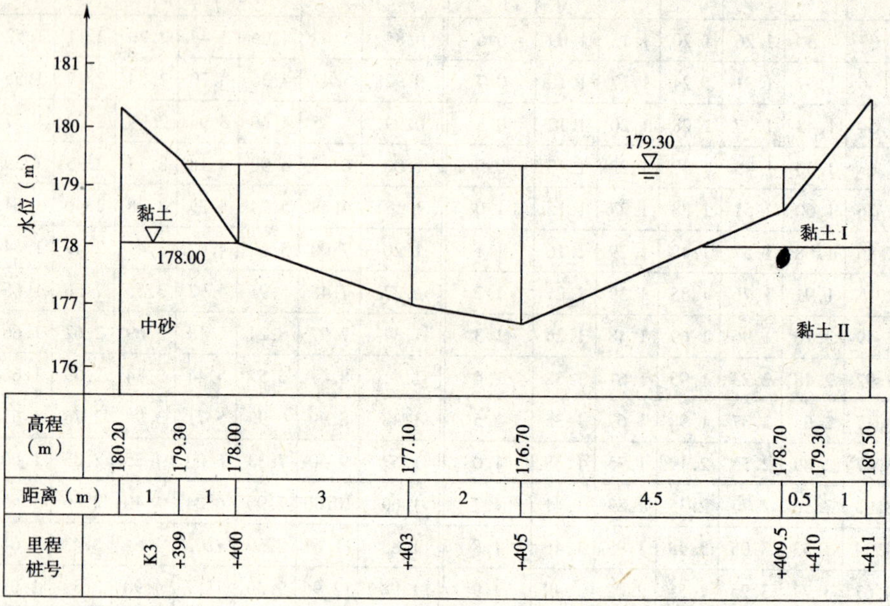

图 3-3　水文断面图（例 3-2）

历史洪峰流量：

$$Q = v \cdot \omega = 1.24 \times 18.05 = 22.4(\mathrm{m^3/s})$$

（4）推求拟建小桥规定频率时水文断面处的周期流量 Q'_{P}。

由 $Q = 22.4\mathrm{m^3/s}$，频率 $n = \frac{1}{25} = 4\%$，$P = \frac{1}{50} = 2\%$。

查表 3-8，当 IV 类土时 $C_{\mathrm{v}} = 0.72$；查表 3-10 分别得 $K_{\mathrm{n}} = K_{4\%} = 2.45$；$K_{\mathrm{P}} = K_{2\%} = 3.05$。

$$Q'_{\mathrm{P}} = Q_{2\%} = \frac{K_{2\%}}{K_{4\%}} \times Q_{4\%} = \frac{3.05}{2.45} \times 22.4 = 27.9(\mathrm{m^3/s})$$

[例 3-3]　有一小河沟，其水文断面如图 3-4 所示。主河沟平均坡度 I_{z} 为 40‰，河床杂草丛生。经调查得到多年平均洪水位高程为 112.10m，汇水区以红壤为主。试以简化公式计算全断面的平均流速和多年平均洪峰流量 $\overline{Q}$；并推求小桥涵规定设计洪水频率为$\frac{1}{25}$时水文断面处的周期流量。

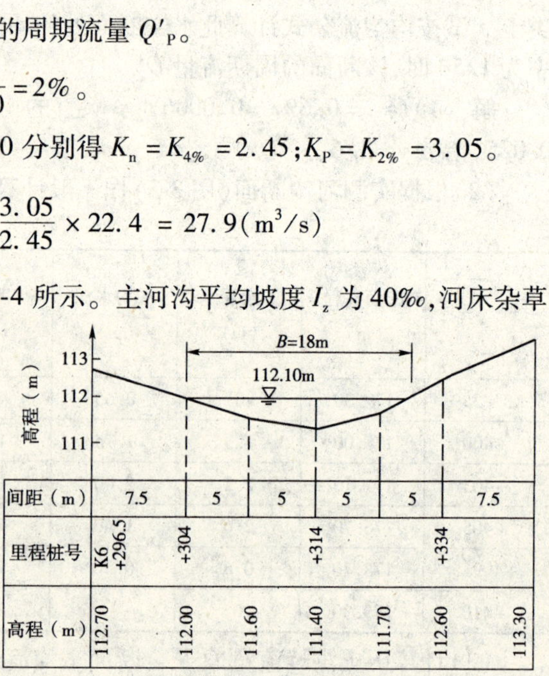

图 3-4　三角形河沟断面（例 3-3）

解：（1）计算全断面平均流速 v 和多年平均洪峰流量 $\overline{Q}$

因系小河沟，可按 $v = m_{\mathrm{Z}} \cdot H_{\mathrm{p}}^{\frac{2}{3}} \cdot I_{\mathrm{z}}^{\frac{1}{2}}$ 计算。

查表 3-6，杂草丛生河床的主河沟粗糙系

数 $m_z=15$。

当水位高程为 112.10m 时，$H=0.7$m，从图上可知水面宽度 $B=18$m。

三角形河沟的平均水深 $H_p=0.5H=0.5\times0.7=0.35$(m)；过水面积 $\omega=0.5BH=0.5\times18\times0.7=6.3$(m^2)。

因此，全断面平均流速

$$v=15\times0.35^{\frac{2}{3}}\times0.04^{\frac{1}{2}}=1.48(\text{m/s})$$

多年平均洪峰流量

$$\overline{Q}=v\cdot\omega=1.48\times6.3=9.3(\text{m}^3/\text{s})$$

(2)推求小桥涵规定设计频率时水文断面处的周期流量 Q'_p

因规定频率 $P=\frac{1}{25}=4\%$。汇水区为红壤，查土的吸水类属表 3-9 得知属Ⅲ类土。查表 3-8得 $C_v=0.63$；再查表 3-10 得 $K_p=K_{4\%}=2.35$；按式(3-13)计算水文断面处 $P=4\%$ 时的周期流量。

$$Q'_P=\overline{Q}\cdot K_P=9.3\times2.35=21.9(\text{m}^3/\text{s})$$

三、小桥涵位设计流量推算和各种流量计算方法的比较

1. 小桥涵位设计流量推算

形态调查法和直接类比法仅推出了水文断面处或原有小桥涵处的流量 Q'_p，故需向拟建小桥涵处折算成设计流量 Q_p。

(1)若水文断面(或原有小桥涵位)处与拟建小桥涵位处两者汇水面积相比较，相差在10%左右时，可不再折算，即认为水文断面(或原有小桥涵位)处规定频率 P 对应的周期流量 Q'_p 就等于拟建小桥涵处设计规定频率 P 所对应的设计流量 Q。

(2)若水文断面(或原有小桥涵位)处与拟建小桥涵位处两者汇水面积相差较大时，可按下式计算：

$$Q_P=\frac{F_2^n\cdot B_2^m\cdot I_{z2}^{\frac{1}{4}}}{F_1^n\cdot B_1^m\cdot I_{z1}^{\frac{1}{4}}}\cdot Q'_P \tag{3-15}$$

式中：F_1、F_2——分别为水文断面(或原有小桥涵位)处及拟建小桥涵位处的汇水面积(km^2)；

B_1、B_2——分别为水文断面(或原有小桥涵位)处及拟建小桥涵位处汇水区的平均宽度，可近似地分别以汇水面积 F 除以主河沟长度 L 确定；

I_{z1}、I_{z2}——分别为水文断面(或原有小桥涵位处)的主河沟平均坡度，确定方法见第二章第一节，计算中以小数计；

n——汇水面积的指数，汇水区大时取$\frac{1}{2}\sim\frac{2}{3}$；汇水区 $F\leqslant30$km^2 时，取 $n=0.8$；

m——流域形状的指数参数，暴雨所造成的洪水位取 $m=\frac{1}{3}$。

(3)若 $F\leqslant30$km^2，水文断面(或原有小桥涵位)处与拟建小桥涵位处相距不很远，且两者地形无显著区别时，可按下述简化公式计算设计流量：

$$Q_P = \frac{F_2^{0.8}}{F_1^{0.8}} \cdot Q'_P \tag{3-16}$$

式中符号意义同前。

(4)若无汇水面积资料,可通过调查实测水文断面(或原有小桥涵位)处及拟建小桥涵位处的主河沟长度 L_1 和 L_2,按下列经验公式计算拟建小桥涵处的设计流量:

$$Q_P = \left(\frac{L_2}{L_1}\right)^{1.6} \cdot Q'_P \tag{3-17}$$

式中:L_1、L_2——分别为水文断面(或原有小桥涵位)处及拟建小桥涵处的主河沟长度,确定方法见第二章第一节。

[**例3-4**] (接例3-3)已知水文断面处拟建小桥涵设计规定频率的周期流量 Q'_P = 21.9m³/s,水文断面处汇水面积 $F_1 = 12\text{km}^2$,主河沟长度 $L_1 = 4.3\text{km}$,主河沟平均坡度 I_{Z1} = 40‰;拟建小桥涵位于水文断面下游1.2km,汇水面积 $F_2 = 16\text{km}^2$,主河沟平均坡度 I_{Z2} = 34‰。该地区属洪雨地区,求小桥涵位处的设计流量 Q_p。

解:由于两处(水文断面与拟建小桥涵位)汇水面积 F 相差较大,且 >10%。所以采用式(3-15)计算小桥涵处的设计流量:

$$Q_P = \frac{F_2^n \cdot B_2^m \cdot I_{z2}^{\frac{1}{4}}}{F_1 \cdot B_1^m \cdot I_{z1}^{\frac{1}{4}}} \cdot Q'_P$$

式中:

$$B_1 = \frac{F_1}{L_1} = \frac{12}{4.3} = 2.79(\text{m})$$

$$B_2 = \frac{F_2}{L_2} = \frac{16}{4.3+1.2} = 2.91(\text{m})$$

汇水面积 $F < 30\text{km}^2$,$n = 0.8$;洪雨地区 $m = \frac{1}{3}$;$I_{z1} = 0.04$,$I_{z2} = 0.034$;则小桥涵处的设计流量

$$Q_P = \frac{16^{0.8} \times 2.91^{\frac{1}{3}} \times 0.034^{\frac{1}{4}}}{12^{0.8} \times 2.79^{\frac{1}{3}} \times 0.04^{\frac{1}{4}}} \times 21.9$$

$$= \frac{9.18 \times 1.428 \times 0.429}{7.15 \times 1.408 \times 0.447} \times 21.9$$

$$= 27.4(\text{m}^3/\text{s})$$

若用简化公式(3-16)计算,则:

$$Q_P = \frac{F_2^{0.8}}{F_1^{0.8}} \cdot Q'_P = \left(\frac{16}{12}\right)^{0.8} \times 21.9 = 27.6(\text{m}^3/\text{s})$$

除以上介绍的两种计算流量的方法以外,常用的还有暴雨推理法。暴雨推理法是运用成因分析的方法,从实测的暴雨资料入手,应用地区综合分析方法来分析暴雨资料和地区特征关系,利用第二章第一节确定的汇水面积、主河沟长度、主河沟平均坡度等汇水区几何参数,间接地推求设计流量。限于篇幅,此处不作介绍,可参阅《涵洞》手册。

2. 各种流量计算方法的比较

(1)按暴雨计算洪峰流量的推理公式,考虑的因素较多,其优点是计算较为简单。但在确定本公式的过程中,只考虑了区域的普遍特征,故参变数是简化了的概略值,因此,与各个地区河沟和流域的实际情况有所出入。但纯属经验性,地区差异较大。

(2)直接类比法因其资料来自对原有桥涵(或其他水工构造物)的调查,故这种方法计算结果比较可靠,有条件时,应首先实用。但在新建公路中实用机会较少。

(3)形态调查中,由于计算设计流量所依据的资料是现场调查所得,较客观地反映出实际情况。但是小流域洪水历时短,不易调查出历史洪水位及确定相应的频率,不易比较准确地确定河沟床的糙率(或粗糙系数)。同时,对于河床下切和沉积等影响程度难以掌握,所以往往使流量计算偏大或偏小。为了获得较准确的结果,可将形态调查法与前两种计算方法配合论证使用。

第二节　孔径计算

小桥涵孔径计算的目的,在于依据已定的设计流量,运用水力计算方法确定小桥涵孔径和孔数;确定河床加固的类型和尺寸;确定壅水高度,小桥桥面最低标高或涵洞顶上的最低路堤标高。

同一设计流量往往可有多种孔径和孔数的方案。当设计的小桥涵孔径小同时孔数少,则流速大而壅水高,相应要求有良好的地质或河床加固,并要有较高的路堤等。因此,应充分考虑地形、地质、施工等条件,并根据路线和当地群众的合理要求,从经济和安全的原则来确定所采取的方案。

小桥和涵洞孔径计算方法有以下共同点和区别点:

1. 共同点

小桥、涵洞都应控制桥涵内的允许速度(流速小时,小桥以天然河床土质的允许流速控制;流速大时,小桥下河底采用人工加固,所以可用人工加固的允许流速控制。涵洞一般均设铺砌,因此以铺砌的允许流速控制)。小桥涵都需控制桥涵前的壅水高度。

2. 区别点

小桥桥下有净空要求,有时还有通航要求。小桥主要是侧向压缩水流。设计中一般以计算为主,查表为辅。

涵洞孔径小,但是涵身长,涵内可有自由水面,也可充满水流。水流除侧向压缩外,涵前水深可高于涵顶。无压力式涵洞水力计算仍用宽顶堰理论,其他涵洞水力计算用孔口出流理论。相对于小桥,公路沿线涵洞数量多,故以查表确定孔径为主。

一、小桥孔径计算

小桥孔径计算步骤是:首先确定未建桥前的天然水深 h_t 和断面平均流速 v_t;然后根据初拟的桥型、桥孔情况,确定桥下临界水深 h_K,并进行水力计算图式判定;接着通过水力计算,确定小桥孔径,进而决定桥长 L;最后确定桥前壅水高度,以及推求路线的路堤和小桥桥面的最底标高。

1. 小桥孔径计算程序

1)拟建桥(涵)位处主河沟天然水深 h_t 及天然流速 v_t 的确定

(1)应收集的资料

为了确定 h_t 及 v_t，应收集的资料包括：拟建桥（涵）位处天然设计洪峰流量 Q_P，水文断面的几何形状实测资料，主河沟糙率 n，桥位附近河床的纵坡 i 等（若主河沟平均坡度 I_z 沿程变化不显著时，i 也可以 I_z 代替）。

(2)以均匀流公式计算 h_t 及 v_t

天然水深 h_t 可以用均匀流曼宁公式进行试算得到。

在拟建桥涵位断面上，假定不同水位，得出不同水深 h，按表 3-12 表格形式，列表试算出相应的流速及流量。当求得的流量与已知的设计洪峰流量 Q_P 两者相差在 ±10% 范围内时，所求得流量对应的水深为天然水深 h_t，此时的 v 即是天然流速 v_t。

h_t 及 v_t 计算 表 3-12

水位 H	h (m)	ω (m^2)	ρ (m)	$R=\frac{\omega}{\rho}$ (m)	n	$R^{\frac{2}{3}}$	$i^{\frac{1}{2}}$	v (m/s)	Q (m^3/s)	对比 Q_P (m^3/s)

表中糙率 n 可分别查表 3-6 和表 2-3、表 2-4 及表 2-5。

2)桥下临界水深 h_k 的确定

(1)桥下临界水深 h_{kj} 的确定

首先，根据桥下土质或拟建的加固类型，通过设计流量时的天然平均水深 $\bar{h}$，从表 3-1 中选取允许（不冲刷）平均流速 v_y。选定 v_y 之后，可假定 $v_k=v_y$，则桥下任意形状断面的平均临界水深 h_{kj} 可由通式(3-18)计算。

$$h_{kj}=\frac{v_k^2}{g}\approx\frac{v_y^2}{g}=0.102v_y^2 \tag{3-18}$$

(2)矩形、梯形桥孔断面时 h_k

对于矩形桥孔断面（计算图式判别时可不考虑多孔小桥的桥墩阻水面积），由于实际水面宽度 B 等于临界水深 h_k 时的水面宽度 B_k，所以 $h_k=h_{kj}$。

对于宽而浅的梯形桥孔断面 $h_k\approx h_{kj}$。

但对于狭而深的梯形断面（图 3-5），h_k 可由已知的 h_{kj} 及 B_k（确定方法见后述）按下式求得：

$$h_k=\frac{B_k-\sqrt{B_k^2-4mB_k\cdot h_{kj}}}{2m} \tag{3-19}$$

式中：m——梯形桥孔断面的边坡系数；

B_k——通过天然洪峰设计流量 Q_P 水深为 h_k 时对应的水面宽度(m)，见图3-5；由于水流通过小桥以自由出流图式为多数，因此 B_k 值可先假定以式(3-20)、式(3-21)计算。

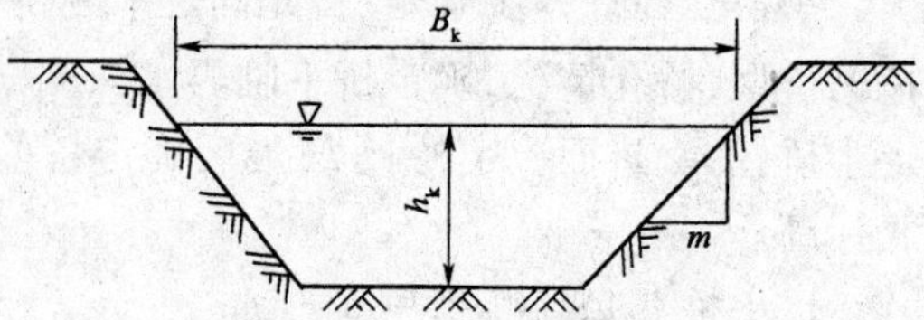

图 3-5 梯形断面中 h_k、B_k 示意图

3)小桥计算图式判别

小桥计算图式及判别条件为：

当 $1.3h_k\geq h_t$ 时，桥下水流为自由出流；

当 $1.3h_k<h_t$ 时，则为非自由出流。

4)小桥孔径长度 L 的确定

首先根据设计流量和施工技术条件，大致估计拟采用的小桥跨径和孔数。

(1)自由出流时需要的桥下水面宽度 B_k 和孔径长度 L 的计算

①考虑了桥台和桥墩侧向束挟水流的影响，可分别以式(3-20)或式(3-21)计算需要的桥下水面宽度 B_k：

$$B_k = \frac{Q_P \cdot g}{\varepsilon \cdot v_k^3} + N \cdot d \quad (m) \tag{3-20}$$

式中：ε——桥梁的挤压系数，查表 3-2；

v_k——桥下临界流速(m/s)，可依 v_y 查表 3-1；

N——桥墩个数；

d——单个中墩沿 B_k 水面线上的宽度(m)。

当单孔时，以下式计算 B_k：

$$B_k = \frac{Q_P \cdot g}{\varepsilon \cdot v_k^3} \tag{3-21}$$

式中符号意义同前。

②当桥孔断面为矩形时，小桥孔径长度 $L = B_k$。

当桥孔断面为梯形时，见图 3-6，桥孔长度可以下式计算：

$$L = B_k + 2m \cdot \Delta h \tag{3-22}$$

式中：m——边坡系数；

Δh——小桥上部结构底面高出桥下水面的距离(m)，$\Delta h = H - h_k + \Delta_1$，其中：

Δ_1——自积水时的壅水位到上部结构底面的净高，取值为：一般不通航时 $\Delta_1 = 0.5$m，有流冰时 $\Delta_1 = 0.75$m；通航时按通航净高要求计；

H——桥前背水高度(m)，确定方法见后。

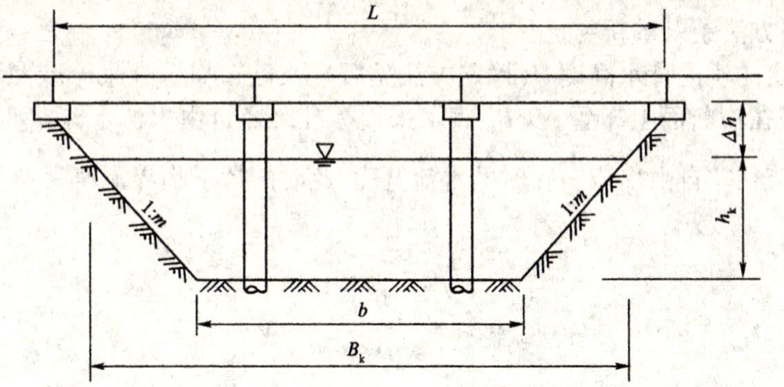

图 3-6 梯形桥孔断面(自由出流)

(2)非自由出流时桥下($\frac{1}{2}h_t$ 处)水流平均宽度 B_0 和孔径长度 L 的计算

①非自由出流时，下游天然水深 h_t 会造成桥下一定程度的回淹影响。桥下($\frac{1}{2}h_t$ 处)水流平均宽度 B_0(图 3-7)，可按下式计算：

$$B_0 = \frac{Q_P}{\varepsilon \cdot h_t \cdot v_y} + N \cdot d_1 \tag{3-23}$$

式中：d_1——中墩沿 B_0 时的宽度(m)。

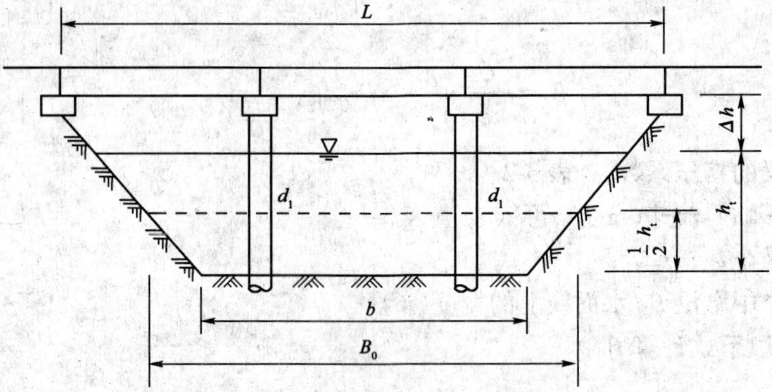

图 3-7　梯形桥孔断面(非自由出流)

当单孔时，以下式计算 B_0：

$$B_0 = \frac{Q_P}{\varepsilon \cdot h_t \cdot v_y} \tag{3-24}$$

②当桥孔断面为矩形时，则小桥孔径长度 $L = B_0$。

当桥孔断面为梯形时(图 3-7)，则其孔径长度：

$$L = B_0 + m \cdot h_t + 2m\Delta h = B_0 + m(h_t + 2\Delta h) \tag{3-25}$$

式中：$\Delta h = H - h_t + \Delta_1$；

其他符号意义同前。

(3)选用小桥标准跨径注意事项

①根据计算得到的孔径长度 L 选用标准跨径，尽量使两者相差小于或等于 10%，在此范围内，选用标准跨径后的水力计算图式不变。

②当单跨计算孔径长度 L 与采用的标准跨径长度两者相差 >10%，水力计算图式可能有变化，可按下列方法予以重新判定。

首先在原定的桥前背水高度 H(确定方法见后)，及已知临界流速 v_k 或允许流速 v_y 的条件下，按标准跨径在横断面上布置，以 B_b 表示采用标准跨径自由出流水深 h_t 时的水面宽度，或表示采用标准跨径非自由出流 $\frac{1}{2}h_t$ 时的水流宽度，此时的桥下临界流速为：

自由出流时

$$v_b = v_k \cdot \sqrt[3]{\frac{B_k}{B_b}} \quad (\text{m/s}) \tag{3-26}$$

非自由出流时

$$v_b = v_y \cdot \sqrt[3]{\frac{B_0}{B_b}} \quad (\text{m/s}) \tag{3-27}$$

对应的桥下临界水深

$$h_b = \frac{v_b^2}{g} \quad (\text{m}) \tag{3-28}$$

(注意:当自由出流时,桥下实际水深为临界水深 h_k;非自由出流时,桥下实际水深仍为 h_t)。

水力计算图式判别:

当 $1.3h_b \geqslant h_t$ 时,桥下水流为自由出流;

当 $1.3h_b < h_t$ 时,桥下水流为非自由出流。

5)桥前背水高度 H 的确定

(1)桥前产生壅高时,桥前断面的行近流速 v_0 有如下区别:

当 $v_0 \leqslant 1.0\text{m/s}$ 时,$\frac{v_0^2}{2g}$项可略去不计;

当 $v_0 > 1.0\text{m/s}$ 时,$\frac{v_0^2}{2g}$项对桥前背水高度 H 有影响,所以需采用逐次逼近法确定。

(2)桥前背水高度 H

①桥下为自由出流时

$$H = h_k + \frac{v_k^2}{2g\varphi^2} - \frac{v_0^2}{2g} = h_k + \frac{h_{kj}}{2\varphi^2} - \frac{v_0^2}{2g} \quad (\text{m}) \tag{3-29}$$

式中: φ——桥下水流的流速系数,根据不同的桥台形状,查表 3-2;

v_k, h_k, h_{kj}——以最后选定的孔径所确定的桥下临界流速、临界水深和平均临界水深。

当桥孔断面为矩形时,且通常 v_0 值略去不计,φ 取常数 1,则上式可简化为:

$$H = h_k + \frac{v_k^2}{2g} = \frac{v_k^2}{g} + \frac{v_k^2}{2g} \approx 0.153v_k^2 \quad (\text{m}) \tag{3-30}$$

②桥下为非自由出流时

$$H = h_t + \frac{v_y^2}{2g\varphi^2} - \frac{v_0^2}{2g} \quad (\text{m}) \tag{3-31}$$

式中各项符号意义同前。

当行近流速 $v_0 \leqslant 1.0\text{m/s}$,且 φ 取常数 1 时,上式可简化为:

$$H = h_t + \frac{v_y^2}{2g} \quad (\text{m}) \tag{3-32}$$

6)桥头引道路堤及桥面最低高程的确定(图 3-8)

桥头路堤最低高程 = 桥前河沟底面高程 + 背水高度 $H + \Delta_1$　　(m)

式中的安全值 Δ_1 一般可取 0.5m。

桥面最底高程 = 桥前河沟底面高程 + 背水高度 $H + \Delta_1 + D$　　(m)

式中 D 为上部构造的建筑高度,由上部结构设计而定。

桥头路堤及桥面最低高程是从满足水流顺利通过小桥,即是从水力水文要求提出的最低高程。桥头路堤及桥面最低高程应小于等于路线桥位处相应的路堤及桥面的设计高程。否则,可通过扩大小桥孔径,增加孔数,以降低桥前背水高度 H,达到符合路线桥位处路堤及桥面设计高程的要求。当扩大孔径,增加孔数仍然无效时,则可修改路线设计,即设法提高路线桥位处的路堤及桥面设计高程。

2. 算例

[**例 3-5**]　测得丘陵区某桥位河沟横断面如图 3-9,主河沟平均坡度 $I_z = 20‰$,两岸部分平坦、有浅滩,河槽蓄水量不太多。桥位附近河床纵坡 $i = 15‰$,糙率 $n = 0.05$,河槽最低点高程为 100.00m,路基设计高程为 102.95m,设计流量 $Q_P = 22\text{m}^3/\text{s}$。河床加固采用碎石垫层、厚

25cm 的片石单层铺砌，桥台采用八字翼墙。拟建一座钢筋混凝土板式桥，试确定其孔径、桥头路堤及桥面最低高程。

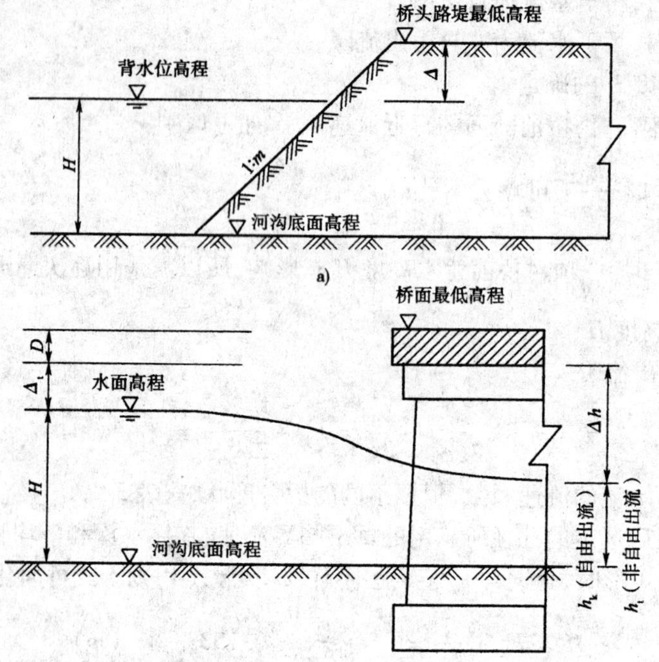

图 3-8　桥头路堤及桥面最低高程

a）桥头路堤最低高程；b）桥面最低高程

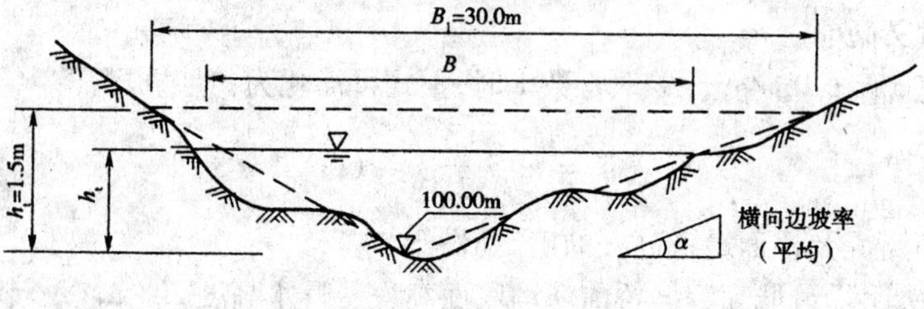

图 3-9　河沟横断面（例 3-5）

解：（1）确定天然水深 h_t、天然流速 v_t

h_t 和 v_t 可按表 3-12 的形式，以均匀流公式试算得到。

假定当水深 $h=1.20$m，据此列表求得：过水面积 $\omega=14.4\text{m}^2$，湿周 $\rho=29.36$m，水力半径 $R=0.486$m。则

$$v=\frac{1}{n}R^{\frac{2}{3}}\cdot i^{\frac{1}{2}}=\frac{1}{0.05}\times 0.486^{\frac{2}{3}}\times 0.015^{\frac{1}{2}}=1.51 \qquad (\text{m/s})$$

$$Q=v\cdot\omega=1.51\times 14.4=21.74 \qquad (\text{m}^3/\text{s})$$

试算的 Q 与设计流量 Q_P 相比之差小于 10%，所以确定 $h_t=1.2$m，$v_t=1.51$m/s。

（2）确定桥下临界水深 h_k

当天然水深 $h_t=1.2$m 时，由河沟横断面图可得对应的水面宽度 $B=24$m，则天然平均水深

$$\bar{h}=\frac{\omega}{B}=\frac{14.4}{24}=0.6 \qquad (\text{m})$$

按碎石垫层上厚25cm的片石铺砌加固，查表3-1得 $v_y = 3.5\text{m/s}$，取桥下临界流速 $v_k = v_y$，平均临界水深 h_{kj} 由式3-18计算：

$$h_{kj} = \frac{v_k^2}{g} \approx 0.102 v_y^2 = 0.102 \times 3.5^2 = 1.25 \quad (\text{m})$$

采用矩形桥孔断面 $h_k = h_{kj} = 1.25\text{m}$

(3)计算图式判别

$$1.3h_k = 1.3 \times 1.25 = 1.63(\text{m}) > h_t = 1.2 \quad (\text{m})$$

所以，桥下水流为自由出流。

(4)确定小桥孔径长度 L

桥孔矩形断面，桥台八字翼墙，查表3-2得 $\varepsilon = 0.85$，采用单孔 $N = 0$，以式(3-21)计算 B_k：

$$L = B_k = \frac{Q_P \cdot g}{\varepsilon \cdot v_k^3} = \frac{22 \times 9.81}{0.85 \times 3.5^3} = 5.92 \quad (\text{m})$$

参照标准图选用单孔6.00m的钢筋混凝土板式桥，建筑高度 $D = 0.28\text{m}$，与计算的 L 相差未超过10%，故不复核水力计算图式。

(5)确定桥前背水高度 H

查表3-2得 $\varphi = 0.90$，先假定行近流速 $v_0 = v_t = 1.51\text{m/s}$，则以式(3-29)第一次试算：

$$H = h_k + \frac{v_k^2}{2g\varphi^2} - \frac{v_0^2}{2g} = h_k + \frac{h_{kj}}{2\varphi^2} - \frac{v_0^2}{2g}$$

$$= 1.25 + \frac{1.25}{2 \times 0.9^2} - \frac{1.51^2}{2 \times 9.81}$$

$$= 1.25 + 0.77 - 0.12 = 1.9 \quad (\text{m})$$

当取 $h_t = H = 1.9\text{m}$ 时，由河沟横断面图并列表计算得过水面积 $\omega = 36.07\text{m}^2$，则

$$v_0 = \frac{Q_P}{\omega} = \frac{22}{36.07} = 0.61 \quad (\text{m/s})$$

与假定相差太大。

第二次试算：假定 $v_0 = 0.61\text{m/s}$

$$H = 1.25 + 0.77 - \frac{0.61^2}{2 \times 9.81} = 1.25 + 0.77 - 0.02 = 2.00 \quad (\text{m})$$

再取 $h_t = 2.00\text{m}$，由横断面图可得 $\omega = 40\text{m}^2$，则

$$v_0 = \frac{22}{40} = 0.55 \quad (\text{m/s})$$

与第一次假定后 $v_0 = 0.61\text{m/s}$ 基本相符，即 $H = 2.00$，不必第三次试算。

从计算中可见，v_0 值影响不大时可略去不计，只有当桥址处河床纵坡较陡，天然流速 $v_t \geq$ 桥下临界流速 v_k 时，才需考虑计算 v_0 值。

若以简化式(3-30)计算：

$$H = 0.153 v_k^2 = 0.153 \times 3.5^2 = 1.87 \quad (\text{m})$$

与以式(3-29)计算结果相差<10%。

(6)路堤及桥面最低高程的确定

桥头路堤最低高程 = 桥前河沟底面高程 $+ H + \Delta_1 = 100.00 + 2.00 + 0.50 = 102.50\text{m}$

桥面最低标高 = 桥前河沟底面高程 $+ H + \Delta_1 + D = 100.00 + 2.00 + 0.50 + 0.28 = 102.78\text{m}$

计算得的桥头路堤最低高程及桥面最低标高均小于路基设计高程 102.95m，说明满足设计要求。

[例 3-6] 微丘地区某拟建小桥位处河床断面如图 3-10，已知路线设计标高为 82.60m，天然水深 $h_t = 1.4m$，设计流量 $Q_P = 25m^3/s$，桥前允许壅高时背水高度为 1.8m。拟建多孔简支钢筋混凝土板式桥，采用单排柱式墩，柱墩直径 $d = 0.60m$，简易桥台，外加锥坡（边坡系数 $m = 1.5$）。河床土质为大颗粒的卵石，桥前行近流速 v_0 引起的$\frac{v_0^2}{2g}$项可略去不计，试确定小桥孔径。

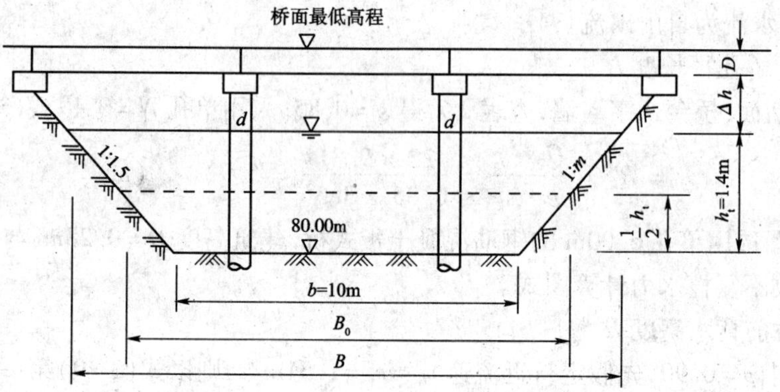

图 3-10 小桥孔径计算断面（例 3-6）

解：(1)确定桥下临界流速 v_k 及临界水深 h_k

由河床断面图可知，梯形断面平均水深

$$\bar{h} = \frac{\omega}{B} = \frac{\frac{1}{2}(B+b)h_t}{B} = \frac{\frac{1}{2}\times(10+2\times1.5\times1.4+10)\times1.4}{10+2\times1.5\times1.4} = 1.19 \quad (m)$$

河床土质为大颗粒的卵石，查表 3-1，取中值 $v_y = 2.1m/s$，$v_k = v_y = 2.1m/s$。

以式(3-18)计算平均临界水深 h_{kj}：

$$h_{kj} \approx 0.102v_y^2 = 0.102\times2.1^2 = 0.45 \quad (m)$$

假定桥下为自由出流，并设 3 孔，中墩个数 $N = 2$，查表 3-2 得 $\varepsilon = 0.80$，$\varphi = 0.85$，由式(3-20)计算桥下水面宽度 B_k：

$$B_k = \frac{Q_P\cdot g}{\varepsilon\cdot v_k^3} + N\cdot d = \frac{25\times9.81}{0.8\times2.1^3} + 2\times0.6 = 34.3 \quad (m)$$

再由式(3-19)计算 h_k：

$$h_k = \frac{B_k - \sqrt{B_k^2 - 4mB_kh_{kj}}}{2m} = \frac{34.3 - \sqrt{34.3^2 - 4\times1.5\times34.3\times0.45}}{2\times1.5} = 0.46 \quad (m)$$

(2) 水力计算图式判别

$$1.3h_k = 1.3\times0.46 = 0.60(m) < h_t = 1.4 \quad (m)$$

桥下水流为非自由出流。

(3)桥前背水高度 H 验算

由式(3-31)，略去$\frac{v_0^2}{2g}$项不计，得

$$H = h_t + \frac{v_y^2}{2g\varphi^2} = 1.4 + \frac{2.1^2}{2\times9.81\times0.85^2} = 1.66(m) < [H] = 1.8 \quad (m)$$

(4)确定小桥孔径

以式(3-23)计算桥下$\frac{h_t}{2}$处水流断面平均宽度B_0：

$$B_0 = \frac{Q_P}{\varepsilon \cdot h_t \cdot v_y} + N \cdot d_1 = \frac{25}{0.8 \times 1.4 \times 2.1} + 2 \times 0.6 = 11.83 \qquad (m)$$

先算$\Delta h = H - h_t + \Delta_1 = 1.66 - 1.4 + 0.5 = 0.76m$；

再以式(3-25)计算孔径长度：

$$L = B_0 + m(h_t + 2\Delta h) = 11.83 + 1.5 \times (1.4 + 2 \times 0.76) = 16.21 \qquad (m)$$

选用3跨5m简支钢筋混凝土板式桥，孔径长度$L = 5 \times 3 = 15m$，与计算值相差小于10%。

(5)确定桥面最低高程

查小桥涵标准图，可知上部构造建筑高度$D = 0.28m$。

桥面最低高程 = 桥前河沟底面高程 $+ H + \Delta_1 + D = 80.00 + 1.66 + 0.50 + 0.28 = 82.44m <$ 路线设计高程82.60m

3. 小桥孔径查表计算法

桥孔计算可以从公路桥涵设计手册《涵洞》现成的表格中查得，虽然所得结果与公式计算略有出入，但较简便，能满足实用需要。

(1)计算前应具有的资料

拟建小桥位处推算出的设计流量Q_P，河床横断面及天然水深h_t，拟建小桥的型式及桥台的形状，根据河床土质或者加固类别，以表3-1确定的允许流速v_y等。

(2)水力计算图式的判别

根据允许流速v_y，先假设桥下为自由出流，查表3-13可得桥下临界水深h_k，当$1.3h_k \geq h_t$时，确定桥下水流为自由出流；当$1.3h_k < h_t$时，则为非自由出流。

自由出流式的小桥孔径计算表 表3-13

允许流速(m/s)		2.00	2.25	2.50	2.75	3.00	3.25	3.50	3.75	4.00	4.25	4.50	4.75	5.00	5.25	5.50
桥下临界水深(m)		0.41	0.52	0.64	0.77	0.92	1.08	1.25	1.44	1.63	1.84	2.07	2.30	2.55	2.82	3.09
桥前水深H(m)	桥台伸出锥坡之外	0.69	0.88	1.09	1.30	1.56	1.83	2.11	2.43	2.75	3.11	3.50	3.89	4.31	4.76	5.23
	锥坡填土八字翼墙	0.66	0.84	1.04	1.25	1.49	1.75	2.02	2.33	2.64	2.98	3.35	3.72	4.12	4.56	5.00
孔径系数μ	桥台伸出锥坡之外	1.53	1.08	0.79	0.59	0.45	0.36	0.29	0.23	0.19	0.16	0.13	0.11	0.098	0.085	0.074
	八字翼墙	1.44	1.02	0.74	0.56	0.42	0.34	0.27	0.22	0.18	0.15	0.12	0.10	0.092	0.080	0.070
	锥坡填土	1.36	0.96	0.70	0.53	0.40	0.32	0.26	0.20	0.17	0.14	0.12	0.098	0.087	0.070	0.066

注：本表适用于河槽断面为矩形或宽浅的梯形。

(3)计算自由出流图式的小桥孔径

由表3-13，根据桥台的不同形状及允许流速v_y，可查出桥前水深H(背水高度)和孔径系数μ，以下式计算桥下水面宽度B_k：

$$B_k = \mu \cdot Q_P + N \cdot d \qquad (m) \tag{3-33}$$

式中：N、d——多孔时中墩的个数及各中墩沿水面的宽度(m)，单孔时 $N=0$。

小桥孔径长度 L 的确定仍同前。

(4)计算非自由出流图式的小桥孔径

由表3-14，根据桥下水深 h_t（即天然水深）及允许流速 v_y，可查出桥前水深 H（背水高度）、孔径系数 μ，然后计算桥下 $\frac{1}{2}h_t$ 处水流平均宽度 B_0：

$$B_0 = \mu_1 \cdot \mu \cdot Q_P + N \cdot d_1 \quad (m) \tag{3-34}$$

式中：μ_1——桥台形状系数，八字翼墙 $\mu_1=1$；伸出锥坡 $\mu_1=1.06$；锥坡填土 $\mu_1=0.94$；

d_1——多孔时各中墩沿 B_0 的宽度(m)。

小桥孔径长度 L 的确定见前述。

(5)桥头路堤及桥面最低高程确定方法同前。

非自由出流式的小桥孔径计算表　　表3-14

允许流速(m/s)			2.00	2.25	2.50	2.75	3.00	3.25	3.50	3.75	4.00	4.25	4.50	4.75	5.00	5.25	5.50
桥下水深(m)	0.5	桥前水深 H(m)	0.75	0.82	0.90	0.98	1.07	1.17	1.28	1.39	1.51	1.64	1.78	1.92	2.08	2.34	2.41
		孔径系数 μ	1.17	1.05	0.94	0.85	0.78	0.72	0.67	0.63	0.59	0.55	0.52	0.50	0.47	0.45	0.43
	1.0	桥前水深 H(m)	1.25	1.32	1.40	1.48	1.57	1.67	1.78	1.89	2.01	2.14	2.28	2.42	2.58	2.74	2.91
		孔径系数 μ	0.59	0.53	0.47	0.43	0.39	0.36	0.34	0.32	0.30	0.28	0.26	0.25	0.24	0.23	0.21
	1.5	桥前水深 H(m)	1.75	1.82	1.90	1.98	2.07	2.17	2.28	2.39	2.51	2.64	2.78	2.92	3.08	3.24	3.41
		孔径系数 μ	0.39	0.35	0.31	0.28	0.26	0.24	0.23	0.21	0.20	0.19	0.17	0.16	0.16	0.15	0.14
	2.0	桥前水深 H(m)	2.25	2.32	2.40	2.48	2.57	2.67	2.78	2.89	3.01	3.14	3.28	3.42	3.58	3.74	3.91
		孔径系数 μ	0.29	0.26	0.24	0.21	0.20	0.18	0.17	0.16	0.15	0.14	0.13	0.13	0.12	0.11	0.11
	2.5	桥前水深 H(m)	2.75	2.82	2.90	2.98	3.09	3.19	3.28	3.39	3.51	3.64	3.78	3.92	4.08	4.24	4.41
		孔径系数 μ	0.23	0.21	0.19	0.17	0.16	0.15	0.13	0.12	0.12	0.11	0.10	0.10	0.09	0.09	0.09
	3.0	桥前水深 H(m)	3.25	3.32	3.40	3.48	3.57	3.67	3.78	3.89	4.01	4.14	4.28	4.42	4.58	4.74	4.91
		孔径系数 μ	0.19	0.17	0.16	0.14	0.13	0.12	0.11	0.11	0.10	0.09	0.09	0.08	0.08	0.08	0.07
	3.5	桥前水深 H(m)	3.75	3.82	3.90	3.98	4.07	4.17	4.28	4.39	4.51	4.64	4.78	4.92	5.08	5.24	5.41
		孔径系数 μ	0.16	0.15	0.13	0.12	0.11	0.10	0.10	0.08	0.08	0.08	0.07	0.07	0.07	0.06	0.06
	4.0	桥前水深 H(m)	4.25	4.32	4.40	4.43	4.57	4.67	4.78	4.89	5.01	5.14	5.28	5.42	5.58	5.74	5.91
		孔径系数 μ	0.14	0.13	0.12	0.11	0.10	0.09	0.08	0.08	0.07	0.07	0.07	0.06	0.06	0.06	0.05

注：本表桥台形状为八字翼墙。

[例3-7]　以例3-5的资料，已知 $Q_p=22m^3/s$，$v_y=3.5m/s$，天然水深 $h_t=1.2m$，桥台采用八字翼墙，现用查表法求小桥孔径。

解：(1)水力计算图式判别

先假设桥下为自由出流，查表3-13得桥下临界水深 $h_k=1.25m$，则

$$1.3h_k = 1.3 \times 1.25 = 1.63(m) > h_t = 1.2 \quad (m)$$

因此，确定桥下水流为自由出流。

(2)小桥孔径确定

查表3-13可得桥前背水高度 $H=2.02m$，孔径系数 $\mu=0.27$，小桥为单孔 $N=0$，以式(3-33)计算

$$B_k = \mu \cdot Q_P + N \cdot d = 0.27 \times 22 + 0 = 5.94 \quad (m)$$

桥孔为矩形断面　　$L = B_k = 5.94 \quad (m)$

选用标准跨径6.00m钢筋混凝土板式桥。通过与例3-5对比,可见查表计算得到的 h_k、H、L 与公式计算结果基本一致。

(3)桥头路堤及桥面最低高程确定方法同例3-5(从略)。

[例3-8] 以例3-6资料,已知 $Q_P = 25m^3/s$, $v_y = 2.1m/s$, $h_t = 1.4m$, 柱墩直径 $d_1 = 0.60m$,桥台前锥坡填土边坡率 $m = 1.5$,现用查表法求小桥孔径。

解:(1)水力计算图式判别

先假设桥下水流为自由出流,查表3-13(内插),当 $v_y = 2.1m/s$ 时,桥下临界水深 $h_k = 0.45m$。

$$1.3h_k = 1.3 \times 0.45 = 0.59(m) < h_t = 1.4 \quad (m)$$

桥下水流应为非自由出流。

(2)小桥孔径确定

查表3-14(双向内插),当 $v_y = 2.1m/s$,桥下水深 $h_t = 1.4m$ 时,桥前背水高度 $H = 1.68m$,孔径系数 $\mu = 0.412$。桥台前锥坡填土 $\mu_1 = 0.94$,3孔小桥 $N = 2$,以式(3-34)计算桥下 $\frac{h_t}{2}$ 处水流平均宽度 B_0:

$$B_0 = \mu_1 \cdot \mu \cdot Q_P + N \cdot d_1 = 0.94 \times 0.412 \times 25 + 2 \times 0.6 = 10.88 \quad (m)$$

$$\Delta h = H - h_t + \Delta_1 = 1.68 - 1.4 + 0.5 = 0.78 \quad (m)$$

仍以式(3-25)计算孔径长度

$$L = B_0 + m(h_t + 2\Delta_h) = 10.88 + 1.5 \times (1.4 + 2 \times 0.78) = 15.32 \quad (m)$$

选用3跨5m简支钢筋混凝土板式桥。通过与例3-6对比,可见查表计算得到的 h_k、H 与公式计算结果基本一致;查表计算的 L 与公式计算的($L = 16.21m$)虽然存在出入,但工程实用中已能满足要求。

(3)桥面最低高程的确定方法同例3-6,从略。

二、涵洞孔径的确定

涵洞水力计算图式可分为无压力式、半压力式和压力式三种。另外,当路基顶面高程低于横穿沟渠的水面高程时,也可设置倒虹吸管涵洞。关于无压力式、半压力式、压力式涵洞和倒虹吸管涵洞水流的外观描述和适用性见表1-4。

一般新建涵洞以采用无压力式涵洞为主。为了提高宣泄设计流量,在不造成淹没上游农田、村庄的前提下,允许涵前有较大的壅水高度时,可采用无压力式或半压力式涵洞。压力式涵洞在设计施工中,必须保证涵身不漏水,即不能让水渗入路基,影响路基强度和稳定性。压力式涵洞进水口采用升高式(或流线形),可提高设计流量,但水流速度加大,必须加固涵洞基础或增设涵底铺砌,保证进出口、基底及附近路基不被冲毁。半压力式涵洞容易因水位起落变化引起水流不稳定(水力图式相应变化),因此不常用。

当设计流量在 $10m^3/s$ 左右时,一般宜采用圆管涵或盖板涵。当涵顶填土高度不足时,可采用盖板明涵。当设计流量更大且路堤较高时,宜采用拱涵。在地基软弱的情况下,可考虑采用钢筋混凝土箱涵。

总之,选择涵洞形式时,应对各种可行方案进行技术和经济比较后确定。

1. 无压力式涵洞

无压力式涵洞的水面曲线如图3-2a)所示,当底坡为临界坡度 i_k 时,涵内水深为临界水深

h_k；当底坡为陡坡 i，即 $i > i_k$ 时，涵内形成急流的均匀流，正常水深 $h_0 < h_k$；当底坡为缓坡 i，即 $i < i_k$ 时，涵内水深较大，涵洞的净高也较大，所以不经济，很少采用。

(1)规定和基本计算公式

无压力式涵洞进水口处，涵内的最高流水面与涵洞顶之间要保持一个最小净空高度 Δ，见表 3-15。

无压力式涵洞净空高度 Δ 表 3-15

涵洞进口净高(或内径)h'_d(m) \ 净空高度 Δ \ 涵洞类型	圆管涵	拱涵	矩形涵
≤3	≥h/4	≥h/4	≥h/6
≥3	≥0.75m	≥0.75m	≥0.5m

注：h 为涵洞净高。

从涵前水深 H 至进水口水深的降落系数取 0.87，则

$$H = \frac{H'}{0.87} = \frac{h'_d - \Delta}{0.87} \quad (\text{m}) \tag{3-35}$$

式中：h'_d——涵洞进水口净高(m)，无升高管节时与涵内净高 h_d 相同。

无压力式涵洞基本公式为：

$$Q = \varepsilon \cdot \varphi \cdot \omega_k \sqrt{2g(H_0 - h_k)} \quad (\text{m}^3/\text{s}) \tag{3-36}$$

$$v_k = \frac{Q}{\varepsilon \cdot \omega_k} \quad (\text{m/s}) \tag{3-37}$$

$$H_0 = h_k + \frac{v_k^3}{2g\varphi^2} = h_k\left(\frac{1 + 2\varphi^2}{2\varphi^2}\right) \quad (\text{m}) \tag{3-38}$$

$$H = H_0 - \frac{v_0^2}{2g} \quad (\text{m}) \tag{3-39}$$

上述式中：Q——过涵流量，应大于或等于设计流量 Q_P；

h_k——涵洞内进水口附近的临界断面水深(m)，无压力式时，涵内收缩断面水深 $h_c = 0.9h_k$；

v_k、w_k——分别为临界断面的流速(m/s)、过水断面面积(m^2)；

v_0、H_0——分别为涵前行近流速(m/s)和包括$\frac{v_0^2}{2g}$项在内的涵前总水头(m)；

φ——流速系数，矩形涵 $\varphi = 0.95$；拱涵、圆管涵 $\varphi = 0.85$；

ε——涵洞侧向压缩系数，$\varepsilon \ \frac{1}{\sqrt{\alpha}}$，其中 α 为流速分布系数，对于无升高管节的拱涵 $\alpha = 1.1$，则 $\varepsilon = 0.96$；其他涵取 $\alpha = 1$，则 $\varepsilon = 1$。

(2)编表查表说明

根据上述基本计算公式，对通常采用的定型涵洞及既定的有关系数，求得盖板涵及箱涵、拱涵、圆管涵等各类涵洞的简化公式，同时编制出各类涵洞的泄水能力及水力计算表。具体可查公路桥涵设计手册《涵洞》中各有关表格。其后节录的表 3-16、表 3-17、表 3-18 供练习用。

钢筋混凝土盖板涵泄水能力及水力计算表　　表 3-16

形式	标准跨径 L (m)	净跨径 L_0 (m)	净高 h_d (m)	进水口净高 h'_d (m)	泄水能力 Q (m^3/s)	水深(m) 涵前水深 H	水深(m) 进水口水深 H'	水深(m) 临界水深 h_k	水深(m) 收缩断面水深 h_c	流速(m/s) 临界流速 v_k	流速(m/s) 收缩断面流速 v_c	涵洞纵坡(‰) 临界坡度 i_k	涵洞纵坡(‰) 当流速 $v_{max}=4.5$ m/s 时的最大坡度 i	涵洞纵坡(‰) 当流速 $v_{max}=6.0$ m/s 时的最大坡度 i
进水口不升高式	1.50	1.10	0.80	0.80	1.17	0.77	0.67	0.49	0.44	2.16	2.40	7.2	56.3	
			1.00	1.00	1.63	0.96	0.83	0.62	0.55	2.39	2.66	7.6	42.5	
			1.20	1.20	2.14	1.15	1.00	0.74	0.67	2.63	2.93	8.2	34.5	
			1.40	1.40	2.70	1.34	1.17	0.80	0.78	2.85	3.17	8.9	29.0	
			1.60	1.60	3.30	1.53	1.33	0.99	0.89	3.03	3.37	9.4	25.6	
			1.80	1.80	3.94	1.72	1.50	1.11	1.00	3.22	3.58	10.1	23.1	
	2.00	1.40	1.00	1.00	2.07	0.96	0.83	0.62	0.55	2.39	2.66	6.4	38.0	
			1.20	1.20	2.72	1.15	1.00	0.74	0.67	2.63	2.93	6.9	30.2	
			1.40	1.40	3.44	1.34	1.17	0.86	0.78	2.85	3.17	7.4	24.9	
			1.60	1.60	4.20	1.53	1.33	0.99	0.89	3.03	3.37	7.7	21.6	
			1.80	1.80	5.01	1.72	1.50	1.11	1.00	3.22	3.58	8.2	19.3	
			2.00	2.00	5.87	1.92	1.67	1.23	1.11	3.41	3.79	8.7	17.6	
	2.50	1.90	1.20	1.20	3.70	1.15	1.00	0.74	0.67	2.63	2.93	5.7		62.0
			1.40	1.40	4.66	1.34	1.17	0.86	0.78	2.85	3.17	6.0		48.8
			1.60	1.60	5.70	1.53	1.33	0.99	0.89	3.03	3.37	6.2		40.8
			1.80	1.80	6.81	1.72	1.50	1.11	1.00	3.22	3.58	6.5		35.0
			2.00	2.00	7.97	1.92	1.67	1.23	1.11	3.41	3.79	6.8		31.0
			2.20	2.20	9.19	2.11	1.83	1.36	1.22	3.56	3.95	7.0		27.8
			2.40	2.40	10.47	2.30	2.00	1.48	1.33	3.72	4.14	7.3		25.4
			2.60	2.60	11.81	2.49	2.17	1.60	1.44	3.88	4.31	7.7		23.4
	3.00	2.40	1.40	1.40	5.89	1.34	1.17	0.86	0.78	2.85	3.17	5.2		44.8
			1.60	1.60	7.20	1.53	1.33	0.99	0.89	3.03	3.37	5.3		37.0
			1.0	1.80	8.59	1.72	1.50	1.11	1.00	3.22	3.58	5.5		31.3
			2.00	2.00	10.07	1.92	1.67	1.23	1.11	3.41	3.79	5.8		27.4
			2.20	2.20	11.61	2.11	1.83	1.36	1.22	3.56	3.95	5.9		24.3
			2.40	2.40	13.23	2.30	2.00	1.48	1.33	3.72	4.14	6.1		22.0
			2.60	2.60	14.92	2.49	2.17	1.60	1.44	3.88	4.31	6.4		20.1
			2.80	2.80	16.67	2.68	2.33	1.73	1.55	4.02	4.47	6.6		18.6
			3.00	3.00	18.48	2.87	2.50	1.85	1.66	4.16	4.62	6.8		17.5
	4.00	3.40	2.00	2.00	14.26	1.92	1.67	1.23	1.11	3.41	3.79	4.7		23.5
			2.20	2.20	16.45	2.11	1.83	1.35	1.22	3.56	3.95	4.7		20.5
			2.40	2.40	18.74	2.30	2.00	1.48	1.33	3.72	4.14	4.8		18.3
			2.60	2.60	21.13	2.49	2.17	1.60	1.44	3.88	4.31	5.0		16.5
			2.80	2.80	23.61	2.68	2.33	1.73	1.55	4.02	4.47	5.1		15.1
			3.00	3.00	26.18	2.87	2.50	1.85	1.66	4.16	4.62	5.2		14.0
			3.20	3.20	28.91	3.07	2.67	1.97	1.78	4.32	4.80	5.4		13.0
			3.40	3.40	31.59	3.26	2.83	2.10	1.89	4.42	4.92	5.4		12.2

续上表

形式	标准跨径 L (m)	净跨径 L_0 (m)	净高 h_d (m)	进水口净高 h'_d (m)	泄水能力 Q (m^3/s)	水深(m)：涵前水深 H	水深(m)：进水口水深 H'	水深(m)：临界水深 h_k	水深(m)：收缩断面水深 h_c	流速(m/s)：临界流速 v_k	流速(m/s)：收缩断面流速 v_c	涵洞纵坡(‰)：临界坡度 i_k	涵洞纵坡(‰)：当流速 $v_{max}=4.5$ m/s 时的最大坡度 i	涵洞纵坡(‰)：当流速 $v_{max}=6.0$ m/s 时的最大坡度 i
进水口升高式	1.50	1.10	0.80	1.10	1.83	1.04	0.90	0.67	0.60	2.49	2.76	7.8	38.8	
			1.00	1.40	2.56	1.30	1.13	0.83	0.75	2.81	3.12	8.8	30.1	
			1.20	1.70	3.37	1.55	1.35	1.00	0.90	3.06	3.40	9.5	25.3	
			1.40	1.90	4.25	1.81	1.58	1.17	1.05	3.30	3.67	10.3	22.2	
			1.60	2.20	5.18	2.07	1.80	1.33	1.20	3.55	3.93	11.4	20.2	
			1.80	2.50	6.19	2.33	2.03	1.50	1.35	3.75	4.17	12.1	18.7	
	2.00	1.40	1.00	1.40	3.26	1.30	1.13	0.83	0.75	2.81	3.12	7.4	26.0	
			1.20	1.70	4.29	1.55	1.35	1.00	0.90	3.06	3.40	7.8	21.4	
			1.40	1.90	5.41	1.81	1.58	1.17	1.05	3.30	3.67	8.4	18.5	
			1.60	2.20	6.59	2.07	1.80	1.33	1.20	3.55	3.93	9.1	16.5	
			1.80	2.50	7.88	2.33	2.03	1.50	1.35	3.75	4.17	9.7	15.1	
			2.00	2.70	9.23	2.59	2.25	1.67	1.50	3.95	4.39	10.3	14.0	

圆管涵泄水能力及水力计算表

表 3-17

形式	管径 d (m)	进水口净高 h'_d (m)	泄水能力 Q (m^3/s)	水深(m)：涵前总水头 H_0	水深(m)：进水口水深 H'	水深(m)：临界水深 h_k	水深(m)：收缩断面水深 h_c	水深(m)：当流速 $v_{max}=6.0$ m/s 时的出口断面水深 h	流速(m/s)：临界流速 v_k	流速(m/s)：收缩断面流速 v_c	涵洞纵坡(‰)：临界坡度 i_k	涵洞纵坡(‰)：当流速 $v_{max}=6.0$ m/s 时的最大坡度 i
进水口不升高式	1.50	1.50	2.00	1.19	1.04	0.72	0.65	0.38	2.39	2.77	3.7	46.5
		1.50	2.20	1.24	1.08	0.77	0.69	0.39	2.44	2.79	3.7	44.4
		1.50	2.40	1.28	1.12	0.81	0.73	0.42	2.49	2.80	3.8	40.6
进水口升高式	0.50（农用灌溉）	0.60	0.20	0.52	0.45	0.31	0.27	0.11	1.61	1.87	6.0	229.2
		0.78	0.30	0.67	0.58	0.37	0.33	0.16	1.86	2.20	7.3	157.0
	0.75	0.95	0.60	0.81	0.71	0.48	0.43	0.21	2.03	2.33	5.3	102.4
		1.03	0.70	0.88	0.77	0.52	0.47	0.24	2.17	2.41	5.9	88.9
		1.16	0.83	1.00	0.87	0.56	0.50	0.27	2.29	2.66	6.5	78.9
	1.00	1.10	1.00	0.94	0.82	0.58	0.52	0.27	2.14	2.44	4.5	72.9
		1.23	1.20	1.05	0.92	0.63	0.57	0.31	2.33	2.62	4.8	62.3
		1.36	1.40	1.17	1.02	0.68	0.61	0.34	2.48	2.82	5.3	57.3
		1.47	1.60	1.27	1.10	0.73	0.66	0.38	2.58	2.94	5.6	50.1
		1.54	1.70	1.32	1.15	0.75	0.68	0.39	2.64	3.01	5.8	48.4

续上表

形式	管径 d (m)	进水口净高 h'_d (m)	泄水能力 Q (m^3/s)	水深(m) 涵前总水头 H_0	进水口水深 H'	临界水深 h_k	收缩断面水深 h_c	当流速 $v_{max}=6.0$ m/s 时的出口断面水深 h	流速(m/s) 临界流速 v_k	收缩断面流速 v_c	涵洞纵坡(‰) 临界坡度 i_k	当流速 $v_{max}=6.0$ m/s 时的最大坡度 i
进水口升高式	1.25	1.30	1.60	1.11	0.97	0.70	0.63	0.34	2.28	2.62	4.0	54.2
		1.40	1.80	1.21	1.05	0.73	0.65	0.38	2.47	2.81	4.4	47.6
		1.59	2.20	1.37	1.19	0.81	0.73	0.44	2.63	3.02	4.7	41.4
		1.78	2.60	1.53	1.33	0.88	0.79	0.49	2.85	3.23	5.2	35.9
		1.94	2.97	1.67	1.45	0.93	0.84	0.54	2.95	3.42	5.4	32.8
	1.50	1.56	2.60	1.35	1.17	0.84	0.76	0.45	2.58	2.89	3.9	37.3
		1.74	3.00	1.49	1.30	0.90	0.81	0.50	2.75	3.11	4.1	34.3
		1.90	3.40	1.63	1.42	0.96	0.86	0.56	2.88	3.31	4.2	30.2
		2.02	3.80	1.74	1.51	1.02	0.92	0.59	2.99	3.41	4.5	28.2
		2.15	4.20	1.85	1.61	1.07	0.96	0.63	3.13	3.55	4.9	26.2
		2.32	4.68	2.00	1.74	1.12	1.01	0.69	3.23	3.75	5.1	24.3

注:①表中所列泄水能力是单孔涵洞的泄水能力,双孔涵洞的泄水能力为单孔涵洞的两倍;

②当涵前行近流速 $v_0>1$m/s 时,表中圆管涵涵前水深 H 应减去动能项,即 $H=H_0-\frac{v_0^2}{2g}$,v_0 用试算法确定;当 $v_0\leqslant$ 1m/s 时,$\frac{v_0^2}{2g}$ 项略去不计,即 $H=H_0$。

拱涵泄水能力及水力计算表 $\left(\frac{f_0}{L_0}=\frac{1}{3}\right)$ 表 3-18

形式	净跨径 L_0 (m)	墩台高度 h_1 (m)	涵洞净高 h_d (m)	泄水能力 Q (m^3/s)	水深(m) 涵前水深 H	进水口水深 H'	临界水深 h_k	收缩断面水深 h_c	流速(m/s) 临界流速 v_k	收缩断面流速 v_c	砖拱涵纵坡(‰) 临界坡度 i_k	当流速 v_{max} (m/s) 时的最大坡度 i	石拱涵纵坡(‰) 临界坡度 i_k	当流速 v_{max} (m/s) 时的最大纵坡 i
进水口不升高式	2.50	1.00	1.83	6.77	1.58	1.37	0.93	0.84	3.03	3.37	6.1	45.4	8.5	62.8
		1.20	2.03	7.91	1.75	1.52	1.03	0.93	3.20	3.55	6.3	39.1	8.7	54.1
		1.40	2.23	9.10	1.92	1.67	1.14	1.02	3.33	3.70	6.4	34.3	8.8	47.5
		1.60	2.43	10.35	2.09	1.82	1.24	1.11	3.48	3.87	6.6	30.7	9.1	42.4
		1.80	2.63	11.66	2.27	1.97	1.34	1.21	3.63	4.03	6.8	27.7	9.4	38.4
		2.00	2.83	13.01	2.44	2.12	1.44	1.30	3.77	4.18	7.0	25.4	9.7	35.2
		2.20	3.03	14.48	2.62	2.28	1.55	1.39	3.89	4.33	7.1	23.4	9.9	32.4
		2.40	3.23	16.43	2.85	2.48	1.68	1.52	4.08	4.53	7.5	21.3	10.4	29.5
		2.60	3.43	18.46	3.08	2.68	1.82	1.64	4.23	4.70	7.7	19.7	10.7	27.2
	3.00	1.40	2.40	12.20	2.07	1.80	1.22	1.10	3.47	3.86	5.9	28.7	8.2	39.8
		1.60	2.60	13.75	2.24	1.95	1.32	1.19	3.62	4.02	6.1	25.8	8.4	35.7
		1.80	2.80	15.37	2.41	2.10	1.43	1.28	3.73	4.15	6.2	23.4	8.5	32.4
		2.00	3.00	17.04	2.59	2.25	1.53	1.38	3.87	4.30	6.3	21.5	8.7	29.7
		2.20	3.20	19.37	2.82	2.45	1.66	1.50	4.05	4.50	6.5	19.4	9.0	26.9
		2.40	3.40	21.79	3.05	2.65	1.80	1.62	4.20	4.67	6.7	17.7	9.2	24.6
		2.60	3.60	24.30	3.28	2.85	1.94	1.74	4.35	4.83	6.8	16.4	9.5	22.7
		2.80	3.80	26.90	3.51	3.05	2.07	1.86	4.51	5.01	7.1	15.3	9.8	21.2
		3.00	4.00	29.59	3.74	3.25	2.21	1.99	4.65	5.17	7.3	14.4	10.1	19.9

续上表

形式	净跨径 L_0 (m)	墩台高度 h_1 (m)	涵洞净高 h_d (m)	泄水能力 Q (m^3/s)	水深(m)				流速(m/s)		砖拱涵纵坡(‰)		石拱涵纵坡(‰)	
					涵前水深 H	进水口水深 H'	临界水深 h_k	收缩断面水深 h_c	临界流速 v_k	收缩断面流速 v_c	临界坡度 i_k	当流速 v_{max} (m/s) 时的最大坡度 i	临界坡度 i_k	当流速 v_{max} (m/s) 时的最大纵坡 i
进水口不升高式	4.00	1.40	2.73	19.76	2.36	2.05	1.39	1.25	3.70	4.11	5.1	20.5	7.1	28.4
		1.60	2.93	21.97	2.53	2.20	1.49	1.35	3.84	4.28	5.3	19.4	7.3	26.8
		1.80	3.13	24.72	2.74	2.38	1.62	1.46	3.97	4.42	5.3	17.4	7.4	24.1
		2.00	3.33	27.90	2.97	2.58	1.75	1.58	4.15	4.61	5.5	15.7	7.6	21.7
		2.20	3.53	31.21	3.20	2.78	1.89	1.70	4.30	4.78	5.6	14.3	7.7	19.8
		2.40	3.73	34.64	3.43	2.98	2.02	1.82	4.47	4.96	5.7	13.2	7.9	18.2
		2.60	3.93	38.18	3.66	3.18	2.16	1.94	4.60	5.11	5.8	12.2	8.0	16.9
		2.80	4.13	41.84	3.89	3.38	2.30	2.07	4.74	5.26	5.9	11.4	8.2	15.8
		3.00	4.33	45.61	4.11	3.58	2.43	2.19	4.89	5.43	6.1	10.8	8.4	14.9
		3.20	4.53	49.48	4.34	3.78	2.57	2.31	5.01	5.57	6.2	10.2	8.6	14.1
		3.40	4.73	53.46	4.57	3.98	2.70	2.43	5.16	5.73	6.4	9.7	8.9	13.4
		3.60	4.93	57.54	4.80	4.18	2.84	2.56	5.28	5.86	6.5	9.3	9.0	12.8

(3)算例

[例 3-9] 拟建一无压力式钢筋混凝土盖板涵,进水口不升高。已知所需通过的设计流量 $Q_P=5.0m^3/s$,根据确定的路堤设计高程以及上游允许壅水情况,推算出涵前允许最大水深 $H_{允}=1.5m$;行进流速 v_0 引起的$\frac{v_0^2}{2g}$项略去不计;采用浆砌片石涵底铺砌,$n=0.016$,允许流速 $v_y=6.0m/s$,试查表选择涵洞孔径和水力计算。

解:(1)选择涵洞孔径

从技术和经济角度,主要是在满足所需通过的设计流量的前提下,选择孔径小但满足涵前最大水深在允许范围内的涵洞。

查表 3-16,假定选择标准跨径 $L=2.00m$、净高 $h_d=1.80m$,可通过的流量 $Q=5.01m^3/s$ 大于等于 Q_P,但涵前水深 $H=1.72m$ 大于 $H_{允}=1.5m$,将会造成上游壅水过高淹没影响。

再选择 $L=2.50m$、净高 $h_d=1.50m$(内插)时,可通过流量 $Q=5.18m^3/s$,涵前水深 $H=1.44m$ 小于 $H_{允}=1.5m$,能满足需要。

(2)查表进行水力计算

继续查表 3-16,内插可得进水口水深 $H'=1.25m$,临界水深 $h_k=0.93m$,收缩断面水深 $h_c=0.84m$,临界流速 $v_k=2.94m/s$,收缩断面流速 $v_c=3.27m/s$,临界坡度 $i_k=6.1‰$,当流速为 $v_{max}=6.0m/s$ 时的最大坡度 $i_{max}=44.8‰$。

(3)流速和涵底铺砌坡度控制

从查表可见涵内最大流速为收缩断面流速 $v_c=3.27m/s<v_y=6.0m/s$

同时可见涵底铺砌坡度 i 设计时应控制的范围为:$i_k=6.1‰<i<i_{max}=44.8‰$。

[例 3-10] 已知设计流量 $Q_P=2.4m^3/s$,涵前允许最大水深 $H=1.5m$。现拟建进水口升高的无压力式圆管涵,试查表选择圆管涵的管径,并进行水力计算。

解:(1)选择圆管涵管径

查表 3-17,选择管径 $d=1.25m$ 圆管涵,(经内插)当进水口净高 $h'_d=1.78m$ 时,可通过流

量 $Q=2.4m^3/s$，涵前总水头 $H_0=1.45m<H_{允}=1.5m$（涵前总水头中还包括行近流速在内的动能项，即 $H_0=H+\frac{\alpha v_0^2}{2g}$）。

（2）查表进行水力计算

继续查表 3-17，可得进水口水深 $H'=1.26m$，临界水深 $h_k=0.85m$，收缩断面水深 $h_c=0.76m$，当 $v_{max}=6.0m/s$ 时出口断面水深 $h=0.85m$，临界流速 $v_k=2.74m/s$，收缩断面流速 $v_c=3.13m/s$，临界坡度 $i_k=5.0‰$，当 $v_{max}=6.0m/s$ 时最大纵坡 $i_{max}=38.7‰$。

（3）涵底铺砌坡底 i 控制

$$i_k=5‰<i<i_{max}=38.7‰$$

2. 半压力式涵洞

当路堤较高，上游较高的壅水水位不致使附近农田、房屋遭受严重影响时，可以采用半压力式涵洞。半压力式涵洞水流的水面曲线，如图 3-2b）所示。

（1）基本计算公式

$$Q=v_c\cdot\omega_c=\varphi\cdot\omega_c\sqrt{2g(H_0-h_c)} \tag{3-40}$$

$$H_0=h_c+\frac{v_0^2}{2g\varphi^2} \tag{3-41}$$

式中：h_c——收缩断面水深（m），当进水口不升高时，$h_c=0.6h_d$（h_d 为涵身净高）；进水口升高时，$h_c=0.6h'_d$（h'_d 进水口净高）；

φ——流速系数，进水口不升高式 $\varphi=0.85$，升高式（或流线形）$\varphi=0.95$；

H_0——涵前总水头（m），$H_0=H+\frac{\alpha v_0^2}{2g}$；当 $v_0\leqslant 1m/s$ 时，$\frac{\alpha v_0^2}{2g}$ 项略去不计，$H_0=H$（H 为涵前水深）。

其后节录的表 3-19 是《涵洞》中半压力式圆管涵泄水能力及水力计算表，供练习用。

半压力式圆管涵泄水能力及水力计算表 表 3-19

管径 d（m）	泄水能力 Q（m^3/s）	水深（m）				流速（m/s）		涵洞纵坡（‰）			当 i_k 时及出水口 v_k 时的最小长度 L_{min}（m）
		涵前总水头 H_0	临界水深 h_k	收缩断面水深 h_c	当流速 $v_{max}=6.0$ m/s 时的出水口水深 h	临界流速 v_k	收缩断面流速 v_c	临界坡度 i_k	收缩断面水深时的坡度 i_c	当流速 $v_{max}=6.0$ m/s 时的最大坡度 i	
0.50（农用灌溉）	0.30	0.73	0.37	0.30	0.15	1.94	2.42	8.0	14.0	179.0	
	0.40	1.09	0.43	0.30	0.19	2.28	3.29	11.1	25.6	135.0	
	0.60	2.02	0.49	0.30	0.26	3.09	4.94	24.2	57.5	96.1	
	0.73	2.84	0.49	0.30	0.30	3.74	6.00	35.5	84.4	84.4	
0.75	0.80	1.06	0.55	0.45	0.26	2.29	2.93	6.5	11.8	81.6	
	1.00	1.40	0.62	0.45	0.30	2.57	3.66	8.1	18.4	68.6	
	1.20	1.82	0.66	0.45	0.35	3.13	4.40	10.7	26.5	60.1	
	1.40	2.31	0.70	0.45	0.40	3.55	5.13	14.3	36.0	55.6	
	1.60	2.87	0.72	0.45	0.44	3.58	5.86	17.1	47.1	50.5	
	1.64	2.99	0.74	0.45	0.45	3.64	6.00	20.2	49.4	49.4	

续上表

管径 d (m)	泄水能力 Q (m^3/s)	水深 (m)				流速(m/s)		涵洞纵坡(‰)			当 i_k 时及出水口 v_k 时的最小长度 L_{min}(m)
		涵前总水头 H_0	临界水深 h_k	收缩断面水深 h_c	当流速 $v_{max}=6.0$ m/s时的出水口水深 h	临界流速 v_k	收缩断面流速 v_c	临界坡度 i_k	收缩断面水深时的坡度 i_c	当流速 $v_{max}=6.0$ m/s时的最大坡度 i	
1.00	1.60	1.37	0.73	0.60	0.38	2.58	3.30	5.6	10.1	50.1	
	2.00	1.80	0.81	0.60	0.44	2.93	4.12	7.1	15.8	43.4	
	2.40	2.32	0.87	0.60	0.51	3.30	4.94	9.3	22.8	38.4	
	2.80	2.95	0.92	0.60	0.58	3.72	5.77	12.3	31.1	35.1	
	2.92	3.14	0.93	0.60	0.60	3.86	6.00	13.4	33.8	33.8	
1.25	2.80	1.71	0.91	0.75	0.51	2.89	3.69	5.2	9.5	34.1	
	3.20	2.04	0.97	0.75	0.56	3.09	4.22	5.9	12.3	31.7	
	3.60	2.34	1.02	0.75	0.61	3.33	4.75	6.9	15.6	29.3	
	4.00	2.71	1.08	0.75	0.68	3.55	5.27	7.9	19.3	27.9	
	4.40	3.12	1.11	0.75	0.73	3.81	5.80	9.3	23.3	26.1	
	4.57	3.29	1.13	0.75	0.75	3.93	6.00	10.0	25.2	25.2	
1.50	4.40	2.05	1.10	0.90	0.66	3.15	4.03	4.9	8.8	25.3	
	4.80	2.27	1.14	0.90	0.71	3.28	4.40	5.2	10.5	23.9	
	5.20	2.50	1.19	0.90	0.74	3.45	4.76	5.8	12.3	22.9	
	5.60	2.76	1.22	0.90	0.80	3.64	5.13	6.4	14.3	22.0	
	6.00	3.03	1.26	0.90	0.84	3.77	5.49	6.9	16.4	21.3	
	6.40	3.32	1.29	0.90	0.88	3.95	5.86	7.7	18.7	20.0	
	6.56	3.44	1.31	0.90	0.90	4.01	6.00	8.0	19.6	19.6	

注：①表中所列泄水能力是单孔涵洞的泄水能力，双孔涵洞的泄水能力为单孔涵洞的两倍。

②当涵前行近流速 $v_0>1$m/s 时，表中圆管涵涵前水深 H 应减去动能项，即 $H=H_0-\frac{v_0^2}{2g}$，v_0 用试算法确定；当 $v_0\leqslant$ 1m/s 时，$\frac{v_0^2}{2g}$项略去不计，即 $H=H_0$。

(2)算例

[例 3-11] 拟建一半压力式圆管涵，进水口不升高。已知设计流量 $Q_P=2.4m^3/s$，涵前允许最大水深 $H_{允}=2.50$m，圆管涵的糙率 $n=0.013$，允许流速 $v_y=6.0$m/s，试查表选择圆管涵的管径，并进行水力计算。

解：(1)选择圆管涵管径

查表 3-19 选择 $d=1.0$m，可通过 $Q=2.4\ m^3/s$，涵前总水头 $H_0=2.32m<H_{允}=2.50m$。

(2)水力计算

继续查表 3-19 可得：临界水深 $h_k=0.87$m，收缩水深 $h_c=0.6$m，当 $v_{max}=6.0$m/s 时出水口水深 $h=0.51$m，临界流速 $v_k=3.3$m/s，收缩断面流速 $v_c=4.94$m/s，临界坡度 $i_k=9.3$‰，当 v_{max}时的最大坡度 $i_{max}=38.4$‰。

(3)流速和涵底铺砌坡度 i 的控制

从上可见涵内最大流速为收缩断面流速 $v_c=4.94\text{m/s}<v_y=6.0\text{m/s}$,安全。

涵底铺砌坡度 i 设计时应控制的范围:

$$i_k=9.3‰<i<i_{max}=38.4‰$$

3. 压力式涵洞

压力式涵洞当为普通进水口(不升高式),且涵身长度较短,进出水口全被淹没,可用设计流量 Q_P 和涵洞允许流速 v_y 分别代替式(3-8)、式(3-7)中的 Q 和 v_d,计算出整个断面积 ω 及水力半径 R,最后设计出具体的断面几何尺寸。

但是,普通进水口的涵洞,当涵身长度较长时,虽然涵内有的段落水流能够充满整个断面,但有的段落涵洞顶面与水面分离,其间会产生真空区域,变成一种不稳定的半压力式水流。因此,压力式涵洞一般采用进水口升高式(或流线形)的洞口建筑,使涵顶与水流线形基本一致,及充分利用断面,达到缩小孔径的目的。

(1)基本计算公式

当涵洞坡度 i 小于摩阻坡度 i_w(i_w 的计算见式(3-4),式中 Q 以 Q_S 代替),从图 3-11 可以看出存在着如下关系:

$$H_0=H_1+(i_w-i)\cdot L+\frac{v_0^2}{2g} \tag{3-42}$$

式中:H_0——涵前总水头(m);

H——涵前水深(m),$H=H_1+(i_w-i)\cdot L$;

H_1——从假想的摩阻坡度线起算的涵前水深(m);

L——涵洞长度(m)。

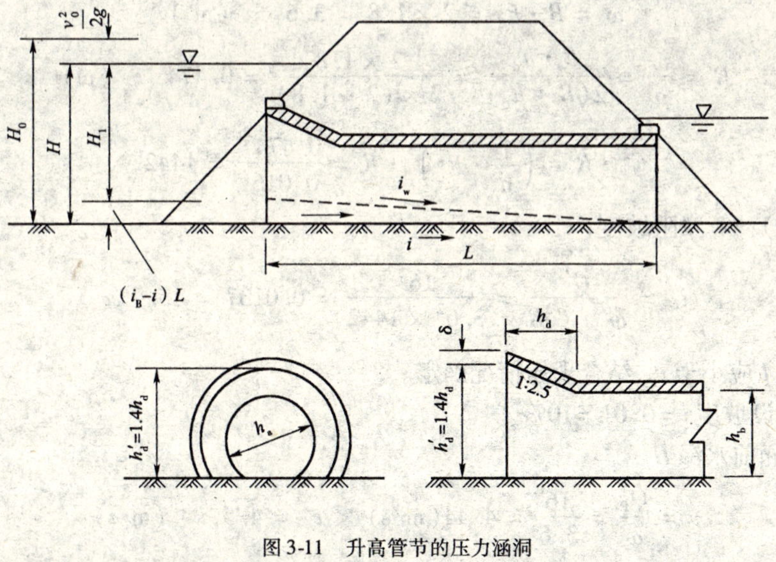

图 3-11 升高管节的压力涵洞

压力式涵洞的坡度不应大于按式(3-4)所算出的摩阻坡度 i_w,否则将成为半压力式涵洞。

压力式涵洞的孔径与流速、流量的关系可由以下公式确定:

$$v=\varphi\cdot\sqrt{2g[H-(i_w-i)\cdot L-h_d]} \tag{3-43}$$

$$Q = v \cdot \omega \tag{3-44}$$

式中：φ——考虑进水口局部水头损失影响的流速系数，进口升高式 $\varphi = 0.95$，不升高式 $\varphi = 0.85$；

ω——涵洞洞身断面的全部面积(m^2)；

h_d——涵洞洞身净高(m)。

(2) 算例

[例3-12] 拟建一压力式箱涵，进水口升高式。已知设计流量 $Q_P = 16m^3/s$，考虑壅水，涵前允许最大水深 $H_{允} = 3.5m$，涵洞长度 $L = 20m$，糙率 $n = 0.016$，允许流速 $v_y = 4.5m/s$，试选择箱涵孔径，并进行水力计算。

解：(1)选择涵洞孔径

先假设箱涵 $v = v_y = 4.5m/s$，过水全面积 $\omega = \frac{Q}{v} = \frac{16}{4.5} = 3.56(m^2)$

从涵前水深 H 至进水口水深 H' 的降落系数取 0.87，则 $H' = 0.87H = 0.87 \times 3.5 = 3.05$ (m)

初拟箱涵涵身净宽 $B = 1.5m$，净高 $h_d = \frac{\omega}{B} = \frac{3.56}{1.5} = 2.37(m)$

升高式进水口净高 $h'_d = 1.4h_d = 1.4 \times 2.37 = 3.32(m) > H' = 3.05(m)$

说明进水口净高 h'_d 过高，不能造成压力式水流。

再拟 $B = 2.0m$，$h_d = \frac{\omega}{B} = \frac{3.56}{2} = 1.78(m)$，采用 $h_d = 1.80m$。

$$h'_d = 1.4h_d = 1.4 \times 1.8 = 2.52(m) < H' = 3.05 \quad (m)$$

符合压力式水流。所以选定一孔 $B = 2.0m$，$h_d = 1.8m$，$h'_d = 2.52m$ 的箱涵。

(2)计算摩阻坡度 i_w

$$\omega = B \cdot h_d = 2 \times 1.8 = 3.6 \quad (m^2)$$

$$R = \frac{\omega}{\rho} = \frac{B \cdot h_d}{2(B + h_d)} = \frac{2 \times 1.8}{2 \times (2 + 1.8)} = 0.474 \quad (m)$$

$$C^2 \cdot R = \left(\frac{1}{n} \cdot R^{\frac{1}{6}}\right)^2 \cdot R = \frac{0.474^{\frac{4}{3}}}{0.016^2} = 1442$$

由式(3-4)计算摩阻坡度

$$i_w = \frac{Q^2}{\omega^2 \cdot C^2 R} = \frac{16^2}{3.6^2 \times 1442} = 0.0137 = 13.7‰$$

涵底纵坡 i 应小于 i_w，结合现场情况确定。

现假定敷设坡度 $i = 0.01 = 10‰$。

(3)确定涵前水深 H

$$v = \frac{Q_P}{\omega} = \frac{16}{3.6} = 4.44(m/s) < v_y = 4.5 \quad (m/s)$$

由下式可得涵前水深为：

$$H = \frac{v^2}{2g\varphi^2} + (i_w - i) \cdot L + h_d = \frac{4.44^2}{2 \times 9.81 \times 0.95^2} + (0.0137 - 0.01) \times 20 + 1.8$$

$$= 2.99(m) < H_{允} = 3.5 \quad (m)$$

进水口水深 $H' = 0.87H = 0.87 \times 2.99 = 2.60$ (m)

$H' > h'_d = 2.52$m，即符合压力式水流。

三、确定小桥涵孔径的经验方法

1. 估算法

通常情况下，小桥涵孔径应按上述计算方法确定，但在踏勘测量中由于时间紧迫或缺乏必要的仪器，也可用估算法进行，但由于此法带有地区性经验，使用时要注意核对。

(1)对于有明显河槽、河岸稳定、无冲刷现象并可调查到洪水位的河沟，可按以下三种情况估定孔径：

①洪水不溢槽，水深小于0.5m的，以水面宽度的一半来估定；

②洪水不溢槽，水深超过0.5m的，以水面宽度与沟底宽度之和的一半来估定。

③洪水溢槽的，采用沟顶的宽度，再考虑溢槽水深和泛滥宽度，酌情加大孔径。

(2)对于冲刷痕迹显著的河床，最好在上、下游选择比较稳定的河段，参照以上方法估定孔径。如无上述条件，可用沟顶宽来估定。

(3)对于河槽明显、河岸稳定，但调查不到洪水位时，可用河沟顶宽和底宽之和的一半来估定。

(4)无明显河槽时，应估计汇水面积，估算流量，拟定孔径。

(5)如能调查到历史洪水位，则可根据拟定采用洪水位的水面宽度和水深参照表3-20估定。如上游不宜壅水，或河槽又不允许冲刷时，不宜压缩河槽。

小桥涵孔径估算表(单位：m) 表3-20

桥涵式样	圆管涵		箱涵或拱涵				小桥			
高水位时水面宽(m) \ 水深(m)	0.25	0.50	0.25	0.50	1.00	1.50	1.00	1.50	2.00	3.00
2.0	0.75	1.00	0.50	1.00						
3.0	1.00	1.25	1.00	1.50						
4.0	1.25	1.50	1.50	2.00						
5.0	1.50		2.00	3.00	3.50	4.00				
6.0				3.00	3.50	4.00				
7.0					4.00	4.50		5.0	5.0	
8.0							5.0	5.5	6.0	
10.0								6.0	6.5	7.0
15.0								9.0	10.0	11.0
20.0									12.0	14.0
25.0									16.0	18.0
30.0									18.0	20.0

2. 不考虑水文条件的情况

(1)地区地形复杂工程艰巨地段，为避免高填深挖而设置的旱桥(涵)，以及山区狭窄的干谷和瀑布型的深沟，可直接根据地形结合路线要求、基础条件以及经济原则确定孔径。

(2)人工排灌渠道上的桥涵，应根据灌溉流量和当地水利部门及有关单位意见确定其孔径。一般以不压缩渠道过水面积为宜。

(3)桥涵不兼做其他通道时,应按相应的净空要求确定孔径。其净空尺寸可参考有关手册确定。

(4)考虑养护方便按最小孔径设涵。一般汇水面积很小,经常无水的干沟、小型农田灌溉渠、路基边沟排水涵多按最小孔径设涵。涵洞最小孔径要求如表3-21。

涵洞最小孔径 表3-21

涵洞长度(m)	最小孔径及净高(m)	涵洞长度(m)	最小孔径及净高(m)
$L \leqslant 15$	0.75	$L > 30$	1.25
$15 < L \leqslant 30$	1.00	农田灌溉涵	0.50

第四章　涵洞构造

知识点

1. 描述涵洞的组成；
2. 描述涵洞的构造及立面布置；
3. 描述涵洞洞口构造及类型；
4. 描述沟床加固方法及防护措施。

技能点

能够进行沟床加固和防护设计。

第一节　涵洞的组成

涵洞是路基下的排水孔道，由洞身和洞口建筑两部分组成，如图4-1。

一、洞身

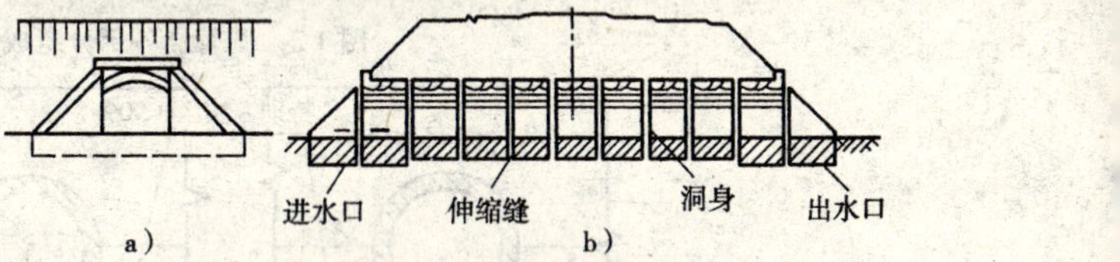

图4-1　涵洞组成

a)洞口；b)纵断面

洞身是形成过水孔道的主体，它应具有保证设计流量通过的必要孔径，同时又要求本身坚固而稳定。洞身的作用一方面保证水流通过，另一方面也直接承受荷载压力和填土压力，并将其传递给地基。洞身通常由承重结构（如拱圈、盖板等）、涵台、基础以及防水层、伸缩缝等部分组成。钢筋混凝土箱涵及圆管涵为封闭结构，涵台、盖板、基础联成整体，其涵身断面由箱节或管节组成，为了便于排水，涵洞涵身还应有适当的纵坡，其最小坡度0.4%。

二、洞口建筑

洞口是洞身、路基、河道三者的连接构造物。洞口建筑由进水口、出水口和沟床加固三部分组成。洞口的作用是：一方面使涵洞与河道顺接，使水流进出口通畅；另一方面确保路基边坡稳定，使之免受水流冲刷。为使水流安全顺畅地通过涵洞，减小水流对涵底的冲刷，需对涵洞洞身底面及进口底面进行加固铺砌，必要时在进出口前还需设置调治构造物，进行沟床加固。

第二节　洞身的构造及立面布置

一、圆管涵

圆管涵的各部分构造如图4-2。主要由管身、基础、接缝及防水层组成。

1. 管身

管身是管涵的主体部分，通常由钢筋混凝土构成，管径有0.50m、0.75m、1.00m 、1.25m、

1.50m、2.00m 六种。管身多采用预制安装，其预制长度通常有0.5m 和1.0m 两种。当管身直径 d_0 <0.5m 时，可不加钢筋而用素混凝土；当直径 d_0 = 0.5m 时则采用单层钢筋；当直径为0.75 ~2.00m 时则应用双层钢筋。管身壁厚随管径大小和填土高度而异，见表4-1。单孔及双孔圆管涵管身断面如图4-3。

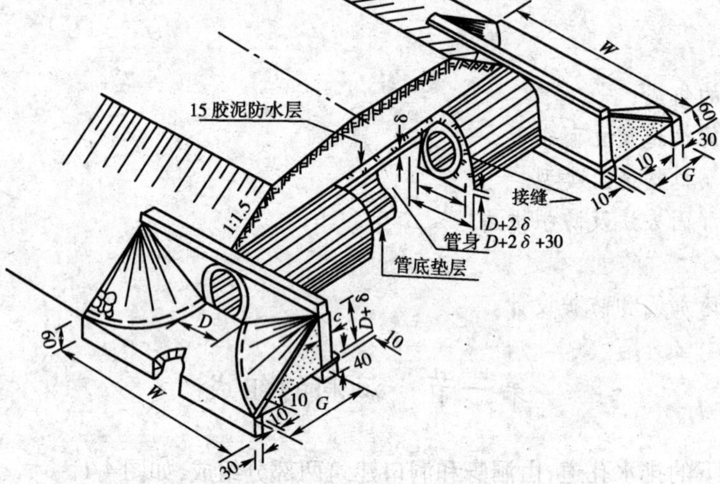

图4-2　圆管涵各部分组成（尺寸单位：cm）

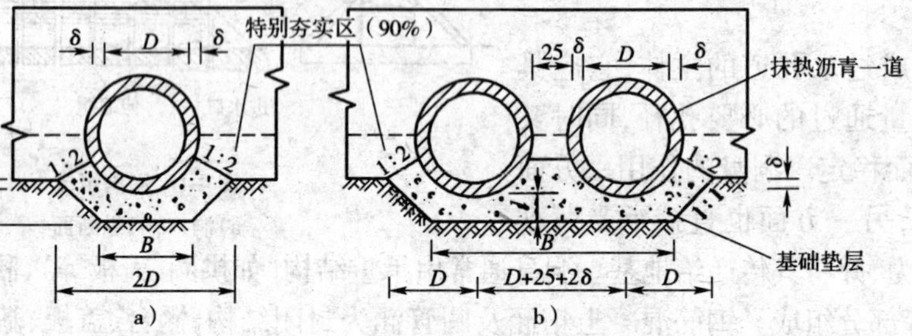

图4-3　圆管涵构造图（尺寸单位：cm）

a）单孔；b）双孔

圆管涵管身可有刚性与柔性之分，当整节钢筋混凝土圆管无铰时为刚性管节；当沿横截面圆周对称加设4个铰时称柔性管节。

2. 基础

圆管涵视地基强度不同可有几种类型：

（1）混凝土或浆砌片石基础

如图4-4a)，一般用于土质较软弱的地基上。基础厚度20cm，混凝土标号10号，基础顶面用15号素混凝土做成八字斜面，使管身和基础连接成一体。

（2）垫层基础

在砂砾、卵石、碎石及密实均匀的黏土或砂土地基上，可采用砂砾石做垫层基础，如图4-3。垫层厚度 t 值视土质情况确定。对

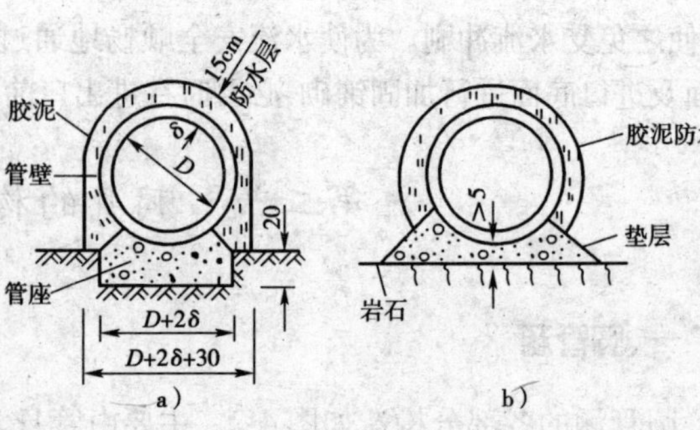

图4-4　圆管涵基础（尺寸单位：cm）

a）软弱地基；b）混凝土平整面

于卵石、砾石、粗中砂及整体岩层地基 $t=0$；对于亚黏土、黏土及破碎岩层地基 $t=15\text{cm}$；在干燥地区的黏土、亚黏土、轻亚黏土及细砂地基 $t=30\text{cm}$。

(3)混凝土平整层

在岩石地基上，可不作基础，仅在圆管下铺一层垫层混凝土，其厚度一般为 5cm，如图4-4b)。

3. 接缝及防水层

圆管涵多采用预制拼装施工，为防止圆管接头漏水，应作接缝处防水处理，其形式有如下几种：

1)平口接头缝

平口接头缝有三种：

(1)如图 4-5a)，接缝用热沥青浸炼过的麻絮填塞，再用厚 1～2mm、宽 15～20cm 的铁皮缠扎，铁皮缠扎可做成两个半箍的形式，然后夹起来。

(2)如图 4-5b)，接缝用热沥青浸炼的麻絮填塞，然后用热沥青填充，最后用涂满热沥青的油毛毡裹两层或用热沥青浸炼的防水纸八层，黏合在外表。

(3)如图 4-5c)，为钢筋混凝土箍接头。涵管缝用沥青浸炼过的麻絮填塞后，再套上钢筋混凝土箍。这种接头防水性好，但由于加钢筋混凝土接头后，纵向刚度增大，使适应纵向变形能力变差，在管身有较大不均匀沉陷时，易导致管身开裂。

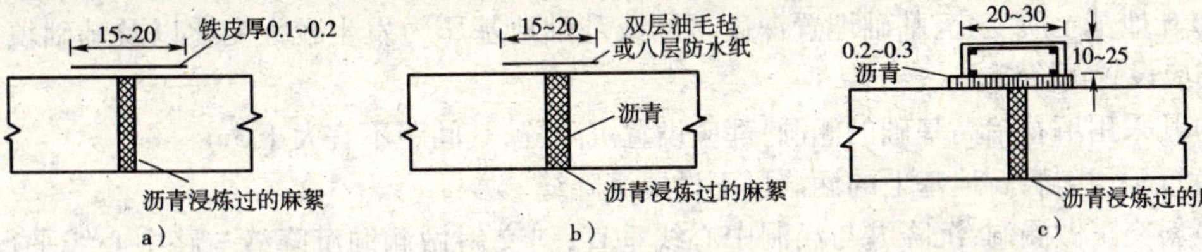

图 4-5　平口接头缝(尺寸单位：cm)

2)企口接头缝

企口接头缝亦有三种，如图 4-6。

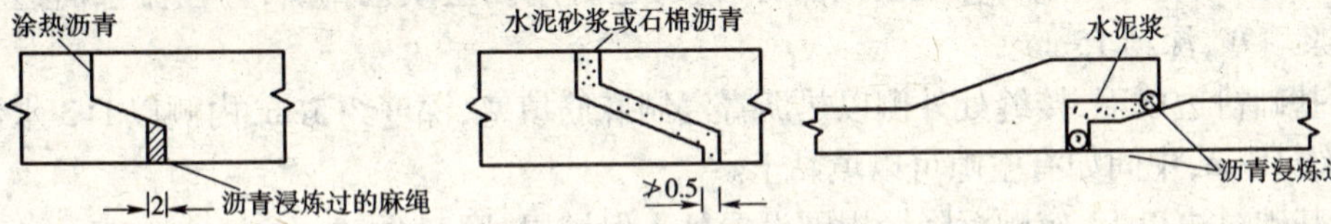

图 4-6　企口接头缝(尺寸单位：cm)

圆管涵防水层一般用塑性黏土，厚度 15～20cm。

二、盖板涵

盖板涵各部分构造如图 4-7，它主要由盖板、涵台、基础、洞身铺底、伸缩缝及防水层等部分组成。

1. 盖板

盖板是涵洞的承重结构部分，可有石盖板或钢筋混凝土盖板。跨径在 2m 以下，石料丰

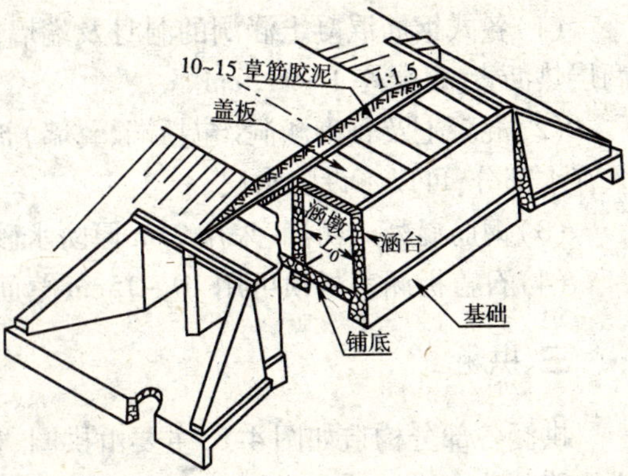

图 4-7　盖板涵各组成部分

富时，一般采用石盖板。其厚度随填土高度和跨径而异，一般为15～40cm。当跨径大于2m或在无石料地区时，宜采用钢筋混凝土盖板，其厚度为25～30cm，跨径为1.50～5.00m。做盖板石的石料，质量必须严格选择，一般石料标号应在40号以上。

2. 涵台、基础及洞身铺底

一般用浆砌（或干砌）块、片石构成。砂浆强度等级为M5或M7.5。基础厚度一般为60cm，铺底厚度一般为30cm。盖板涵的涵台（墩）宽度 a 及 b，涵台（墩）基础宽度 a_1 和 b_1 各自的常用值见表4-1。

盖板涵涵台（墩）及基础宽度值（cm） 表4-1

盖板种类	涵台（墩）基础材料	涵台宽 a	涵墩宽 b	涵台基础宽 a_1	涵墩基础宽 b_1
石盖板	块石	40	40	50～60	60～80
钢筋混凝土盖板	块石	40～120	40～80	60～140	80～130
	混凝土	30～70	40～80	50～100	80～130

3. 沉降缝及防水层

涵洞沿洞身长度方向应分段设置沉降缝，以防止不均匀沉降，设置的一般要求如下：

（1）涵洞与急流槽、端墙、翼墙等结构分段处设置沉降缝，以使洞口沉降不致影响洞身，沉降缝应贯穿整个断面（包括基础），缝宽约2～3cm。

（2）沉降缝沿洞身每隔3～6m设置一道，具体位置需结合地基土质变化情况及路堤高度而定。

（3）凡地基土质变化、基础埋置深度不同或基础地基压力发生较大变化以及基础填挖交界处，均应设置沉降缝。

（4）凡采用填石抬高基础的涵洞，都应设置沉降缝，其间距不宜大于3m。

（5）置于均匀岩石地基上的涵洞可不设置沉降缝。

（6）斜交正做涵洞，沉降缝与涵洞中心线垂直；斜交斜做涵洞沉降缝与路中心线平行，但拱涵、管涵的沉降缝应与涵洞中心线垂直。

沉降缝应用填充料填筑，其方法如下：

（1）基础衬边以下，填嵌沥青木板或沥青砂板，也可用黏土填入捣实，并在流水面边缘用1:3水泥砂浆填塞，深约15cm。

（2）在基础衬边以下，接缝处外侧以热沥青浸制麻筋填塞，深度约5cm，内侧以1:3水泥砂浆填塞，深约15cm，中间如有空隙可以填黏土。

（3）在基础衬边以上，应顺沉降缝周围设置黏土保护层，厚度约20cm。

涵洞防水层的做法如下：

（1）各式钢筋混凝土涵洞的洞身及端墙，在基础面以上，凡被土掩埋部分的表面，均涂以两层热沥青，每层厚1～1.5cm。

（2）混凝土及石砌涵洞（包括端、翼墙）被土掩埋部分的表面，只需将圬工表面做平，无凹入存水部分，可以不设防水层。

（3）钢筋混凝土明涵，采用2cm厚防水砂浆或4～6cm防水混凝土。

（4）石盖板涵盖板顶可用10～15cm草筋胶泥糊顶防水层，并将表面做成拱形，以利排水。

三、拱涵

拱涵各部分构造如图4-8，主要由拱圈、护拱、拱上侧墙、涵台、基础、铺底、沉降缝及排水设施等部分组成。

1. 拱圈

拱圈是拱涵的承重结构部分，可由石料、混凝土、砖等材料构成。常采用等厚的圆弧拱。矢跨比常用1/2、1/3、1/4，一般不小于1/4。矢跨比小于1/6的叫坦圆拱，坦圆拱仅在建筑高度受限时采用。

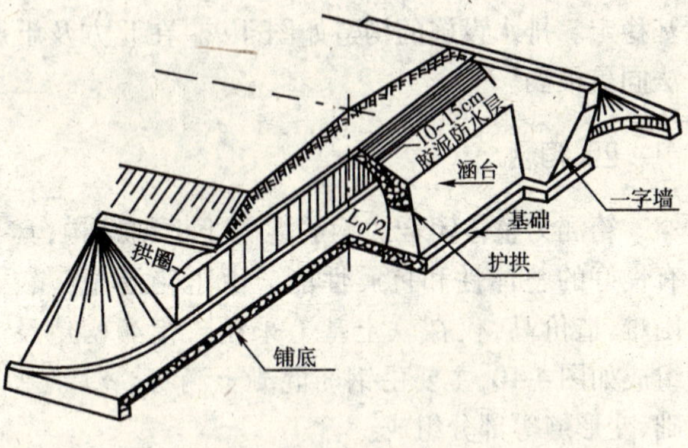

图4-8　石拱涵各组成部分

拱涵的常用跨径为100cm、150cm、200cm、250cm、300cm、400cm。拱涵拱圈厚度一般为25~35cm。

石拱圈有干砌和浆砌两种，浆砌拱圈多用25号或50号砂浆砌块片石。拱圈厚度可按以下经验公式拟定：

石拱
$$t = mk_1\sqrt[3]{L_0}\,(\mathrm{cm}) \tag{4-1}$$

或
$$t = 1.37\sqrt{R_0 + \frac{L_0}{2}} + 6\,(\mathrm{cm}) \tag{4-2}$$

砖拱
$$t = 1.82\sqrt{R_0 + \frac{L_0}{2}} + 8\,(\mathrm{cm}) \tag{4-3}$$

双曲拱
$$H = \left(35 + \frac{L_0}{100}\right)k_2\,(\mathrm{cm}) \tag{4-4}$$

式中：t——等截面圆弧拱拱圈厚度(cm)；

H——拱圈高度(cm)；

L_0——拱圈净跨径(cm)；

R_0——拱圈内弧半径(cm)；

m——系数，取用时随矢跨比减小而增大，一般为4.5~6；

k_1——荷载系数，汽车—10级$k_1 = 1.0$，汽车—20级$k_1 = 1.2$；

k_2——荷载系数，汽车—10级$k_2 = 1.0$，汽车—20级$k_2 = 1.4$。

拱圈厚度可从有关标准图查得。

2. 涵台(墩)

涵台(墩)是支撑拱圈并传递荷载至地基的圬工构造物。台(墩)高一般为50~400cm，台顶宽为45~140cm，台身底宽为70~260cm，墩身宽度为50~140cm。

涵台基础视地基土壤情况，分别采用整体式或分离式。整体式基础主要用于卵形涵及小跨径涵洞。对于松软地基上的涵洞，为了分散压力，也可采用整体式基础。对于较大跨径的涵洞宜采用分离式基础。

3. 护拱

其作用主要用于保护拱圈，防止荷载冲击。通常用0.8号白灰砂浆或M2.5水泥砂浆砌片石构成。护拱高度一般为矢高之半。

4. 拱上侧墙、铺底

拱上侧墙、铺底多用M5或M2.5砂浆砌片石构成。常流水以下部分用M5砂浆，其余用M2.5砂浆。

5. 排水设施及沉降缝

排水设施设于拱背及台背，其作用主要是排除路基渗水，使拱圈免受水的侵蚀，以确保路基稳定。排水设施的构造如图4-9。在北方及干燥少雨地区可不设排水设施,沉降缝设置方法同盖板涵。

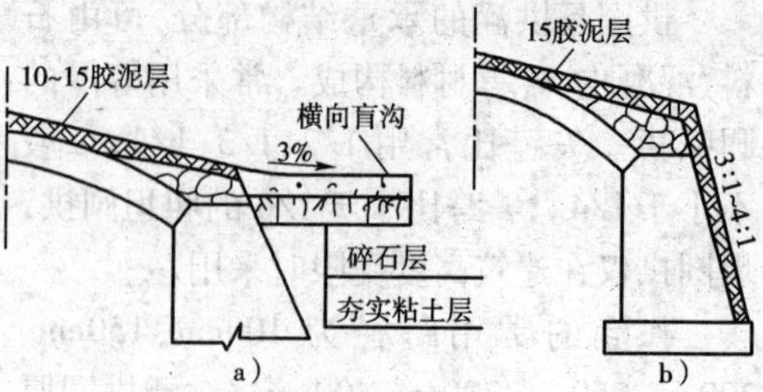

图4-9　石拱涵排水设施(尺寸单位:cm)

a)浆砌石拱涵;b)干砌石拱涵

四、箱涵

箱涵为整体闭合式钢筋混凝土框架结构,具有良好的整体性和抗震性能。由于箱涵施工较困难,造价高,仅在软土基上采用。箱涵构造及组成如图4-10,主要由钢筋混凝土涵身、翼墙、基础、变形缝等部分组成。

1. 涵身

箱涵涵身由钢筋混凝土组成,洞身断面一般为长方形或正方形。常用跨径为200cm、250cm、300cm、400cm、500cm。箱涵壁厚一般为22~35cm,箱涵内壁面四个折角处往往做成45°的斜面,以增大转角处的刚度,其尺寸为5cm×5cm。

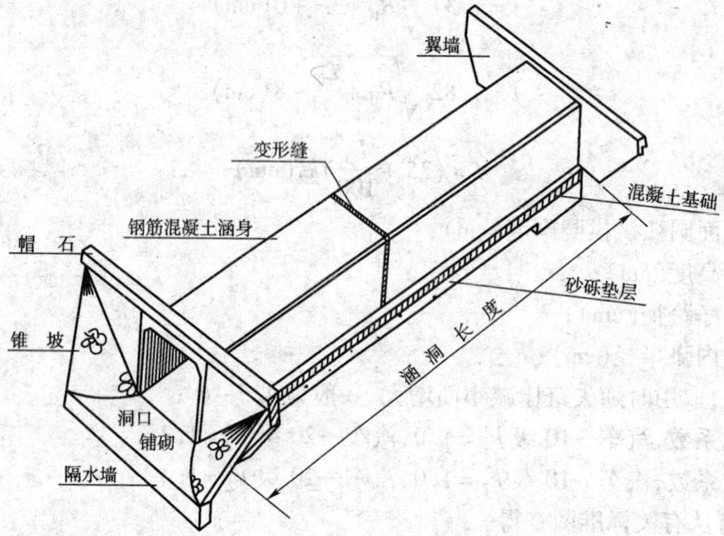

图4-10　钢筋混凝土箱涵各组成部分

单孔箱涵主要指标如表4-2。

单孔箱涵主要指标　　表4-2

项目 斜角	净空 $B \times H$ (m)	涵顶填土高度 h (m)	顶底板高度 T_1 (m)	侧墙厚 T_2 (m)	用　途
0° 10° 20° 30° 40° 45°	1.5×1.25	0.05~3.5	0.25	0.22	过水
	2.0×1.50	0.05~3.5	0.25	0.22	
	2.0×2.0	0.05~3.5	0.25	0.22	
	2.5×2.20	0.05~3.5	0.27	0.25	人行通道
	3.0×2.50	0.05~3.5	0.29	0.27	过水
	3.0×3.00	0.05~3.5	0.29	0.27	
	4.0×2.20	0.05~3.5	0.34	0.32	人行通道
	4.0×3.00	0.05~3.0	0.34	0.32	畜力车通道

2. 翼墙

翼墙在涵身靠洞口侧的两端，与洞身联成整体，为钢筋混凝土薄壁结构。壁厚一般为31～41cm。翼墙主要用于洞身与进出口锥坡的连接，支挡路基填土。当采用八字墙洞口时，可不作翼墙。

3. 基础

箱涵基础一般为双层结构。上层为混凝土结构，厚10cm，下层为砂砾石垫层，厚度为40～70cm。厚度尺寸的确定应与基础埋深同时考虑。在接近洞口两端洞身2m范围内的砂砾垫层应该在冰冻线以下不少于25cm。其余区段的设置深度可视地基土冻胀情况和当地施工经验确定。

4. 变形缝

变形缝均设在洞身中部，连同基础变形缝设置一道。用4cm×6cm的槽口设于顶、底板的上面和侧墙的外面。过水箱涵底板变形缝的顶面可不设油毛毡，而在填塞沥青麻絮后再灌热沥青即可。

五、涵洞洞身立面布置

根据地形、地质及水文等条件，洞身立面布置有如下形式：

1. 平坦地段的一般形式

在天然沟床纵坡较小且涵长较短时采用如图4-11所示的布置形式。布置时，洞底高程及坡度原则上应与天然沟床的高程及坡度一致。当天然沟床坡度较大时，可按下游洞口沟床高程控制，按水流临界坡度（一般为1%～5%）设置，并在进口做适当的开挖。

2. 斜坡布置形式

当天然沟床纵坡大于5%～10%时，为使涵洞洞身与沟底天然坡度一致，并减少挖基土石方数量和缩短涵洞长度，常采用斜坡布置形式。

（1）洞身不变仍作一般布置形式，而在进水口作跌水井或急流槽，使涵底与沟底顺接，如图4-12。

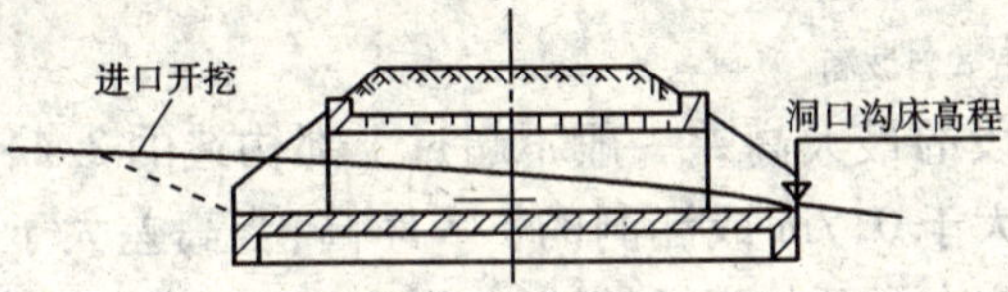

图4-11　平坦地段洞身布置

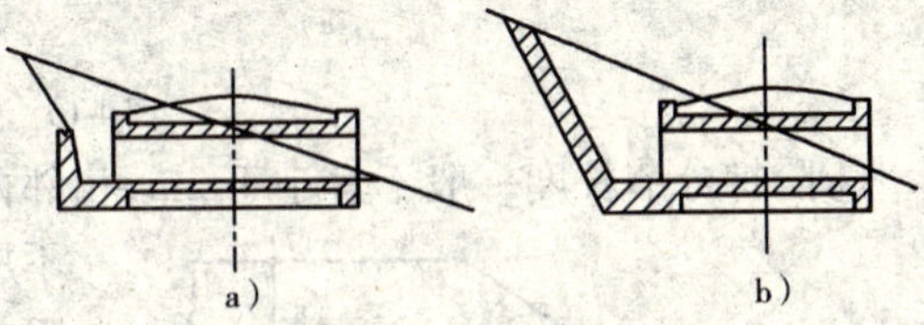

图4-12　斜坡地段洞身布置

a)进口跌水井；b)进口急流槽

（2）设置填方涵洞。当附近有大量石方可供利用时，为减少涵洞工程数量，可将涵基置于砌石（或填石）基底上，作填方涵洞，如图4-13。通常拱涵基底用砌石，盖板涵基底可用填石。出水口斜坡表面应用大块石码砌以防水流冲刷，斜坡坡度一般为1∶0.75～1∶1.5。

在填石基底上作涵洞，一般要求设在地基良好的地面上，如遇山体破碎、地下水较多、渗水性较强的地基则不宜采用。设置填方涵洞，要注意保证基底强度的均匀性，不能置于软硬不同的地基上。填方涵洞填方高度一般不宜大于5m。

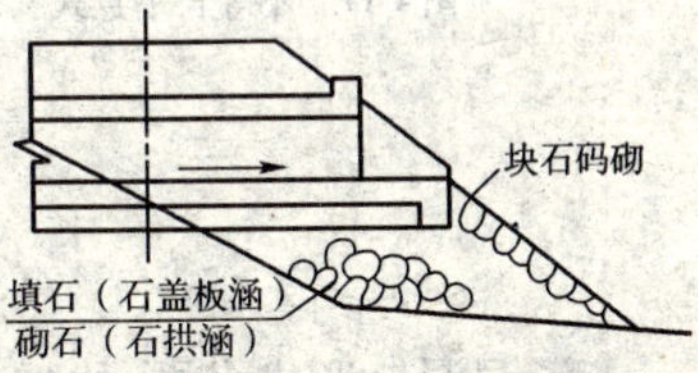

图4-13　填方涵洞

当水流较大时，出口砌石边坡可用条石做成多级台阶跌水形式，如图 4-14。台阶高度多为 30cm，前后搭接 30cm。

(3)当为非岩石河沟纵坡在 10%以下，岩石河沟纵坡在 30%以下时，可采用斜置式斜坡涵，如图 4-15。并可结合地形、地质情况采用齿状基础、扶壁式基础及台阶形基础等形式。

(4)当非岩石河沟纵坡大于 10%，岩石河沟纵坡大于 30%时，可采用平置式斜坡涵（又叫阶梯式），如图 4-16。布置阶梯式涵洞时要注意以下几点：

台阶尺寸

1:m	1:5	1:4	1:3	1:2	1:1.5	1:1.33	1:1	1:0.75
a	150	120	90	60	45	40	30	25
c	180	150	120	90	75	70	60	55

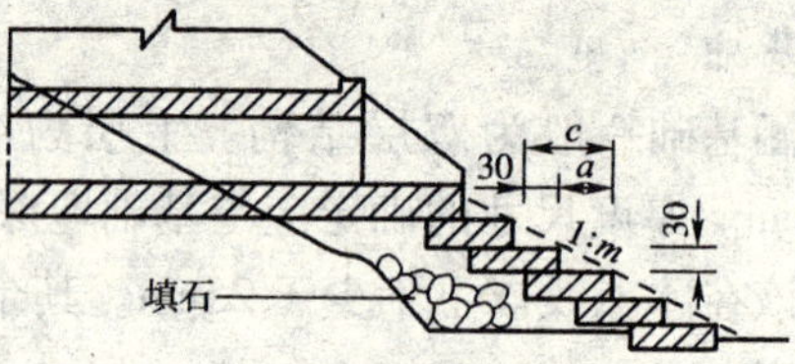

图 4-14 出口台阶（尺寸单位：cm）

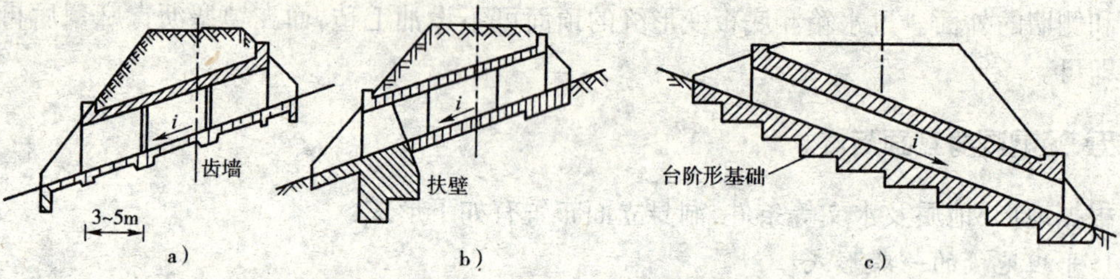

图 4-15 斜置式斜坡涵

a）齿状基础；b）扶壁式基础；c）台阶形基础

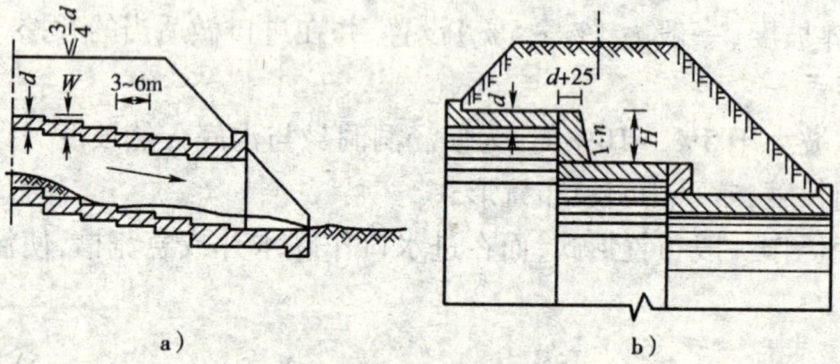

图 4-16 平置式斜坡涵

①阶梯分节长度一般不宜小于 2m，相邻两段的最大高差一般不超过上部构造的 3/4，并不应大于 0.7m 或涵洞的 1/3 净高；当高差大于此限时应在涵顶加砌矮挡墙，如图 4-16a)、b)。

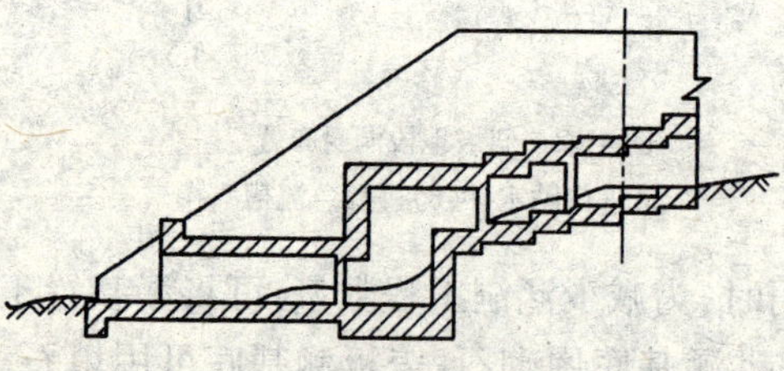
图 4-17 不等长平置式斜坡涵

②当沟床天然纵坡变化较大，可适应地形做成不等长、不等高差的台阶形式，如图 4-17。

③阶梯涵的沉降缝宜设在台阶落差断面，并结合地质及基础变化情况设置，以防止不均匀沉陷而产生裂缝。

第三节 洞口构造及类型

涵洞洞口形式多样、构造多变、十分灵活。如何根据涵洞类型、河沟水流特点、地形及路基断面形式因地制宜地选择好洞口形式，作好进出水口处理，对于确保涵洞及路基的稳定、水流畅通有着重要作用。本节主要阐述各类洞口的构造形式、特点及运用情况。

涵洞洞口类型很多，有八字式、端墙式、跌水井、扭坡式、平头式、走廊式、流线形等，其中八字式、端墙式、跌水井是常用的形式。

一、八字式洞口

1. 正八字式洞口

八字式洞口由敞开斜置的八字墙构成，如图 4-18。

八字墙洞口为重力式墙式结构，其特点是：构造简单、建筑结构较美观，施工简单，造价较低。常用于河沟平坦顺直、无明显沟槽，且沟底与涵底高差变化不大的情况。当墙身较高时（一般大于 5m），圬工体积增加较大，使用不够经济。八字墙墙身砌筑对石料的形状和规格要求较高，一般需要用块片石搭配料石砌筑。

有时为缩短翼墙长度，减少墙身数量并使涵洞与沟槽顺接，可将翼墙末端做成矮墙的嵌入式八字墙，如图 4-19。

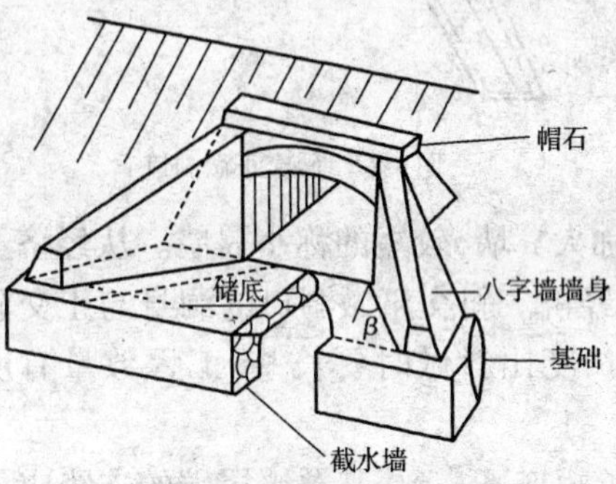

图 4-18　八字式洞口

图 4-19　嵌入式八字墙
a）接小锥坡；b）接水渠

八字翼墙墙身与路中线垂直方向的夹角称为扩散角，如图 4-18，按水力条件考虑、经过试验，进口水流扩散角以 13°为宜，出口扩散角不宜大于 10°。但为便于集纳水流和减小出口翼墙末端的单宽流量，减少冲刷，扩散角多采用 30°，并且左右翼墙对称。经验表明，扩散角过大则靠近翼墙处易产生涡流，致使冲刷加大。因此设计时应按不同河沟地形情况因地制宜灵活设置，以利于合理收集和扩散水流，使之与原沟渠顺接。

当 $\beta=0°$ 时，八字墙墙身与公路中线垂直，称为直墙式洞口，如图4-20。主要适用于涵洞跨径与河沟宽度基本一致，无需集纳和扩散水流或仅为疏通两侧农田灌溉时的情况。直墙式洞口翼墙短且洞口铺砌少，较为经济。

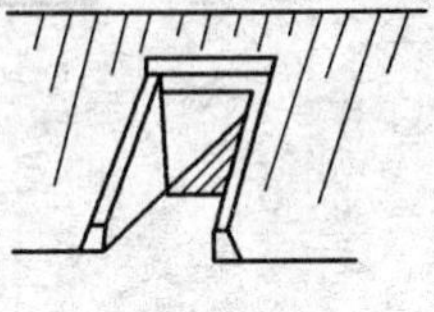
图 4-20　直墙式洞口

2. 斜八字墙洞口

当涵洞与路线斜交时，宜采用斜交八字墙洞口形式。可有两种做法。

（1）斜做洞口

当洞口帽石方向与路线方向平行时，即构成斜做洞口（通常称为斜交斜做洞口），如图 4-21。斜做洞口的翼墙斜度 β_1、β_2，应根据地形和水流条件确定。图 4-21 中 θ 角为水流扩散角，即沿涵轴线方向翼墙向外侧的张角；φ 角为涵轴线方向的垂线与路中线的夹角（即涵洞的斜度）。当 $\theta<\varphi$ 时称“反翼墙”，此时 $\beta_2=\varphi-\theta$；当 $\theta>\varphi$ 时称“正翼墙”，此时 $\beta_1=\varphi+\theta$。根据分析，在正翼墙情况下，β_1 愈大，翼墙的工程数量亦愈大，因此应尽量使 β_1 不超过 60°为宜；在反翼墙情况下，当$\beta_2=0°$，即$\varphi-\theta=0°$时，翼墙工程数量最小，最经济。

(2)正做洞口

当洞口帽石方向与涵轴线方向垂直时，即构成正做洞口(通常称为斜交正做洞口)，如图4-22。

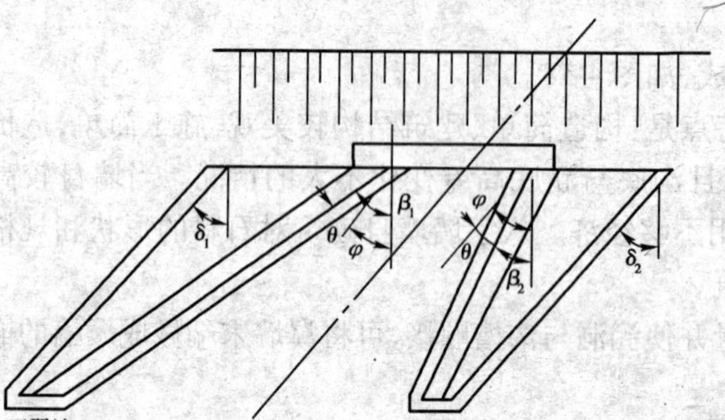

图4-21　斜交斜做洞口

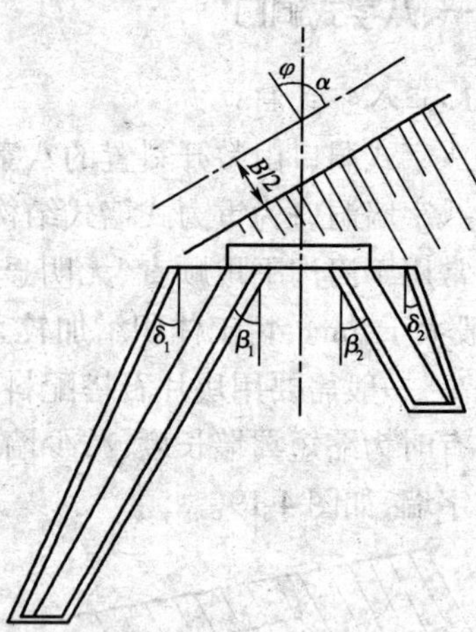

图4-22　斜交正做洞口

正做洞口的翼墙一般采用正翼墙，较长一侧的翼墙称大翼墙，较短的称小翼墙。从经济上考虑：大翼墙的β角愈小愈经济；小翼墙的$\beta=\varphi$时最为经济。斜交正做洞口的洞身与正交涵洞洞身相同，因而设计、施工比斜做洞口方便。但洞身长度比斜做时要长些，工程数量有所增加。

正做洞口由于两个翼墙的高度不同，因而其伸出的长短亦不一致，其翼墙尾端的连线应与路中线平行。端墙和帽石可做成台阶式或斜坡式两种，如图4-23。

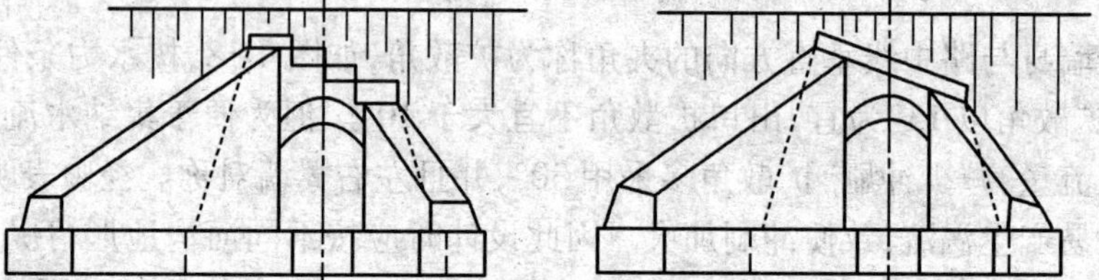

a)　　b)

图4-23　斜做洞口

a)台阶式；b)斜坡式

二、端墙式洞口

在涵台两端修一垂直于台身并与台身同高的矮墙称端墙(又称一字墙)。在端墙外侧，可用砌石的椭圆锥坡或天然土坡或砌石护坡或挡土墙与天然沟槽和路基相连接，即构成各种形式的端墙式洞口，如图4-24。图中a)、b)仅在沟床稳定、土质坚实的情况下才采用。c)适用于洞口有人工渠道或不受冲刷影响的岩石河沟。有时为改善水力条件可在c)的沟底设置小锥坡构成d)。e)仅在洞口路基边坡设有直立式挡墙时才采用。

端墙配锥形护坡洞口是最常用的一种洞口。它的使用条件与八字墙相类似。但由于它比八字墙洞口水流条件要好些，因而多用于宽浅河沟或孔径压缩较大的情况。当墙高较高时

(一般大于5m),由于其稳定性和经济性比八字墙好,因而它更适用于涵台较高的涵洞。此外,由于锥坡的表面坡度可以随路基边坡坡度变化,因而能适应各种不同路基边坡的情况,灵活性比八字墙强。

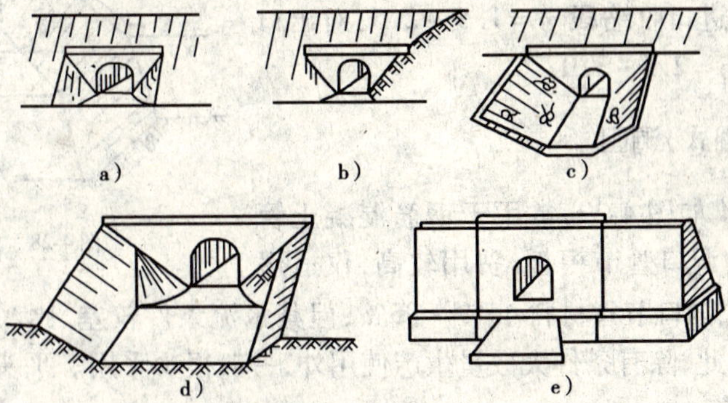

图4-24　端墙式洞口

当涵洞与路线斜交时,锥坡洞口一般多用斜交正做洞口,如图4-25。其端墙亦可做成斜坡式或台阶式。

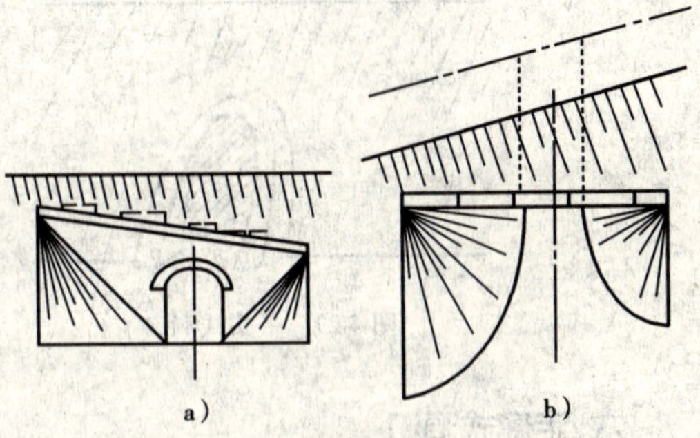

图4-25　端墙式斜洞口

a)立面;b)平面

三、跌水井洞口

当天然河沟纵坡度大于50%或路基纵断面设计不能满足涵洞建筑高度要求、涵洞进口开挖大以及天然沟槽与洞口高差较大时,为使沟槽或路基边沟与涵洞进口连接,常采用跌水井洞口形式。其形式可有边坡跌水井洞口与一字墙跌水井洞口两种,如图4-26、图4-27,前者主要适用于内侧有挖方边沟涵洞的进水口,后者适用于一般陡坡沟槽跌水。

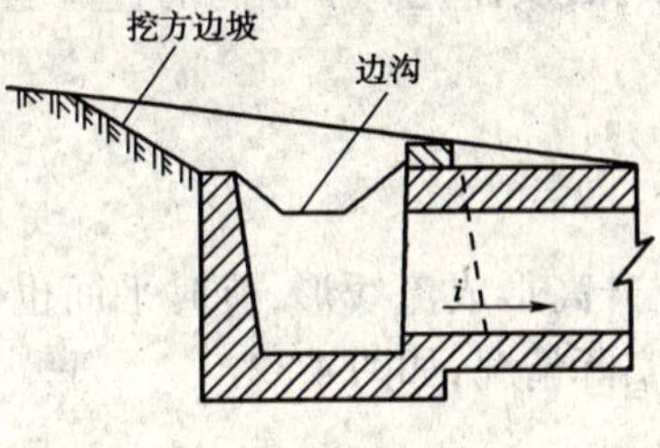

图4-26　边沟跌水井洞口

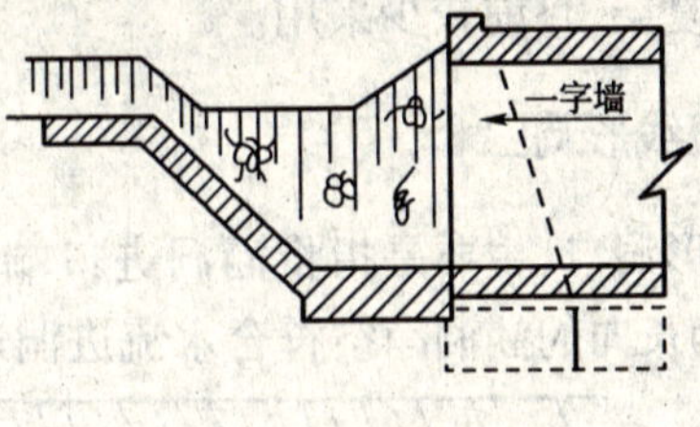

图4-27　一字墙跌水井洞口

四、扭坡式洞口

为使洞口与人工灌溉渠道水流顺畅,避免产生过大的水头损失或减少冲刷或淤积,用一段变边坡的过渡段设于洞口与渠道之间,即构成扭坡式洞口,如图4-28。

扭坡式洞口过渡段的长度直接影响洞口水流的出流,如过渡段过短,使扩散角过小,则宜引起主流脱离边墙而产生回流,致使水流过度集中,使下游渠道产生冲刷。进口收缩过渡段长度一般为渠道水深的4~6倍,出口扩散段还应适当加长。过渡段长度可用以下经验公式计算。

$$L = \eta \cdot (B_2 - B_1)$$

式中：L——进出口扭坡过渡长度(m)；

B_1——洞内的水面宽度(m)；

B_2——进出口处明渠水面宽度(m)；

η——系数，对进口收缩段 $\eta = 1.5 \sim 2.5$；对出口扩散段 $\eta = 2.5 \sim 3.0$。

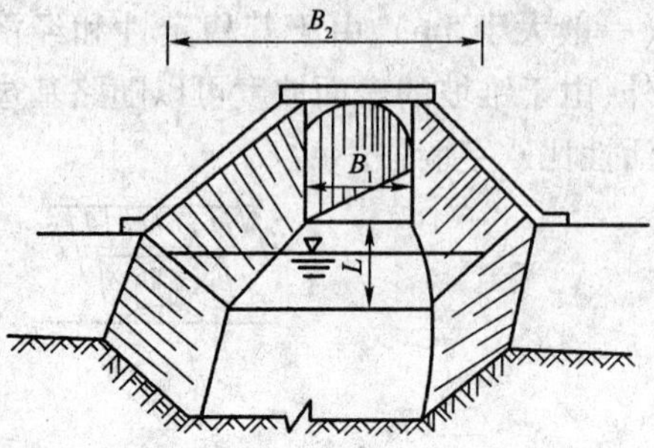

图 4-28 扭坡式洞口

五、平头式(领圈式)洞口

平头式洞口建筑如图 4-29，常用于钢筋混凝土管涵，因需制作特殊的洞口管节模板，费用较高，仅适用于大批预制。平头式洞口节省材料 45% ~85%，但其水流条件较差，比八字墙洞口宣泄能力减少 8% ~10%。因此，除有条件大数量生产使用外，一般很少采用。平头式的斜洞口形式如图 4-30。

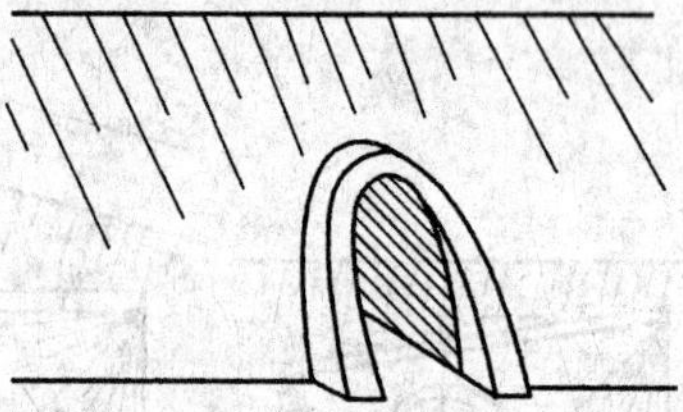
图 4-29 平头式洞口

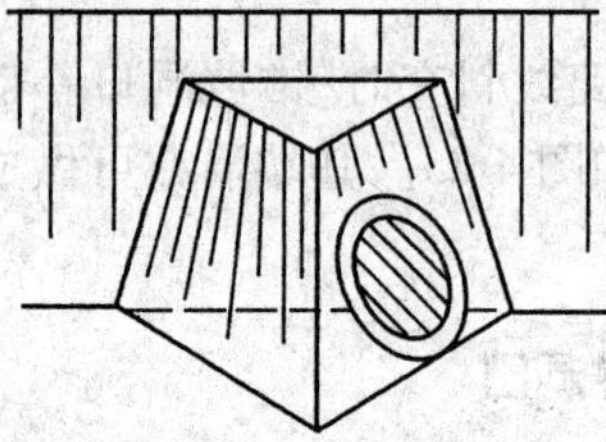
图 4-30 平头式斜洞口

六、走廊式洞口

走廊式洞口建筑由两个前后高度相等的平行墙构造，平行墙的端部在平面上做成圆曲线形，如图 4-31。此种洞口的进水口将壅水水位跌水由洞口改变至翼墙圆曲线的开始处，因而可降低无压力式洞口的计算高度或提高涵洞中的计算水深，从而提高了涵洞的宣泄能力。这种洞口施工复杂，目前较少采用。

七、流线形洞口

流线形洞口，主要是指将涵洞进口端节在立面上升高形成流线形，有时平面也做成流线形，使沿涵长向的涵洞净空符合水流进洞逐渐收缩的实际情况，如图 4-32。

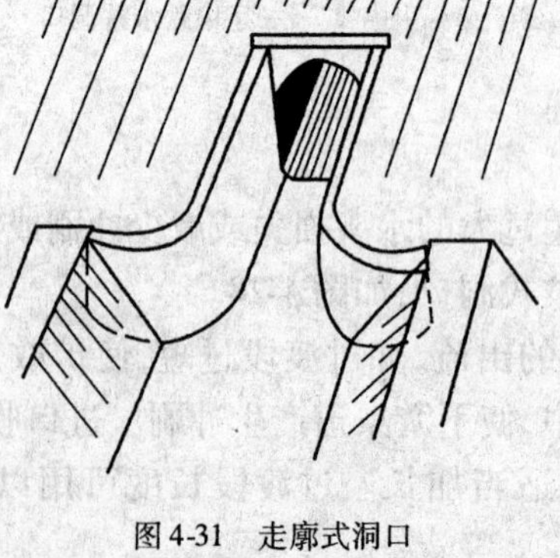
图 4-31 走廊式洞口

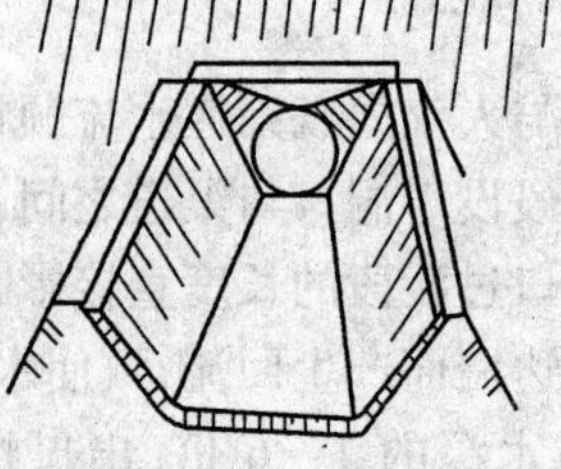
图 4-32 流线形洞口

常用流线形洞口随涵洞类型的不同可有各种形式，如图 4-33。图中 a) 盖板涵或箱涵，采用升高式,并可配以八字墙(或设曲线墙)。对于拱涵,为便于施工,采用进口加高节段的方式,如图4-33b)。当采用圆管涵时可采用端部升高形式,也可采用喇叭式(如图4-33c)。喇叭式洞口是由一块斜顶板a、两块侧墙b及两块曲线三角板c组成,适用于大量预制及装配的圆管涵洞。

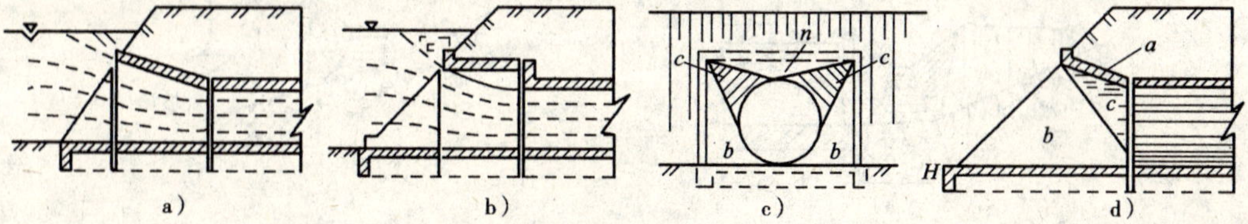

图4-33 流线形洞口的常用形式

a)板涵、箱涵升高式;b)拱涵加高节段;c)、d)圆管涵喇叭式

第四节 沟床加固及防护

一、进水口沟床加固

1.加固措施

根据进口处河沟的纵坡不同,通常可采用如下加固措施。

(1)在河沟纵坡小于10%、河沟顺直、纵坡平缓的情况下,仅对进口采用干砌片石铺砌加固。铺砌形式如图4-34a)。铺砌长度通常采用1.0m。当流速较慢,为减少铺砌数量,也可采用U形的铺砌形式,如图4-34b)。这种处理形式多用于较大的多孔涵洞中,以节约更多的圬工体积,同样可收到良好的防护效果。

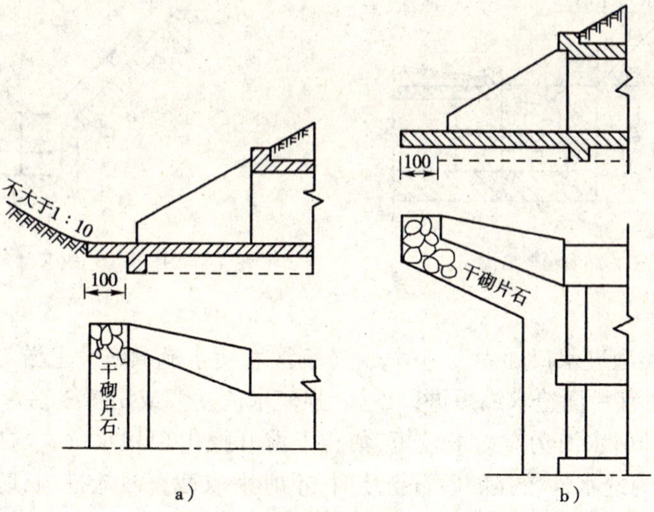

图4-34 平缓沟槽进口铺砌(尺寸单位:cm)

a)整体铺砌;b)局部铺砌

(2)当河沟纵坡为10%~40%时,则可采用图4-35的加固形式。沟槽开挖的边坡率采用1:4~1:10。除岩石沟槽外,河底和沟槽侧坡以及路基边沟均需用人工铺砌加固,加固的类型由水流速度而定。

图4-35a)为缓坡涵进口的加固形式。由于涵前沟底纵坡较陡,洞身纵坡平缓,水流在进

口处由急流突然变缓易产生水跃，因而在进口段设置缓坡段，其长度约为$(1\sim2)L_0$（L_0 为涵洞孔径）。

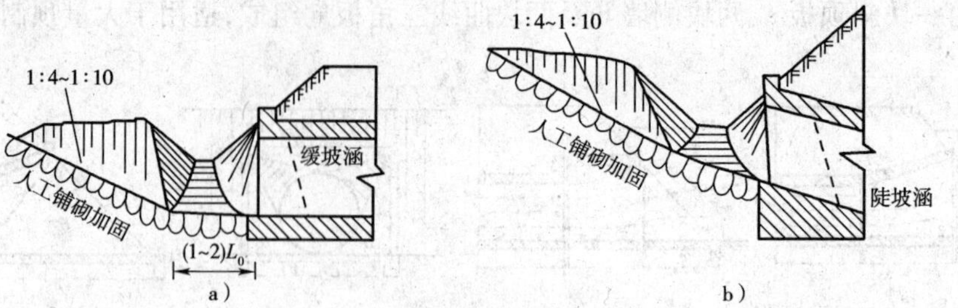

图 4-35　进水口沟底及沟槽加固

a）缓坡涵；b）陡坡涵

图 4-35b）为陡坡涵进口的加固形式。由于洞内纵坡较大，水流呈急流状态，涵底坡度与涵前沟底纵坡基本平顺衔接，因而可不设缓坡段。

（3）当涵前河沟纵坡大于 50% 时，水流流速很大，进口则需设跌水井与天然河沟连接，以削减水能，减缓流速。上游沟槽开挖坡度，可根据河沟土质情况确定，一般采用 1:1 ~ 1:2。为加固河槽，跌水井与河槽连接处可采用吊沟或 U 形断面急流槽形式（如图 4-36、图 4-37）。吊沟一般做成梯形断面。在非岩石土沟槽时沟底应进行铺砌加固。U 形断面急流槽、槽底宽度应与涵洞孔径相等，两侧边墙厚一般可采用 40cm。为确保急流槽的稳定，槽底应每隔 150 ~ 200cm 设一防滑墙。有时为减缓槽内流速，还可在槽底增设人工加糙措施，加糙类型如图 4-38。

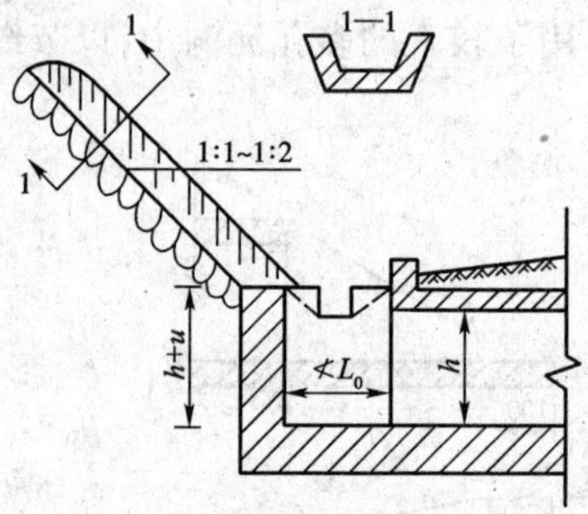

图 4-36　梯形吊沟

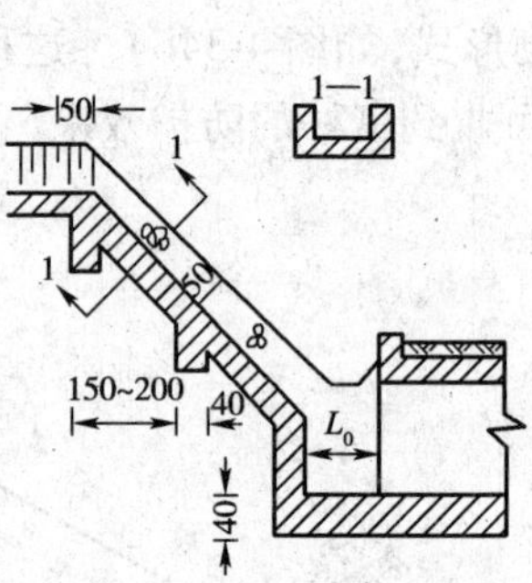

图 4-37　U 形急流槽（尺寸单位：cm）

2. 注意问题

（1）在设置各类型进水口加固设施时，应特别注意使水流顺畅。上游沟槽特别弯曲时，应对沟槽适当改沟，不宜片面追求缩短进口设施，强使水流拐弯或用折线拐弯。

（2）进水口新开引水河沟应力求较短，禁止上游开挖出现积水坑。与原河沟的衔接务必顺直。当上游河槽为透水性较强的砂石土质时，不宜采取截直改流措施，防止水流窜入老沟，冲毁路基。

（3）当进水口为岩石沟槽时，可视地形情况，直接在石方上开挖跌水井，如图 4-39。上游沟槽开挖坡度一般为 1:0.2。当涵洞孔径较小，$L_0 = 0.75$ 时，为减少石方开挖数量，在水流较小时，可不另开挖沟槽，使水流直接从边坡流入涵洞。

（4）上游河沟水流带有较多砾石或石块时，为防止堵塞洞口，可在进口设置小挡石坝，其布置如图 4-40。

(5)陡坡涵进口,可视具体情况设置踏步,以便养护人员上下。

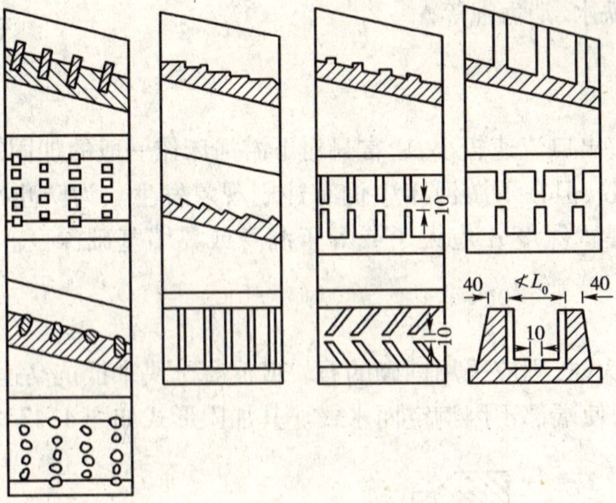

图4-38　人工加糙图式(尺寸单位:cm)

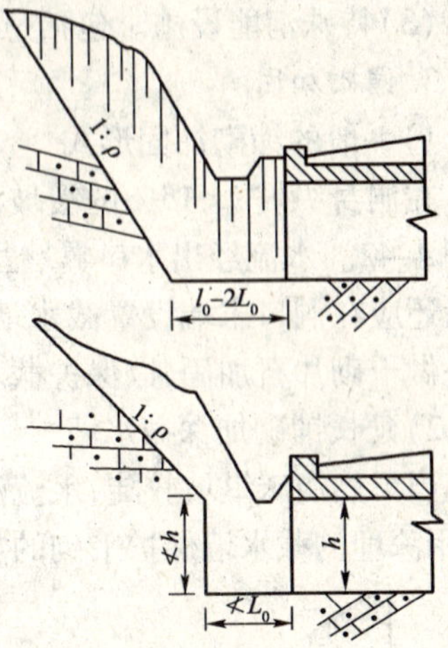

图4-39　岩石跌水井进口

二、出水口沟床加固

1. 冲刷的产生及加固的作用

小桥涵孔径通常对天然河床都有较大的压缩,上游形成较高的壅水位,因而水流经过桥涵下时的流速特别在出口的流速,都比天然流速大。流速增大将导致桥涵下游产生不利的局部冲刷。据分析,引起小桥涵下游产生局部冲刷的原因主要有以下三个方面:

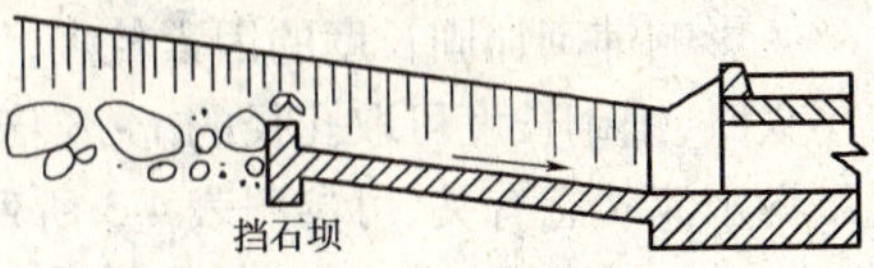

图4-40　小挡石坝

(1)实际流速大于土壤允许不冲刷流速,产生不利的局部冲刷。

(2)当出口流速大于临界流速时,水流将处于急流状态。如果下游沟槽的坡度小于临界坡度,则天然流速为缓流状态,水流由洞内的急流变为缓流,在出口形成水跃,使水流紊动性增大,水流在竖直面内产生旋流,仍会产生冲刷。

(3)出口水流流向与河床形成某一交角时,出口水流对河岸产生淘刷作用,形成不利冲刷。

由于冲刷,先在小桥涵下游冲成一个深坑,如图4-41。在洪水通过后,坑内长期积水,使坑内的边坡逐渐伸展,直至洞口,引起洞口破坏。根据我国铁路部门对600多座山区涵洞调查,涵洞水毁大部分都是由于出水口处理不当所致,而其中下游水毁较上游多3~4倍。因此,对小桥涵下游沟床进行加固防护,不仅有利于小桥涵的稳定,而且通过对沟槽进行简单的加固可以使允许流速增大,孔径适当缩小,减少桥涵的造价,在经济上也有较好的效果。

2. 加固的类型

出水口加固防护的设置,应根据地形、地质条件和水流特性,通过水力计算慎重选择洞口扩散、缓流、消力等设施类型,并充分考虑使农业不受水害。

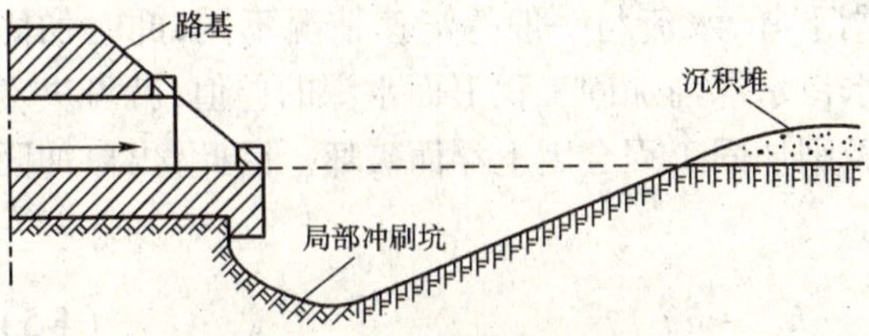

图4-41　涵洞下游冲刷

公路小桥涵下游防护加固类型,就其抵挡水流冲刷、稳定河床的作用可有以下类型:

(1)铺砌加固。又可分为一般铺砌加固和延长铺砌加深截水墙两种形式。

(2)挑坎防护。

(3)特殊消能设施。包括急流槽、跌水、消力池等。

3. 铺砌加固

1)一般的铺砌加固形式

在洞身纵坡 $i<15\%$ 的缓坡涵洞中,出口流速较小,通常只对下游河床作一般的加固铺砌,如图 4-42。水流经出水口翼墙虽已扩散,但在下游河床中仍有冲刷现象发生。为防止冲刷,一般还应在洞口末端设置截水墙。其埋置深度 α 应大于或等于洞身或翼墙基础深度。截水墙外做干砌片石加固,以保护截水墙。

2)延长铺砌加深截水墙

当天然沟床纵坡较陡,水流流速较大时,则应采用铺砌的石块或混凝土块来抵抗高速的水流,用深埋的截水墙保护平砌的加固层,使端部不因淘空而水毁。其加固形式如图 4-43。

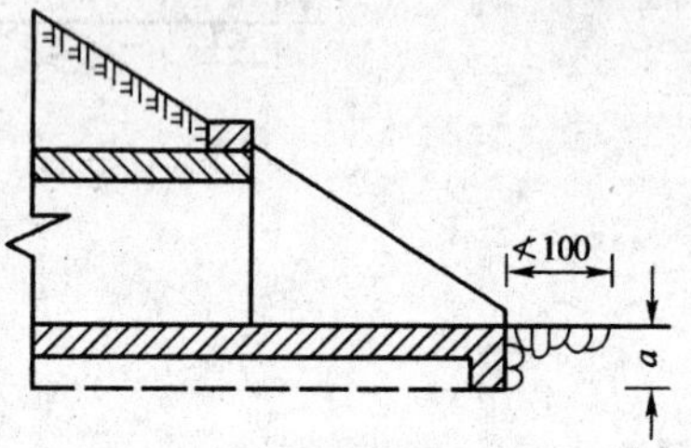

图 4-42 出口一般铺砌形式(尺寸单位:cm)

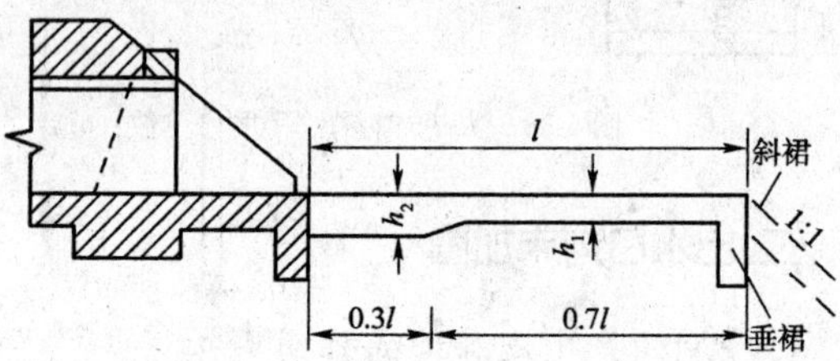

图 4-43 延长铺砌加深截水墙

(1)延长铺砌长度的确定

影响铺砌加固长度的因素较多,用水力公式计算比较复杂。一般当孔径较小且河床纵坡不大时,铺砌长度可取孔径的 1~3 倍。当孔径较大时,铺砌长度 l 与河床土质、单宽流量 q 及下游水流状态有关,可参照表 4-3 所列公式进行计算。

表 4-3

土的种类	铺砌加固长度 l(m)	
	下游水深未淹没出口	下游水深淹没出口
亚黏土和亚砂土	$2.5q^{0.7}$	$1.7q^{0.7}$
重亚黏土和密实的亚黏土	$2.2q^{0.7}$	$1.4q^{0.7}$
卵石、砾石	$1.7q^{0.75}$	$1.1q^{0.75}$
大卵石	$1.1q^{0.75}$	$0.7q^{0.75}$

注:表中单宽流量 $q=Q/B$(以 $m^3/s/m$ 计),式中 Q 可取涵洞的通过设计流量,B 为通过流量时对应的水面宽度。

(2)铺砌厚度的确定(如图 4-43)

①加固厚度 h_2

由于水流在桥涵出口处产生扩散,水深急剧下降,水流与一般等流速情况不同,此时加固工程要受到自下而上的静水压力,根据桥涵出水口水深与加固工程上面水深的差值,就可决定这项压力。此时压力应小于加固工程的重力,否则加固工程会因上浮而破坏。因此,出口加固铺砌的厚度应加厚,其值按下式计算:

$$h_2=\frac{\rho_1}{\rho_2-\rho_1}(h_{Lj}-h) \tag{4-5}$$

式中：ρ_1——水的密度，取$1000kg/m^3$；

ρ_2——加固石块或混凝土的密度，取$2650kg/m^3$；

h——加固工程上的平均水深(m)；

h_{Lj}——洞内临界水深(m)。

局部加厚h_2的长度约为加固全长的30%，且不应小于1.5m。

②加固厚度h_1(如图4-43)

加固厚度h_1应根据小桥涵下扩散水流的设计流速(也可近似用出口处流速)及加固类型确定。通常采用单层片石铺砌，厚度为20～30cm，下设10cm碎石垫层。

(3)截水墙及其埋置深度t

加固工程末端的截水墙可有垂裙(亦称隔水墙、拦水墙)及斜裙(亦称斜坡、防淘斜坡)两种形式，如图4-43。

①垂裙。其结构尺寸按挡土墙原理确定，并用水泥砂浆浆砌，以保安全。

②斜裙。通常用干砌片石砌筑，斜坡坡度不大于1:1。由于水流顺斜坡流下时，其最大流速位于水底，因而使斜裙的冲刷深度比垂裙大。当斜坡度为1:2时，冲刷深度将增大10%～40%，因此一般用垂裙比斜裙有利。

为防止加固末端的淘刷，无论垂裙或斜裙都应有一定的埋置深度t，其值必须大于加固工程末端的冲刷深度Δ，并由下式决定：

$$t = \frac{4}{3}\Delta \quad (m) \tag{4-6}$$

当Δ很大时可用下式确定：

$$t = \Delta + 0.5 \quad (m) \tag{4-7}$$

垂裙埋置深度与出口流速有关，也可参考表4-4确定。当流速大于6m/s时，应考虑设消力池、消力槛或加大孔径等措施。

垂裙厚度可参考表4-5确定。

垂裙埋置深度表 表4-4

出口流速(m/s)	1.0	2.0	3.0	4.0	5.0	6.0
垂裙埋置深度(m)	0.50	0.90	1.32	1.70	2.00	2.20

垂裙厚度表 表4-5

垂裙埋置深度(m)	<1.2	1.2～1.5	1.5～1.8	1.8～2.1	≥2.2
垂裙厚度(m)	0.4	0.5	0.6	0.70	0.8

(4)铺砌种类

延长铺砌的种类根据出口流速参考表4-6确定。

延长铺砌种类 表4-6

出口流速(m/s)	≤1.0	1.0～2.0	2.0～6.0	>6.0
铺砌种类	无铺砌	干砌片石	浆砌片石	混凝土铺砌

4. 挑坎防护

1)挑坎的组成及作用

在自由流出的涵洞的下游，为变冲为淤，减少工程数量，可在出水口设置一级、二级或三级挑坎。挑坎由上坎、平台、下坎及截水墙四部分组成，如图4-44。

在出口八字墙或锥坡范围内设置挑坎后，水流出桥涵后即被大坎上挑，从而抬高了水位，增加了表层流速，大大减小了底部流速，削弱了水流的扩散能力和扩散方向上的漩涡，上坎以后，平台及下坎有保持出水口水位、削减水流冲刷能量和缩短出水口水跃长度的作用。随后小坎又再次把冲刷位置挑离铺砌层末端，减少了冲刷。同时，由于小坎后的回流反而使铺砌层末端变冲刷为淤积。实践证明：出口采用挑坎，是一种防冲的经济实用的防护措施。挑坎对水流的作用见图4-44。

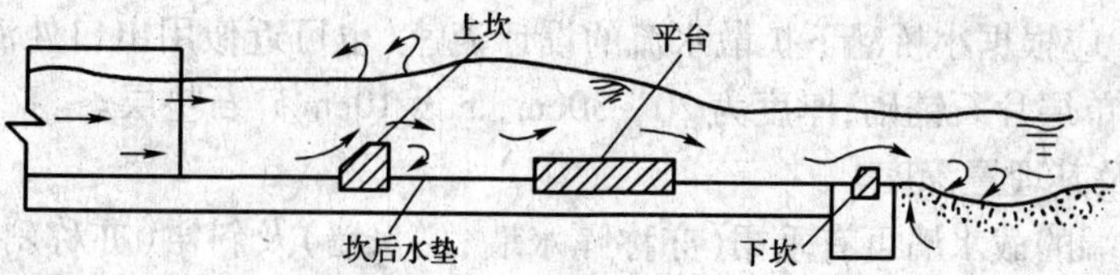

图4-44 挑坎对水流的作用

2)挑坎尺寸及布置

挑坎的一般布置如图4-45。

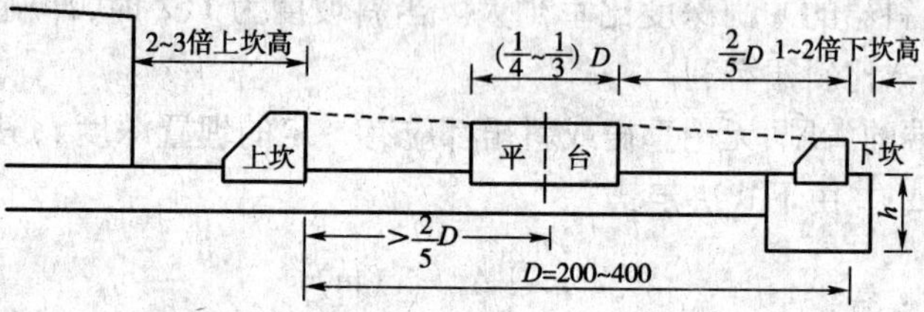

图4-45 挑坎的一般布置（尺寸单位：cm）

(1)挑坎形式的选择

挑坎的形式通常根据八字墙铺砌长度确定，见表4-7。

挑坎形式选用　表4-7

八字墙铺砌长度(m)	>4	2~4	<2
挑坎形式	三级挑坎	二级或三级挑坎	一级或二级挑坎

(2)上下坎间距 *D*

D 值的大小与上游铺砌长度有关，铺砌越长，*D* 值越大，铺砌越短，*D* 值也就越小。一般 *D* 值为2.0~4.0m。

(3)挑坎尺寸

挑坎的一般尺寸如图4-46。出水口天然水深为1.5~2.5m时，上坎高一般采用20cm。

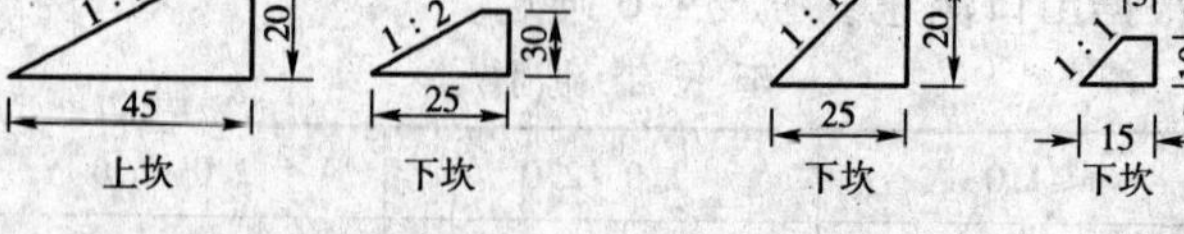

图4-46 挑坎的一般尺寸（尺寸单位：cm）

5.特殊加固措施

当天然沟床纵坡大于15%时，须设置陡坡涵。陡坡涵的出水口布设与天然河沟衔接的好坏，是防止冲刷病害的关键。陡坡涵的洞口末端应视沟床的地质、地形和水力条件，采用特殊的加固措施，包括：急流槽（等截面和变截面）、跌水（单级或多级）、消力池、消力槛、人工加糙等消能措施。

一般河沟若落差较大，多采用急流槽；若落差较小，多采用跌水；消力池（或缓流井）、消力槛能在较短的距离内集中消耗能量和减缓流速。人工加糙沿程设置在一段距离内，以增加水流阻力，达到逐渐减耗能量和降低流速的目的。

以上消能设施，可以单独使用，也可以联合使用。图4-47为列举的几种不同的布置形式，可供设计参考。

图4-47a）为设有跌水、缓流井、消力槛的出口布置；图4-47b）为设有跌水、急流槽的出口布置；图4-47c）为设有急流槽、缓流井、消力槛的布置；图4-47d）为设有多级跌水、消力槛的布置；图4-47e）为台阶式加糙急流槽的布置。以上各种布置，均按敞开角为30°扩大八字翼墙与涵身进行衔接。

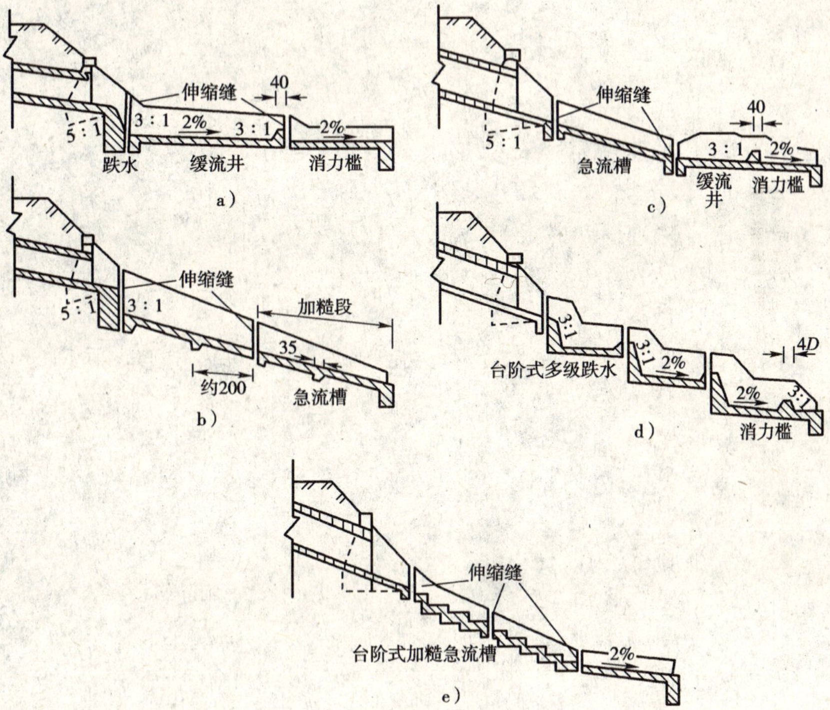

图4-47 出水口特殊加固设施（尺寸单位：cm）

习题

1. 名词解释

（1）八字墙洞口

（2）斜交斜做洞口

（3）斜交正做洞口

（4）跌水井洞口

（5）扭坡式洞口

（6）斜裙

（7）挑坎

2. 涵洞由哪些部分组成？各组成部分的作用是什么？
3. 简述盖板涵和拱涵的组成及各组成部分的功能及构造。
4. 涵洞洞口常用的形式有哪些？试比较八字墙洞口和锥坡洞口的特点及适用条件。
5. 跌水井洞口和扭坡式洞口的特点及适用条件是什么？
6. 何谓流线形洞口？流线形洞口的常用形式有哪些？适用条件是什么？
7. 为什么要对涵洞出水口进行沟床加固？有哪些常用的加固类型？

第五章　小桥涵基础设计

知识点

1. 描述小桥涵基础设计的一般要求、基础设计所需的资料；
2. 描述基础的类型及适用条件；
3. 描述作用于基础上的荷载；
4. 分析基础埋置深度的确定方法以及拟定刚性扩大基础尺寸；
5. 描述刚性浅基础的验算方法；
6. 描述软土地基加固方法。

技能点

能够利用相关资料进行小桥涵基础设计。

第一节　小桥涵基础设计原则

任何结构物都建造在一定的地层(岩层或土层)上,基础是结构物直接与地层接触的最下部分,在基础底面下,承受由基础传来的荷载的那一部分地层称为该结构物的地基。

地基与基础受到各种荷载后,其本身将产生附加的应力和变形。为保证结构物的正常使用和安全,地基与基础必须具有足够的强度和稳定性,变形也应在容许范围之内。

工程实践表明:结构物的地基与基础的设计与施工质量的好坏,是整个结构物质量的根本问题。基础工程因为是隐蔽工程,如有缺陷,较难发现,也较难弥补或修复,而这些缺陷往往直接影响整个结构物的使用甚至安危。基础工程施工的进度,经常控制整个结构物施工进度。因此,对地基与基础的设计应结合结构物的特点和要求,全面分析,综合考虑,精心设计。

一、小桥涵基础设计的一般要求

小桥涵基础的设计应保证具有足够的强度、稳定及耐久性,并根据水文、地质、地形、结构形式、材料供应和施工条件合理地选用基础类型、地基加固形式以及基础埋置深度。

小桥涵基础的地基应有足够的承载力。基础应埋置一定的深度,以防止水流冲刷和冰冻影响。

小桥涵址处的工程地质好坏直接影响基础的强度和稳定。地质构造对基础类型选择有着决定性的意义,设计时应查明桥涵址处的地质情况,为桥涵基础设计提供原始资料。

二、基础设计所需要的资料

地基与基础的设计方案与计算中有关参数的选用,都需要根据当地的地质条件、水文条件、结构形式、荷载特性、材料情况及施工要求等因素全面考虑。施工方案和方法也应该结合设计要求、现场地形、施工技术设备、施工季节、气候、水文等情况来研究确定。因此应在事前通过详细的调查研究,充分掌握必要的、符合实际情况的资料。

基础设计所需要的资料除了应掌握有关该桥涵的资料，包括结构形式、跨径、荷载等及国家颁发的设计、施工技术规范外，应注意地质、水文资料的搜集和分析，重视土质、建筑材料的调查和试验。主要应掌握的资料如表5-1，其中各项资料内容范围可根据桥涵工程规模、重要性及桥涵址处工程地质、水文条件的具体情况和设计阶段确定取舍。资料取得的方法和具体规定可参阅有关教材或手册。

基础工程有关设计和施工需要的地质、水文、地形及现场各种调查资料 表5-1

资料种类		资料主要内容	资料用途
桥位平面图(或桥址地形图)		桥位地形 桥位附近地貌、地物 不良工程地质现象的分布位置 桥位与两端路线平面关系 桥位与河道平面关系	桥位的选择，下部结构位置的研究 施工现场的布置 地质概况的辅助资料 河岸冲刷及水流方向改变的估计 墩台、基础防护构造物的布置
桥位工程地质勘测报告及工程地质纵剖面图		桥位地质勘测调查资料包括河床地层分层土、(岩)类及岩性，层面高程，钻孔位置及钻孔柱状图 地质、地史资料的说明 不良工程地质现象及特殊地貌的调查勘测资料	桥位、下部结构位置的选定 地基持力层的选定 墩台高度、结构形式的选定 墩台、基础防护构造物的布置
地基土质调查试验报告		钻孔资料 覆盖层及地基土(岩)层状生成分布情况 分层土(岩)质物理、力学试验资料 荷载试验报告 地下水位调查	分析和掌握地基的层状 地基持力层及基础埋置深度的研究与确定 地基各土层强度及有关计算参数的选定 基础类型和构造的确定 基础下沉量的计算
河流水文调查报告		桥位附近河道纵横断面图 有关流速、流量、水位调查资料 各种冲刷深度的计算资料 通航等级、漂浮物、流冰调查资料	确定根据冲刷深度要求基础的埋置深度 桥墩身水平作用力计算 施工季节、施工方法的研究
其他调查资料	地震	地震记录 震害调查	确定抗震设计强度 抗震设计方法和抗震措施的确定
	建筑材料	可就地采取、供应的建筑材料种类、数量、规格、质量、运距等 当地生产加工能力、运输条件等有关资料 工程用水调查	下部结构采用材料种类的确定 就地供应材料的计算和计划安排
	气象	当地气象台有关气温变化、降水量、风向风力等记录资料 实地调查采访记录	气温变化的确定 基础埋置深度的确定 风压的确定 施工季节和方法的确定

续上表

资料种类		资料主要内容	资料用途
其他调查资料	附近桥涵的调查	附近桥涵结构形式、设计书、图纸、现状、地质、地基土(岩)性质 河道变动、冲刷、淤积情况 运营情况及墩台变形情况	掌握架桥地点地质、地基土情况 基础埋置深度的参考 河道冲刷和改道情况的参考
	施工调查资料		施工方法及施工适宜季节的确定 工程用地的布置 工程材料、设备供应、运输方案的拟定 工程动力及临时设备的规划 施工临时结构的规划

1. 桥(涵)位平面图

桥涵在进行设计时,应该经过实地测绘和调查取得桥(涵)位地形、地物、洪水泛滥线、河道主河槽、河床位置等资料,并绘制成地形平面图,比例为1:500~1:5000,测绘范围应根据工程规模、重要性、河道情况确定。若有不良地质现象,如滑坡、崩坍、泥石流等以及河道弯曲、主支流汇合、河岔等,均应在图中示出。

2. 工程地质勘测报告及地质总剖面图

这是对桥涵位地质构造进行工程评价的主要资料,它包括河谷的地质构造,桥涵位及其附近地层的岩性,如地质年代、成因、层序、分布规律及其工程性质(产状、构造、结构、岩层完整性及破碎程度、风化程度等),以及覆盖层厚度、土层变化关系等资料。应说明一定范围内各种不良工程地质现象或特殊地貌如溶洞、冲沟、陡崖等的成因、分布范围、发展规律及其对工程的影响。

地质纵剖面图除示出层序岩性外,应注意不同的地面水位和地下水位高程。

3. 地基土质调查试验报告

在进行施工详图及施工设计时,应该掌握地基土层的类别及物理、力学性质,它是在工程地质勘测时通过调查、钻(挖)取各层地基土的足够数量的原状土(岩)样,用室内或原位试验方法取得的。各层土的物理力学指标如:粒径级配、塑性限界、天然含水率、重度、孔隙比、抗剪强度指标以及必要时的压缩试验、荷载试验、渗透试验、抗压强度试验等的结果,应编制表格,并在绘制成的土(岩)柱状剖面图中予以注明。

因为需要根据土质调查试验报告评定各土层的强度和稳定性,报告中应有各层土的颜色、结构、密实度、状态等的描述资料,对岩石还应包括有关风化、节理、裂隙、胶结质等情况的说明。地基土质调查资料还应包括地下水及其随季节升降的高程,在冰冻地区应掌握土层的冻结深度、冻融情况及有关冻土力学数据。

如地基内遇到湿陷性黄土、多年冻土、软黏土、含大量有机质土或盐碱土时,对这些土层的特性还应有专门的试验资料,如湿陷性指标、冻土强度、可溶盐、有机质含量等。

4. 河流水文调查资料

设计基础时,要有通过计算和调查取得的比较可靠的设计冲刷深度数据,并了解设计洪水频率的最高洪水位、低水位和常年水位,及流量流速、流向变化情况,河流的下蚀、侧蚀和河床的稳定性,架桥地点河槽、河滩、阶地淹没情况,并应注意收集河流变迁情况和水利设置及规划,在沿海地点尚应了解潮汐、潮流有关资料与对桥梁的影响关系。还应有河水及地下水侵蚀的检验资料。

第二节　基础的类型及选择

小桥涵基础类型很多，可根据使用材料、构造形式以及工作条件来划分。

一、按建筑材料划分

选择材料时，主要从材料的耐久性（包括抗水、抗冻性），能否就地取材，并结合机械化程度、劳动力条件、施工方法及期限等方面综合考虑。

1. 石料基础

一般采用水泥砂浆砌片石。在地下水位以上亦可用掺石灰的混合砂浆砌筑。石料和砂浆的质量和规格应符合设计要求。因浆砌片石水泥用量较少，故在盛产石料地区，一般的永久性涵洞较多采用。浆砌片石花费劳力较多，砌体整体性稍差。

2. 砖基础

在缺乏石料地区，也常用砖砌筑基础。砖的强度应在 MU7.5 号以上。因砖的强度与耐久性均较差，据某些地区的经验，如将基础四周面层用浸透沥青的砖砌筑，则对抗冻、抗盐碱的侵蚀有较好的效果。

3. 混凝土基础

混凝土的整体性较好，便于机械化施工。涵洞基础混凝土的最低强度等级为 C15。为了节约水泥，混凝土中可掺入含量不多于 25% 的片石，片石的标号不低于 30 号，且不低于混凝土强度等级。还可采用各种形状的混凝土预制块来砌筑。

一月份平均气温低于 $-10°$ 的地区，所用砖石及混凝土材料，除气候干旱地区的不受冰冻部位以外，还应符合抗冻性指标。

4. 钢筋混凝土基础

当基础承受较大挠曲时，可采用钢筋混凝土，混凝土的强度等级应在 C15 以上。由于钢筋混凝土的强度较高，因而能够在较小的埋置深度内取得较大的支承面积（即采用较大的襟边）。

二、按构造形式划分

根据上部结构的要求以及基础情况的不同，涵洞基础的构造形式可分为整体式基础和非整体式（分离式）基础。

1. 整体式基础

一般为矩形基础，其尺寸通常是由上部结构的大小而定，而不受地基承载力的控制。

当基础土质不均匀时，为防止不均匀沉降和局部破坏，或因涵洞跨径较小基础相距甚近及为了施工上的便利，往往将涵台下基础联合成整体式基础。

2. 非整体式（分离式）基础

它是单独修筑在各涵台下相互独立的基础，在跨径较大及地基强度较高时采用。

三、按工作条件划分

1. 刚性基础

当基础材料抗拉强度低时，其结构尺寸是以满足抗弯曲强度要求，计算中可不计其弯曲变形，称为刚性基础，如前述的砖、石及混凝土基础等。

2. 柔性基础

在荷载作用下应考虑其变形者，采用柔性基础。除前述之钢筋混凝土基础外，将涵管置于天然土层或砂砾石垫层上(即无基涵管)，亦属柔性基础。但在经常有水或涵前壅水较高以及淤泥、沼泽和严寒地区，不宜采用柔性的无基涵管，而应敷设在用石料、混凝土或三合土筑成的凹槽刚性基础上。

第三节 作用于基础上的荷载

小桥涵的地基与基础承受着整个结构物的自重力及所传递来的各种荷载，作用在地基与基础上的计算荷载有各种不同的特性，各种荷载出现的几率也不相同，因而需要将作用荷载进行分类，并将实际可能同时出现的荷载组合起来，确定设计时的计算荷载。

一、荷载分类与计算

为了便于设计时应用，将作用在桥涵结构物上的各种荷载，根据其性质分为永久荷载、可变荷载和偶然荷载三类。

1. 永久荷载(或称恒载)

指长期作用着的荷载和作用力，包括结构物的自重力、土重力及土的自重力产生的侧向压力，静水压力与浮力，在预应力结构中的预应力，以及在超静定结构中因混凝土收缩徐变、基础变位而产生的影响力。

2. 可变荷载

指经常作用而作用位置可移动和量值可变化的荷载，按其对结构物的影响程度可分为基本可变荷载(活载)和其他可变荷载两部分。基本可变荷载(活载)包括汽车荷载及其引起的冲击力、离心力、土侧压力、人群荷载和平板挂车或履带车及其引起的土侧向压力。其他可变荷载包括汽车制动力、风力、冰压力、流水压力及支座摩阻力。

3. 偶然荷载

偶然荷载是指在特定条件下才可能出现的较强大的荷载，如地震荷载和船只或漂浮物的撞击力(施工荷载也可属于此类)。

以上各荷载及作用力的计算方法在规范中均有具体规定，可查阅。现仅对浮力计算作如下说明：

对在水下的土中结构物和地基土的浮力计算，是一个至今还存在不同意见的问题。有些研究者认为：地下水或地表水能否通过土的孔隙，连通或渗入到基底是产生水的浮力的必要条件，因此只有土的固体颗粒间的接触面积很小，可以把它们作为点的接触时，才可以认为土中结构物或土处于完全浮力作用状态(如砂性土)。假使土的固体颗粒之间的接触面或固体颗粒与结构物底面之间的接触面相当大，而且各个固体颗粒的联结由胶结性连接而形成(如原状、较密实的黏性土)，则土和结构物不会处于完全的浮力作用状态，因为水不能充分进入土与结构物之间，计算浮力时应乘以由实验来确定的小于1的系数。也有研究者认为实际上可以对各种土都考虑完全的浮力作用，因为即使对黏性土，这种差别也是很小的。

从安全角度出发，基础工程对浮力可以作如下处理：

第一，置于透水性地基上的桥涵基础，当验算稳定性时应考虑采用设计水位时的水浮力，

当计算基底应力时可不考虑水的浮力或仅考虑低水位(包括地面水和地下水)时的水浮力;

第二,置于不透水地基(密实黏性土地基,较完整、裂隙较少的岩石地基)上,且基底与地基接触良好的基础,可不考虑水的浮力;

第三,当不能肯定地基是否透水时,应以透水和不透水两种情况与其他荷载组合,取其不利者。

水对水下基础或土的固体颗粒的浮力作用,可采用基础的圬工浮重度或土的浮重度来反映。圬工的浮重度等于圬工重度减去水的重度,土的浮重度可以根据土质勘测资料得到的物理性指标如土的天然重度、天然含水率、相对密度或饱和重度来计算。

二、荷载组合原则

按照各种荷载特性及其出现的几率不同,在设计计算时应考虑各种可能出现的荷载组合,一般有以下几种:

组合Ⅰ,由恒载中的一种或几种,与一种或几种活载(平板挂车或履带车除外)相组合。如该组合中不包括混凝土收缩、徐变及水的浮力引起的影响力时,习惯上称为主要组合;

组合Ⅱ,由恒载中的一种或几种,与活载中的一种或几种(平板挂车或履带车除外)及其他可变荷载的一种或几种相组合;

组合Ⅲ,由平板挂车或履带车与结构物自重、预应力、土重及土侧压力中的一种或几种相组合;

组合Ⅳ,由活载(平板挂车或履带车除外)中的一种或几种与恒载中的一种或几种、偶然荷载中的船只或漂浮物撞击力相组合;

组合Ⅴ,施工阶段验算荷载组合,包括可能出现的施工荷载如结构重力、脚手架、材料机具、人群、风力、拱桥单向推力等;

组合Ⅵ,由地震力与结构重力、预应力、土重力及土侧压力中的一种或几种相组合。

组合Ⅱ、Ⅲ、Ⅳ、Ⅴ、Ⅵ习惯上称为附加组合。当组合Ⅰ中包括混凝土收缩、徐变及水的浮力引起的荷载效应时也称为附加组合。因为附加组合中考虑的荷载的出现几率比主要组合小些,设计时不必要求过大的安全储备,因此,设计规范在取安全系数时均比组合Ⅰ小些。在地基与基础的设计计算中,应分别在各种组合的荷载作用下,进行各项验算,计算结果均应分别满足设计规定的要求。

为使设计比较合理,切合实际情况,在荷载的组合中有些荷载不需同时考虑,如:

(1)考虑汽车制动力时,不计支座摩阻力、流水压力、冰压力,考虑支座摩阻力时不计汽车制动力;

(2)考虑冰压力时,除不计制动力外,还不计流水压力;同样考虑流水压力时,也不计汽车制动力和冰压力;

(3)地震力、船只或漂浮物撞击力、施工荷载三者不同时考虑。

为保证地基与基础满足在强度稳定性和变形方面的要求,应根据结构物所在地区的各种条件和结构特性,根据上述各种荷载组合方法,按其可能出现的最不利荷载组合情况进行验算。所谓"最不利荷载组合",就是指组合起来的荷载,应产生相应的最大力学效应。因此不同的验算内容将由不同的最不利荷载组合控制设计,应分别考虑。

一般来说,不经过计算较难判断哪一种荷载组合最为不利,必须用分析的方法,对各种可能的最不利荷载组合进行计算后,才能得到最后的结论。由于活载(车辆荷载)的排列位置在纵横方向都是可变的，它将影响着台后由车辆荷载引起的土侧压力大小等，因此车辆荷载的排列位置往往对最不利荷载组合起着支配作用，对于不同的验算项目（强度、偏心距、稳定性等），可能各有其相应的最不利荷载组合，应分别进行验算。

此外，许多可变荷载其作用方向在水平投影面上常可分解为纵桥向或横桥向，一般也须按此两个方向进行地基与基础的计算，并考虑其最不利荷载组合，比较出最不利者为控制计算。桥梁的地基与基础大多情况下为纵桥向控制，但对于有较大横桥向水平力（风力、船只撞击力、水流或冰压力等）作用时，也须进行横桥向计算，可能为横桥向控制设计。

三、结构上的作用

1. 作用的分类

根据《公路工程结构可靠度设计统一标准》（GB/T 50283—1999）规定：结构上的作用应分为直接作用和间接作用。直接作用为直接施加于结构上的集中力或分布力；间接作用为引起结构外加变形或约束变形的地震、基础变位、温度和湿度变化、混凝土收缩和徐变等。直接作用又称为荷载。

作用按随时间变化可分为永久作用、可变作用和偶然作用三类，并应符合下列规定：

（1）永久作用。在设计基准期内量值不随时间而变化，或其变化值与平均值比较可忽略不计，包括结构自重力、土重力和土侧压力、混凝土收缩和徐变、水位不变的水压力、浮力、基础变位、预加应力等。

（2）可变作用。在设计基准期内量值随时间而变化，且变化值与平均值比较不可忽略，包括车辆荷载及其冲击力、离心力和制动力、人群荷载、车辆荷载产生的土侧压力、风荷载、温度和湿度变化、水位变化的水压力和冰压力等。

（3）偶然作用。在设计基准期内出现的概率很小，一旦出现，其值很大且持续时间很短，例如罕遇地震、车辆或船舶撞击力等。

2. 作用效应及其组合

结构对所受作用的反应，称为作用效应。作用效应应包括由作用产生的结构的轴力、弯矩、剪力、扭矩、应力、变形、裂缝、位移等。

作用效应组合时，可根据作用的统计规律近似确定作用效应的统计规律。汽车车队荷载效应及其统计特征，可在该荷载的统计基础上通过计算分析确定。

公路工程结构设计时，应按各种设计状况对可能同时产生的作用效应进行组合，并取其最不利组合的设计值。互不相容的作用，其效应不应进行组合。

公路工程结构按承载能力极限状态设计时，应根据各自的情况选用以下一种或两种作用效应组合：

（1）基本组合。永久作用的设计值效应与可变作用设计值效应相组合。

（2）偶然组合。永久作用标准值效应与可变作用某种代表值效应、一种偶然作用标准值效应相组合。

对于持久状况下承载能力极限状态设计，当有多个可变作用效应参与组合时，应根据可变作用的性质和数量，采用不同的分项系数和效应组合系数。

公路工程结构当需要按正常使用极限状态设计时，应根据结构不同的设计要求，选用以下一种或两种效应组合：

（1）短期效应组合。永久作用标准值效应与可变作用频遇值效应相组合。

(2)长期效应组合。永久作用标准值效应与可变作用准永久值效应相组合。

第四节　基础埋置深度的确定及刚性扩大基础尺寸的拟定

天然地基刚性浅基础是公路桥涵中最广泛采用的一种基础类型，在此以刚性扩大基础为主介绍基础的设计，其中的基本内容对其他基础也是适用的。

一、基础埋置深度的确定

基础的埋置深度，就是指基础底面至天然地面（河床无冲刷时）或局部冲刷线（有冲刷时）的竖向距离。

确定基础的埋置深度是地基基础设计中的重要步骤，它涉及结构物建成后的牢固、稳定及正常使用问题。在确定基础的埋置深度时，必须考虑把基础设置在变形较小，而强度又比较大的持力层上，以保证地基强度满足要求，而且不致产生过大的沉降或沉降差。此外还要使基础有足够的埋置深度，以保证基础的稳定性，确保基础的安全。

影响小桥涵基础埋置深度主要有三个因素：一是地基土壤的强度（即承载力的大小）；二是水流的冲刷能力；三是地基冰冻的程度。考虑这三方面因素，基础埋置深度应符合下列要求：

(1)设在基岩上的基础，基础可直接置于基岩上，但应清除风化层。如风化层较厚难于清凿时，亦可置于风化层中，其埋深视风化程度、冲刷情况及承载力而定。

(2)当地基为一般土壤河床，又无冲刷时，基础应埋于地面下 0.6m 或 1.0m（盖板涵用 0.6m，石拱涵及小桥用 1.0m）。如河床上有铺砌时，一般宜设在铺砌层底面以下 1.0m。

(3)当地基为淤泥或软弱层时，应根据地质情况采取扩大基础、倒拱、块石挤淤、砂（土、石灰）及小木桩挤密、换土、砂垫层等加固措施。

(4)在有冲刷的河流上，因涵洞都有铺底，一般不考虑冲刷深度对基础埋深的影响。小桥基础应在设计洪水位冲刷线以下 1.0m。

(5)冰冻对地基的影响较大，地基土壤冻胀后承载能力大大降低，特别是春季土壤消融后引起土基翻浆，严重影响基础的稳定。因此在冰冻地区，基础埋置深度还应考虑冰冻深度。当地基土壤为不冻胀层（如岩石、卵石、中粗砂等）时，可不受冰冻深度限制。一般情况基础应埋于冰冻线以下 0.25m。但对于孔径小、洞身长的涵洞基础埋置，可只将洞口两端 2m 范围内的基础埋于冰冻线以下 0.25m，其余洞内基础因洞内温度稍高，基底可适当抬高，一般为冰冻深度的 0.5 ~0.7 倍，如图 5-1。对于地基土属于弱冻胀土的小桥涵基础，可埋在冻结层内，但其深度不小于最大冻土深度的 70%。

此外，为美观起见，墩台基础顶面不宜高于最低水位；如地面高于最低水位且不受冲刷时，则不宜高于地面。

二、刚性扩大基础尺寸的拟定

拟定基础的尺寸也是基础设计中的重要内容之一，拟定尺寸适当，可以减少重复的设计工作。刚性扩大基础需要拟定的尺寸有：基础的厚度、剖面和平面尺寸。

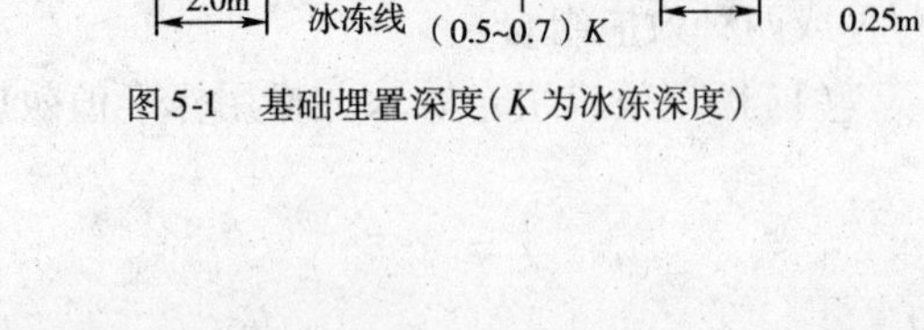

图 5-1　基础埋置深度（K 为冰冻深度）

基础的厚度，应根据墩、台身结构形式，荷载大小，选用的基础材料等来确定。基底高程，应按上述埋置深度要求确定，水中基础顶面一般不高于最低水位，在季节性水流的河流或旱地上的墩台基础，则不宜高出地面，以免碰损。这样，基础的厚度可按上述要求所确定的基础底面和顶面高程求得。

基础的平面尺寸。基础平面形式一般应考虑墩、台身底面的形状而确定，实体墩身截面常用的是圆端形。基础底面长宽尺寸与高度有如下的关系式(图 5-2)：

长度(横桥向) $a = l + 2H\tan\alpha$

宽度(顺桥向) $b = d + 2H\tan\alpha$

式中：l——墩、台身底截面的长度(m)；

d——墩、台身底截面的宽度(m)；

H——基础高度(m)；

α——墩、台身底截面边缘至基础边缘的连线与垂线间的夹角。

基础的剖面尺寸。刚性扩大基础的剖面形式一般做成矩形或台阶形，如图 5-2 所示。自墩台身底边缘至基顶边缘的距离 c_1 称为襟边，其作用一方面是扩大基底面积增加基础承载力，同时也便于对基础施工时在平面尺寸上可能发生的误差进行调整，也为了支立墩、台身模板的需要。其值应视基底面积的要求、基础厚度及施工方法而定。桥梁墩、台基础的襟边最小值为 200～500mm。

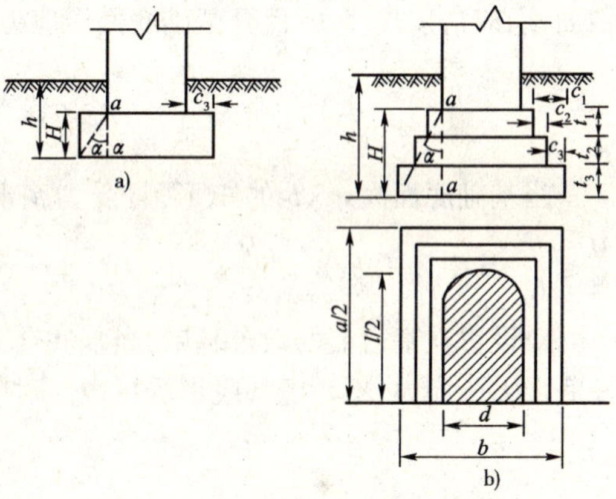

图 5-2 刚性扩大基础的剖面、平面图

基础较厚(超过 1m 以上)时，可将基础的剖面浇筑成台阶形，如图 5-2b)所示。基础悬出总长度(包括襟边与台阶宽度之和)按前面刚性基础的定义，应使悬出部分在基底反力 σ 作用下，在截面 a-a(图 5-2b)所产生的弯曲拉应力和剪应力不超过基础圬工的容许应力。所以满足上述要求时，就可得到自墩、台身边缘处的垂线与基底边缘的联线间的最大夹角 α_{max}(刚性角)。在设计时，应使每个台阶宽度 c_i 与厚度 t_i 保持在一定的比例内，使其夹角值 $\alpha_i \leq \alpha_{max}$。这时可认为属刚性基础，不必对基础进行弯曲拉应力和剪应力的强度验算，在基础中也不需配置钢筋。刚性角 α_{max} 的数值与基础所用的圬工材料强度有关。根据实验，常用的基础材料的刚性角 α_{max} 可按下面提供的数值取用：

砖、片石、块石、粗料石砌体，当用 M5 以下砂浆砌筑时，$\alpha_{max} = 30°$；

砖、片石、块石、粗料石砌体，当用 M5 以上砂浆砌筑时，$\alpha_{max} = 35°$；

混凝土浇筑时，$\alpha_{max} = 40°$。

基础每层台阶高度 t_i，通常为 0.50～1.00m(在一般情况下各层台阶宜采取相同厚度)。

所拟定的基础尺寸，应是在可能的最不利荷载组合的条件下，能保证基础本身有足够的结构强度，并能使地基与基础的承载力和稳定性均满足规定的要求。

第五节 刚性浅基础之地基与基础的验算

在基础埋置深度和构造尺寸确定以后，是否符合各项设计要求，还必须通过具体验算加以证实。各项验算内容应分别采用最不利的荷载组合作为验算荷载，具体考虑方法，将在各项验算项目中再作介绍。

前已指出，每一个验算项目均分纵向和横向两部分，不予叠加，但都要分别符合规定的要求。对多数桥梁基础来说，往往纵向验算控制设计，所以一般不一定进行横向验算。但当横向有较大的水平力作用时，则除了纵向验算外，还必须同时进行横向验算。例如，寒冷地区冬季河水冻结，春天河面开冻产生流冰时，对桥墩将产生很大的流冰压力，这时横向验算也可能控制设计。两个方向验算的方法均相同，下面介绍各验算项目的内容。

一、持力层地基强度验算

持力层地基强度验算的主要步骤是：先用规范规定的方法确定地基允许承载力，再计算最不利荷载组合作用下的基础底面压应力 σ_{max} 和 σ_{min}，要求 $\sigma_{max} \leqslant K[\sigma]$，其中 K 为不同荷载组合作用时的承载力提高系数。

如图 5-3 所示，N 和 M 为作用于基础底面形心上的竖向合力和力矩，当合力偏心距不超过截面核心时，按式(5-1)计算基础底面压应力：

$$\sigma_{\min}^{\max} = \frac{N}{A} \pm \frac{M}{W} \tag{5-1}$$

当基础底面为 $a \times b$ 的矩形，且受力情况如图 5-3 所示时，上式适用于合力偏心距，$e_0 = \frac{M}{N} \leqslant \frac{b}{6}$，其中 $A = ab$，$W = \frac{ab^2}{6}$。

对设置在基岩上的墩台基础，当基底合力偏心距超过核心半径 $e_0 > \rho$ 时，仅按受压区计算基底最大压应力，不考虑基底承受拉力。对墩台基底为矩形时，最大压应力按式(5-2)计算：

$$\sigma_{max} = \frac{2N}{3\left(\frac{b}{2} - e_0\right)a} \tag{5-2}$$

分析以上两式，当基础底面尺寸为一定时，N 和 M 值愈大，σ_{max} 愈大。可见在验算地基强度时，应选用能使 N 和 M 值尽可能大的荷载组合为最不利的荷载组合。基础底面应力，一般按式(5-1)或式(5-2)计算即可，但当桥台填土高度大于 5m 时，规范规定还要考虑桥台后填土荷载对基底应力的影响：

如图 5-4 所示，当 $H_1 \geqslant 5\text{m}$ 时，还应计入填土对桥台基底处的附加压应力：

$$\sigma'_1 = \alpha_1 \gamma_1 H_1 \ (\text{kPa}) \tag{5-3}$$

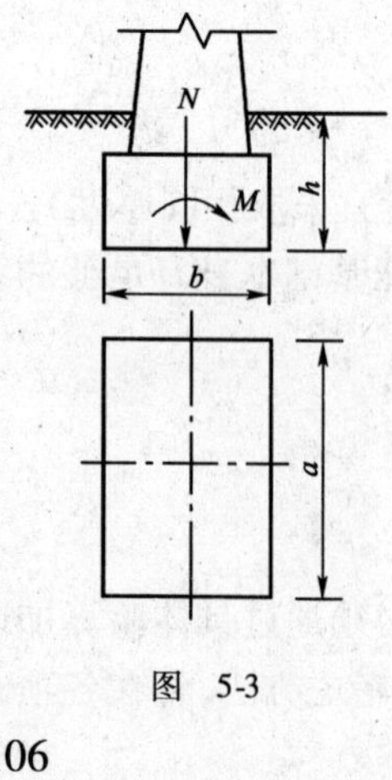

图 5-3

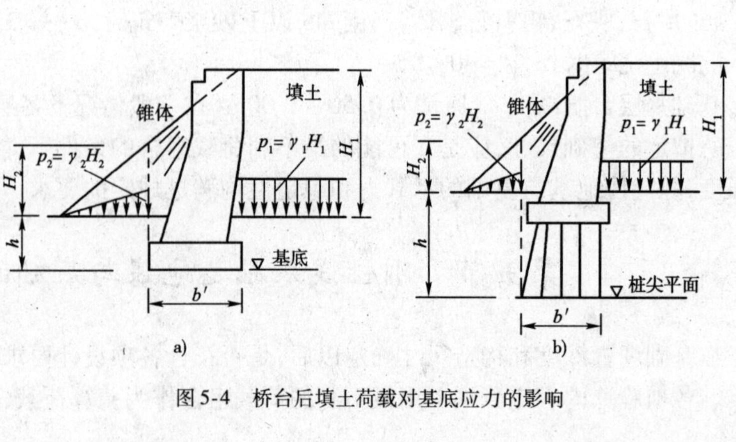

图 5-4 桥台后填土荷载对基底应力的影响

对于埋置式桥台，应按下式加算台前锥体对基底处前边缘引起的附加压应力：

$$\sigma'_2 = \alpha_2 \gamma_2 H_2 \ (\mathrm{kPa}) \tag{5-4}$$

上述式中和图5-4中：

p_1——台背路基填土对原地面的竖向压应力(kPa)；

p_2——台前锥体对原地面的竖向压应力(kPa)；

γ_1——路基填土的天然重度(kN/m^3)；

γ_2——锥体填土的天然重度(kN/m^3)；

H_1——台背路基填土高度(m)；

H_2——基底处前边缘上的锥体高度(m)；

b'——基底处的前、后边缘间的基础长度(m)；

h——原地面至基底处的深度(m)；

α_1、α_2——附加竖向压应力系数，见表5-2和表5-3。

由式(5-1)或(5-2)算得之应力和 $\sigma'_1 \times \sigma'_2$ 相加，即为基底处总的基底压应力。

系 数 α_1 表5-2

基础埋置深度 H(m)	填土高度 H_1(m)	系数 α_1(对桥台前缘) 后边缘	前边缘，基底平面的基础长度 5m	10m	15m
5	5	0.44	0.07	0.01	0
	10	0.47	0.09	0.02	0
	20	0.48	0.11	0.04	0.01
10	5	0.33	0.13	0.05	0.02
	10	0.40	0.17	0.06	0.02
	20	0.45	0.19	0.08	0.03
15	5	0.26	0.15	0.08	0.04
	10	0.33	0.19	0.10	0.05
	20	0.41	0.24	0.14	0.07
20	5	0.17	0.12	0.08	0.05
	10	0.24	0.17	0.12	0.08
	20	0.33	0.24	0.17	0.10
25	5	0.17	0.12	0.08	0.05
	10	0.24	0.17	0.12	0.08
	20	0.33	0.24	0.17	0.10
30	5	0.15	0.11	0.08	0.06
	10	0.21	0.16	0.12	0.08
	20	0.31	0.24	0.18	0.12

系 数 α_2 表5-3

基础埋置深度 H(m)	α_2，台背路基填土高度 H_1 10m	20m	基础埋置深度 H(m)	α_2，台背路基填土高度 H_1 10m	20m
5	0.4	0.5	20	0.1	0.2
10	0.3	0.4	25	0	0.1
15	0.2	0.3	30	0	0

二、软弱下卧层强度验算

持力层下的土层均为下卧层。当所有下卧层强度均大于持力层时，只要持力层强度足够，整个地基强度肯定不会有问题。但当基底以下不深处，存在强度小于持力层的土层，即软弱下卧层时，则即使持力层强度已够，还不能确保软弱下卧层不出问题。因此，当地基中存在软弱下卧层时，还应验算其强度。首先要判别地基中是否有软弱下卧层，一般可先按规范方法求得地基中各层土的允许承载力值$[\sigma_0]$，如基底下不深处的下卧层值$[\sigma_0]$小于持力层的$[\sigma_0]$值，则应确认该下卧层为软弱下卧层。验算要求作用在该下卧层顶面的总应力，不超过下卧层经修正后的允许承载力。

软弱下卧层顶面的总应力，参照图5-5按下式计算：

$$\sigma_{h+z} = \gamma_1(h+z) + \alpha_c(\sigma - \gamma_2 h)(\text{kPa}) \tag{5-5}$$

式中：γ_1——深度$(h+z)$范围内各土层的换算重度(kN/m^3)；

h——基础的埋置深度(m)，由天然地面或原河底算起；

z——基础底面至软弱下卧层顶面的深度(m)；

α_c——应力系数，查表确定；

σ——基础底面压应力(kPa)，当$\frac{z}{b}>1$时，采用基底平均压应力，即$\sigma=\frac{N}{A}$；当$\frac{z}{b}\leqslant 1$时，采用距最大压应力点$\frac{b}{3}\sim\frac{b}{4}$处的应力($b$为矩形基底的宽度)，见图5-6；

γ_2——深度h范围内各土层的换算重度(kN/m^3)。

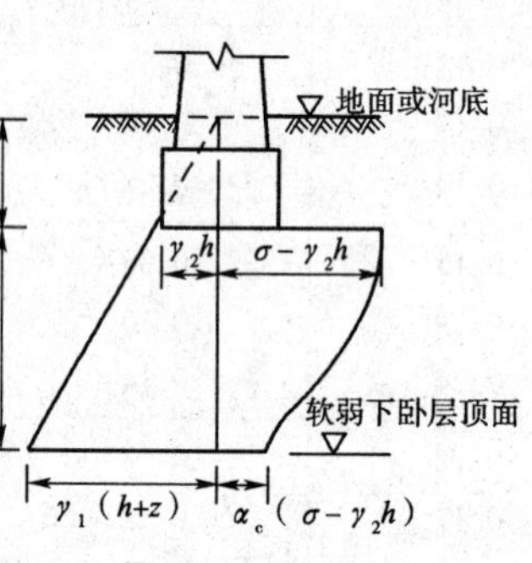

图5-5　软弱下卧层顶面应力

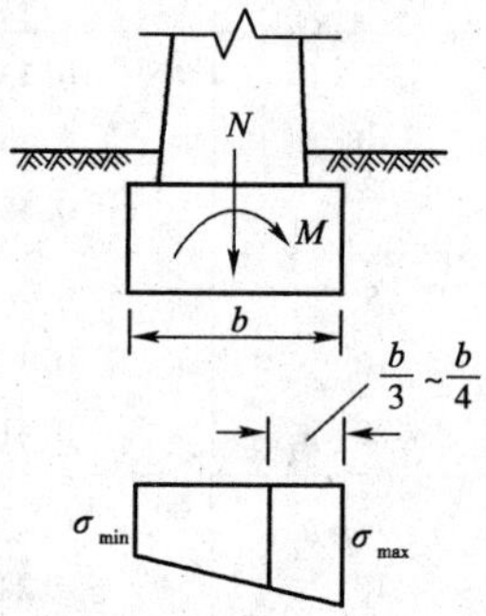

图5-6　基底压应力σ

必须注意，式(5-5)中的$\gamma_1(h+z)$和$\gamma_2 h$分别为软弱下卧层顶面处和基底处的自重应力，即为建桥前土中的原存应力。因此对建桥后有水流冲刷的地基来说，h仍应从原河底算起，而不应从冲刷线算起，因为冲刷线是建桥后才形成的。

软弱下卧层的容许承载力$[\sigma]_{h+z}$可参照规范的方法将基础底面的埋置深度改为软弱下卧层顶面的埋置深度，用下式计算：

$$[\sigma]_{h+z} = [\sigma_0] + \gamma_1 K_1(b-2) + \gamma_2 K_2(h+z-3) + 10h_w(\text{kPa}) \tag{5-6}$$

式中：$[\sigma_0]$——软弱下卧层的容许承载力(kPa)；

γ_1——软弱下卧层的天然重度(kN/m^3)，当下卧层位于水中，且下卧层本身及下卧层以上各土层均为透水性土层时，宜用浮重度；

γ_2——深度$h+z$范围内土层的换算重度(kN/m^3)，对于在水中的地基，若持力层或下卧层不透水，则不论下卧层顶面以上土的透水性如何，宜一律用饱和重度；

如持力层和下卧层均透水，宜一律用浮重度；

b——基础底面宽度(m)，$b>10\text{m}$ 时取 $b=10\text{m}$；

h——基础埋置深度(m)，对无冲刷的地基从天然地面算起，对受水流冲刷的地基，从一般冲刷线算起，要注意此处 h 与式(5-5)中 h 在取值时的区别；

z——软弱下卧层顶面到基底的深度(m)；

K_1、K_2——承载力宽度和深度修正系数，按软弱下卧层土名查表取得；

h_w——水中基础处于平均常水位至一般冲刷线的深度(m)，注意 $10h_w$ 项只在持力层或软弱下卧层为不透水时才计入，如下卧层及其以上各土层均透水，则不计此项。

验算要求：

$$\sigma_{h+z}\leqslant K[\sigma]_{h+z} \tag{5-7}$$

式中：K——容许承载力提高系数。

本项验算中，计算应力的最不利荷载组合同持力层强度验算。

三、基底偏心距验算

从式中(5-1)可知，基底合力偏心距愈大，基底压应力的最大值和最小值相差愈大，基础愈易发生较大的不均匀沉降，致使墩台倾斜，这对建筑物必将造成不利影响。为了防止基础发生过大的倾斜，必须控制偏心距 e_0 值。《公路桥涵地基与基础设计规范》规定的控制值见表5-4。表中 ρ 为基底截面核心半径，$\rho=\dfrac{W}{A}$，其中：W——相应于应力较小基底边缘的截面抵抗矩；A——基底截面积。建筑在岩石地基上的单向推力墩，当满足强度和稳定性要求时，e_0 不受限制。

墩台基础合力偏心距的限制 表5-4

荷载情况	地基条件	合力偏心距	备注
墩台仅受恒载作用时	非岩石地基	桥墩 $e_0\leqslant0.1\rho$ 桥台 $e_0\leqslant0.75\rho$	对拱桥墩台，其合力作用点应尽量保持在基底中线附近
墩台受荷载组合Ⅱ、Ⅲ、Ⅳ作用时	非岩石地基	$e_0\leqslant\rho$	
	石质较差的岩石地基	$e_0\leqslant1.2\rho$	
	坚密岩石地基	$e_0\leqslant1.5\rho$	

由于合力偏心距 $e_0=\dfrac{M}{N}$，M 愈大，N 愈小，e_0 将愈大。因此对该项验算，应取 M 值大、N 值小的荷载组合为最不利的荷载组合。

四、基础稳定性验算

当基础承受较大的偏心力矩和水平力时，基础有产生倾覆和滑动的危险，为确保基础在这两方面有足够的稳定性，必须进行本项验算。

1. 抗倾覆稳定性

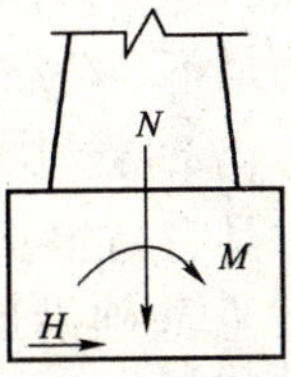

图5-7 抗倾覆稳定性验算

如图5-7所示，假定基础将绕基底最大受压边缘转动，那么力矩 M 是倾覆因素，N 是抵抗倾覆的稳定因素。应保证抗倾覆力矩(即稳定力矩)大于倾覆力矩,并具有足够的安全度。

可先按下式算出抗倾覆稳定系数 K_0:

$$K_0 = \frac{Ny}{M} = \frac{Ny}{Ne_0} = \frac{y}{e_0} \tag{5-8}$$

式中:y——基底截面形心至最大受压边缘的距离;

e_0——合力的竖向分力对基底截面形心的偏心距。

要求 K_0 值不小于规范的规定值,见表5-5。

抗倾覆和抗滑动稳定系数 表5-5

荷载情况	验算项目	稳定系数	备注
荷载组合I	抗倾覆	1.5	荷载组合I,如包括由混凝土收缩、徐变和水的浮力引起的效应,则应采用荷载组合II时的稳定系数
	抗滑动	1.3	
荷载组合II、III、IV	抗倾覆 抗滑动	1.3	
荷载组合V	抗倾覆 抗滑动	1.2	

由式(5-8)可见,e_0 愈大,K_0 愈小愈不利,所以选最不利荷载组合的原则与验算合力偏心距时相同。

2. 抗滑动稳定性

图5-7中 H 为滑动力,基底与地基土之间的摩擦力为抗滑力。要求抗滑力大于滑动力,并具有足够的安全度。可先按下式算出抗滑动稳定系数 K_c:

$$K_c = \frac{Nf}{H} \tag{5-9}$$

式中:N——竖向力总和;

H——水平力总和;

f——基底与地基土之间的摩擦系数,当缺少资料时,可查表5-6。

基底摩阻系数 f 表5-6

地基土分类	f	地基土分类	f
软塑($0.5 \leqslant I_L < 1$)黏土	0.25	碎石类土	0.5
硬塑($0 \leqslant I_L < 0.5$)黏土	0.30	软质岩石	0.40~0.60
亚砂土、亚黏土、半硬性($I_L < 0$)黏土	0.30~0.40	硬质岩石	0.60~0.70
砂类土	0.40		

当基础采取抗滑措施时,在抗滑动验算中,除应考虑基底摩阻力外,并应考虑由上述措施所产生的阻力。要求 K_c 值不小于规范的规定值,见表5-4。

由式(5-9)可见,N 愈小,H 愈大,则 K_c 值愈小愈不利,所以本项验算时应取 N 小、H 大的荷载为最不利荷载组合。

3. 深层滑动验算

对具有高填土的桥台,当地基土质很差时,除了有可能发生基础沿底面滑动之外,还有可能出现沿着图5-8中的滑动面基础与地基土一起发生滑动的情况,这种滑动称为深层滑动。这时需另行验算其稳定性。其

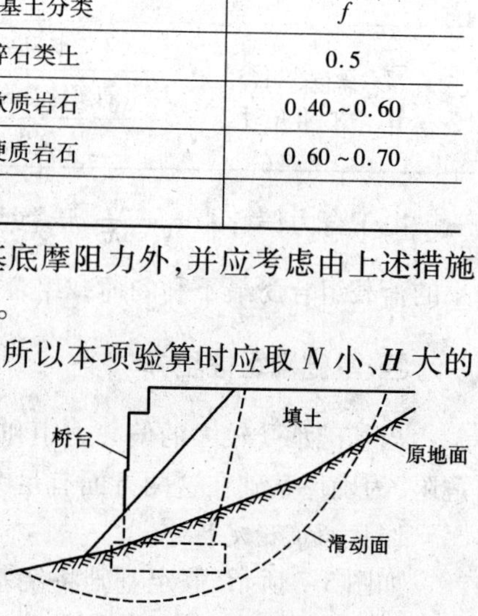

图5-8 深层滑动

验算方法可参照路基土坡稳定验算的原理进行，但应计入桥台所受的外荷载及桥台和基础重力的影响。

一般墩台基础出现这种滑动现象的可能性很小，所以通常可不进行这项验算。

五、计算基础沉降

基础沉降的计算方法，在其他课程中已介绍。对于小桥，在满足地基允许承载力的情况下，一般可不进行沉降计算。但当桥梁墩台符合下列情况之一时，应验算基础沉降量。

(1)墩台建于地质情况复杂、土质不均匀及承载力较差地基上的一般桥梁；

(2)需预先考虑沉降量确定净高的跨线桥；

(3)超静定体系的桥梁(如无铰拱桥、连续梁桥等)，一般应计算墩台基础沉降和相邻基础的沉降差；

(4)相邻跨径差别悬殊必须计算沉降差的桥梁。

计算沉降时，仅考虑恒载的作用。算得之沉降，不得超过下列规定：

(1)墩台均匀总沉降值(不包括施工中的沉降)——$2.0\sqrt{L}$(cm)。

(2)相邻墩台均匀总沉降差值(不包括施工中的沉降)——$2.0\sqrt{L}$(cm)。

其中 L 为相邻墩台间最小跨径长度，以 m 计，跨度小于 25m 时仍以 25m 计算。

六、设计算例

1. 设计资料

(1)上部构造

17.5m 钢筋混凝土装配式 T 形简支梁，桥面净宽为净 7m + 2 × 0.75m。

(2)下部构造

混凝土重力式桥墩。

(3)设计荷载

汽车—10 级，履带—50 级，人群荷载为 2.5kN/m^2。

(4)地质资料。

①地质柱状图见图 5-9。

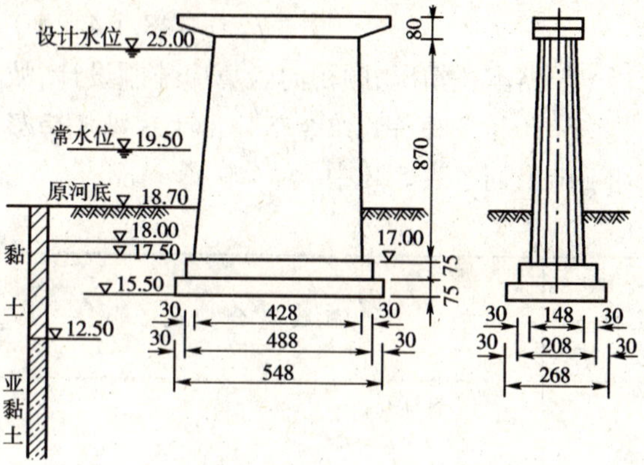

图 5-9 设计算例之地质柱状图(尺寸单位：cm)

②地基土的物理性质指标见表 5-7。

地基土物理性质指标 表 5-7

层 次	土 名	γ (kN/m^3)	G_s	W (%)	W_L (%)	W_P (%)	e
1	黏土	19.8	2.74	22.0	23.9	10.1	0.656
2	亚黏土	17.9	2.72	33.1	36.0	19.8	0.984

(5)水文资料。设计水位高程 25.0m，常水位高程 19.5m，一般冲刷线高程 18.0m，局部冲刷线高程 17.0m。

(6)其他。桥梁处于公路直线段上，无冻结现象，风速为 40m/s，拟在枯水季节施工。

2. 设计任务

设计桥的中墩基础。

3. 确定基础埋置深度

由上部结构和设计荷载资料知道，本桥对地基要求不高，从地质条件看，表层黏土厚约6m，其液性指数 $I_L=\dfrac{W-W_P}{W_L-W_P}=0.5$，$e=0.656$，从规范中查表得容许承载力 $[\sigma_0]=312\text{kPa}$，对不大的荷载而言，土质不错，故可作为持力层。考虑黏土 $I_L=0.5<1.0$，可视为不透水，常水位时水深仅0.8m，可采用土围堰明挖法修筑扩大浅基础。因此初定基础底面设在局部冲刷线以下2m处，高程为17.2－2.0＝15.5m。

4. 基础尺寸的拟定

选用C10片石混凝土基础。由于荷载不大，地基承载力较高，初定基础设两层台阶，每层厚75cm，台阶宽30cm，由此算出台阶扩展角 $\alpha=\arctan\dfrac{30}{75}=20°<\alpha_{max}=40°$，符合要求，于是基础顶面尺寸为：

$$a_1=428+2\times30=488\text{cm}=4.88\text{m}$$

$$b_1=148+2\times30=208\text{cm}=2.08\text{m}$$

基础底面尺寸为：

$$a_2=428+4\times30=548\text{cm}=5.48\text{m}$$

$$b_2=148+4\times30=268\text{cm}=2.68\text{m}$$

根据本桥情况，顺桥向验算应控制设计，故以下均为纵向验算。

5. 计算多种荷载组合下作用于基础底面形心处的 N、H 和 M 值（计算从略）

结果列于表5-8中。

表5-8

序号	荷载组合情况	作用于基底形心处的力和力矩		
		N(kN)	H(kN)	M(kN·m)
1	用于验算地基强度			
	荷载组合I			
	A：恒载＋双孔汽－10＋双孔人群	3330	0	42
	B：恒载＋单孔汽－10＋单孔人群	3175	0	86
	荷载组合II			
	A：恒载＋双孔汽－10＋双孔人群＋双孔制动力＋风力（常水位时）	3330	54.9	607
	B：恒载＋单孔汽－10＋单孔人群＋单孔制动力＋风力（常水位时）	3175	54.9	651
	荷载组合III			
	A：恒载＋双孔履带－50	3300	0	0
	B：恒载＋单孔履带－50	3260	0	107

续上表

序号	荷载组合情况	作用于基底形心处的力和力矩		
		N(kN)	H(kN)	M(kN·m)
2	用于验算基础偏心距和稳定性 荷载组合 I 恒载+单孔汽-10+单孔人群+设计水位时的浮力	2420	0	86
	荷载组合 II A:恒载+单孔汽-10+单孔人群+单孔制动力+设计水位时的浮力+设计水位时的风力	2420	34	458
	B:恒载+单孔汽-10+单孔人群+单孔制动力+常水位时的浮力+常水位时的风力	2720	54.9	651
	荷载组合 III 恒载+单孔履带-50+设计水位时的浮力	2500	0	107
3	恒载+常水位时的浮力	2830	0	0

6. 合力偏心距验算

由合力偏心距 $e_0=\dfrac{M}{N}$,对照表 5-7 中所列的荷载组合情况,较易看出最不利的荷载组合应为表中序号 2 中的荷载组合 $\mathrm{II_B}$,其 $M=651\mathrm{kN\cdot m}$ 属最大,而 $N=2720\mathrm{kN}$ 比荷载组合 $\mathrm{II_A}$ 中的 N 大得不多。

基底截面积 $$A=2.68\times5.48=14.7\mathrm{m}^2$$

截面抵抗矩 $$W=\frac{1}{6}\times5.48\times2.68^2=6.56\mathrm{m}^2$$

则 $$\rho=\frac{W}{A}=\frac{6.56}{14.7}=0.446\mathrm{m}$$

合力偏心距计算见表 5-9。由表 5-9 计算结果可见均符合要求。

表 5-9

序 号	荷载情况	N(kN)	M(kN·m)	$e_0=\dfrac{M}{N}$(m)	要 求
2	荷载组合 $\mathrm{II_B}$	2720	651	0.239	$e_0\leqslant\rho$
3	恒载	2830	0	0	$e_0\leqslant0.1\rho$

7. 地基强度验算

1)持力层强度

按地质资料,采用规范方法,用下式先求得持力层的容许承载力:

$$[\sigma]=[\sigma_0]+K_1\gamma_1(b-2)+K_2\gamma_2(h-3)+10h_w$$

持力层为黏土,已查得 $[\sigma_0]=312\mathrm{kPa}$,由 $I_L=0.5$ 查得 $K_1=0$,故无宽度修正;由于 $h=2.5\mathrm{m}$(从一般冲刷线算起)小于 3m,也无深度修正;持力层为塑态黏土,可视为不透水,故可考虑水深修正,$h_w=19.5-18.0=1.5\mathrm{m}$,于是:

$$[\sigma]=312+0+0+10\times1.5=327\mathrm{kPa}$$

对于荷载组合Ⅱ、Ⅲ来说，容许承载力提高系数 $K=1.25$。

按表5-7序号1的荷载组合 $Ⅱ_B$ 情况，

$$e_0 = \frac{M}{N} = \frac{651}{3175} = 0.205$$

$$\rho = \frac{W}{A} = \frac{6.56}{14.7} = 0.446\text{m}, e_0 < \rho$$

故基底应力为 $$\sigma_{\min}^{\max} = \frac{N}{A} \pm \frac{M}{W} = \frac{3175}{14.7} \pm \frac{651}{6.56} = \frac{315}{117}\text{kPa}$$

各种荷载组合下的基底应力，列表计算于表5-10中。

表5-10

荷载情况		N(kN)	M(kN·m)	$\frac{N}{A}$(kPa)	$\frac{M}{W}$(kPa)	$\sigma_{\max}$(kPa)	$\sigma_{\min}$(kPa)
荷载组合Ⅰ	A	3330	42	227	6	233	221
	B	3175	86	216	13	229	203
荷载组合Ⅱ	A	3330	607	227	93	320	134
	B	3175	651	216	99	315	117
荷载组合Ⅲ	A	3300	0	224	0	224	224
	B	3260	107	222	16	238	206

从计算结果可以看出，对荷载组合Ⅰ而言，A是最不利组合，但与B比较，并不明显，故两种情况都要计算；对荷载组合Ⅱ、Ⅲ而言，$Ⅱ_A$ 最不利，但与 $Ⅱ_B$ 比较也不明显；至于与荷载组合Ⅲ的两种情况比较，则荷载组合Ⅱ明显处于不利情况。所以在验算地基强度时，实际上组合Ⅲ的应力计算完全可省略。

表列结果中 $\sigma_{\max}$ 均小于 $[\sigma]=327\text{kPa}$，肯定符合 $\sigma \leqslant K[\sigma]$ 要求，故持力层强度足够。

2）软弱下卧层强度

下卧层为亚黏土，由 $I_L = \frac{33.1-19.8}{36.0-19.8} = 0.82$，$e=0.984$，查表得 $[\sigma_0]=140\text{kPa}$，小于持力层 $[\sigma_0]=312\text{kPa}$，故为软弱下卧层。

由 $I_L>0.5$ 查表得 $K_1=0$，$K_2=1.55$，又持力层不透水，可计入水深修正，故软弱下卧层的容许承载力为：

$$\begin{aligned}[\sigma]_{h+z} &= [\sigma_0] + K_1\gamma_1(b-2) + K_2\gamma_2(h+z-3) + 10h_w \\ &= 140 + 0 + 1.5 \times 20.1 \times (2.5+3-3) + 10 \times 1.5 \\ &= 230\text{kPa}\end{aligned}$$

上式中，由于持力层不透水，γ_2 采用黏土层的饱和重度值：

$$\gamma_2 = \gamma_1 = \frac{G_s + e}{1+e}\gamma_w = \frac{2.74+0.656}{1.656} \times 9.81 = 20.1\text{kN/m}^3$$

下卧层顶面应力为： $$\sigma_{h+z} = \gamma_1(h+z) + \alpha_c(\sigma - \gamma_2 h)$$

其中 h 应从河底算起，故 $H=18.7-15.5=3.2\text{m}$，$(h+z)$ 和 h 范围内均为黏土，计算时用其天然重度，故 $\gamma_1=\gamma_2=19.8\text{kN/m}^3$。因 $\frac{z}{h}=\frac{3.0}{2.68}=1.12>1$，式中 σ 取基底的平均应力。最不利组合为荷载组合 $Ⅰ_A$，故 $\sigma=\frac{N}{A}=227\text{kPa}$。由 $\frac{a}{b}=\frac{5.48}{2.68}=2.04$，$\frac{z}{h}=1.12$，查表得 $\alpha_c=0.43$，

故：

$$\sigma_{h+z} = 19.8(3.2+3) + 0.43(227 - 19.8 \times 3.2) = 197\text{kPa}$$

对荷载组合 I，$\sigma_{h+z} < [\sigma]_{h+z}$，故符合要求。

8. 基础稳定性

1）抗倾覆稳定性

$K_0 = \dfrac{y}{e_0}$，其中 $y = \dfrac{b}{2} = 1.34\text{m}$，$e_0 = \dfrac{M}{N}$，取最不利荷载组合，$K_0$ 计算如表 5-11。

表 5-11

不利荷载组合	N(kN)	M(kN·m)	e_0(m)	K_0	要求最小稳定系数
荷载组合 I	2 420	86	0.036	37.2	1.3
荷载组合 II_B	2 720	651	0.239	5.6	1.3

结果符合要求。

2）抗滑动稳定性

$K_c = \dfrac{Nf}{H}$，其中 $I_L = 0.5$ 属软塑态，查表 5-5 得 $f = 0.25$，K_c 列表计算如表 5-12。K_c 很大，满足要求。

表 5-12

不利荷载组合		N(kN)	H(kN)	Nf(kN)	K_c	要求最小稳定系数
荷载组合 II_B	A	2 420	34.0	605	17.8	1.3
	B	2 720	5 409	680	12.4	1.3

9. 地基变形

本桥为静定梁桥，跨径不大，且地基土质良好，可不必计算沉降。

第六节　软土地基加固

软土地基是指由天然含水量大、孔隙比大、压缩率高、承载力低的淤泥沉积物及少量腐殖质所组成的土。软土地基其自身的工程性质差，往往不能满足桥涵基础的要求，从增大密实度着眼，采取一定的加固处理措施，以提高地基的整体强度和稳定性，减小成形后的沉降与变形。本节对小桥涵常用的地基加固方法简介如下。

一、换填土层法

换填土层法，即采用相应的处理方法，将基底下一定范围内的软土层挖去或挤去，换以强度较大的砂、碎（砾）石、灰土或素土，以及其他性能稳定、无侵蚀性的土类，并予以压实。根据施工方法不同，又分为如下三种：

1. 开挖换土法

当采用挖掘机械，铲除软土层后换填好土，分层压实的方法称为开挖换土法。根据换土范围大小可分为全部挖除换土法和局部挖除换土法。前者把软土全部铲除换以好土，适用于软土层厚度小于 2m 的地基；后者适用于软土层较厚、特别是上部软土层较下部软土层强度低得多,有可能发生滑动破坏或沉降量过大等情况的地基。

2. 强制换土法

该法是指把好土直接撒在软土地基表层,靠土的自重将软土挤向周围,从而换上好土的施工方法,也叫挤出换土法。这种方法对于薄软土层特别有效,但由于软土厚度不一致,若在基础下面残留部分软土,完工后会产生不利的不均匀沉降。

3. 爆破换土法

在上述的强制换土法中挤土的方式改用爆破力,会更容易地将软土层挤出,这种方法称爆破换土法。

二、挤密法

挤密法以增大密实度为目的,根据具体处理措施又可分为以下三类:

1. 堆土预压法

堆土预压法是指在基础施工前,在软土地基表面预先堆土加压,加速地基的下沉和软土固结,通过挤密增大土体密实度,提高土的抗剪强度。但该法所需时间较长,应在施工工期允许的前提下方可采用。

2. 重锤夯实法

重锤夯实法是利用起重机(起重能力为 8 ~ 15t)将重锤(质量 1.5t 或稍重,锤底直径 1 ~ 1.5m)提到一定高度(2.5 ~ 4.5m),然后自由落下,如此反复夯实使土表层密实而提高强度的方法,是一种浅层处理方法。重锤夯实法适用于地下水位 0.8m 以下稍湿的一般黏性土、砂土、湿陷性黄土、杂填土等。

在重锤夯实法的基础上,经过研究和实践,出现所谓强夯法,亦称动力固结法。它是以 8 ~ 12t(甚至 20t)的重锤,8 ~ 20m 落距(最高达 40m)高处自由下落对较厚的松散土层进行强力夯实的地基处理方法。强夯法具有施工简单、加固效果好,使用经济、运用面较广等优点。经强夯法处理的地基,其承载力可提高 2 ~ 5 倍,压缩性降低 2 ~ 10 倍。广泛用于杂填土、碎石土、砂土、黏性土、湿陷性黄土及泥炭和沼泽土,不但陆地上使用,亦可水下夯实。缺点是需要相应的机具设备,操作时噪声和振动较大,不宜在人口密集或附近防震要求高的地点使用。

3. 深层拌和法

在地基的成孔桩中,将石灰或水泥等固化剂与土基软土搅拌、混合处理的方法称为拌和法。它可分成表层土拌和法和深层(深度超过 20m)拌和法。深层拌和法是利用水泥、石灰等材料作为固化剂,通过特制的深层搅拌机械,将软土和固化剂(浆液或粉体)强行搅拌,经一系列物理—化学反应使软土硬结而加固地基。经处理后,加固土的密度较加固前略有增加,含水量较加固前地基土的含水量低,强度较加固前地基土的强度增加较多。

三、化学加固法

利用化学溶液或胶结剂,采用压力灌注或搅拌混合等措施,使土颗粒胶结起来,达到对软土地基加固的目的,称为化学加固法,又称胶结法。此法加固效果取决于土的性质和所用的化学剂,亦与施工工艺有关。目前化学溶液以水泥浆液使用较多,施工工艺有注浆法和深层拌和法。注浆法是利用机械压力将浆液通过注入管,均匀注入地层,浆液以填充和渗透方式,排挤土粒间或石隙中的水分和空气,占据其位置,一定时间后,浆液凝固,可使原土层或缝隙固结成整体。

四、排水固结法

饱和软土在荷载作用下，排水固结，抗剪强度可得到提高，以达到加固的目的。此法常用于加固湿软地基。桥涵工程中常用的排水固结法是砂垫层法。

用砂垫层加固地基，就是挖除基底下一部分原有软土，而换填分层夯实的强度较高、稳定性较好的中砂、粗砂和砂砾等，以满足地基稳定和变形的要求。在经济与技术可行的条件下，由于施工可不用机械，而具有一定的实用价值。

1. 砂垫层底面尺寸的确定

砂垫层比软土有较大的变形模量和强度，基础底面的压力通过砂砾垫层的扩散作用分布到较大的面积上。其扩散角 φ 可假定为 35°～45°。矩形基础的砂砾垫层底面尺寸可按下列公式确定：

$$A = a + 2h_s\tan\varphi; \qquad B = b + 2h_s\tan\varphi \tag{5-10}$$

式中：a、b ——基础的长度和宽度（m）；

A、B——砂砾垫层的长度和宽度（m）；

h_s——砂砾垫层的厚度，一般为 1～3m。

砂砾垫层底面对地基产生的压力假定成梯形分布，如图 5-10 所示。

2. 砂砾垫层厚度的确定

砂砾垫层厚度 h_s 可由式（5-11）所示条件确定。如需要的厚度超过 3m 时，可根据具体情况与其他加固法（如砂桩等）结合使用。

$$\sigma_H \leqslant [\sigma] \tag{5-11}$$

式中：$[\sigma]$——砂砾垫层底面处软土地基的容许承载力（kPa）；

σ_H——砂垫层的计算压应力（kPa）。

对矩形基础，可按下式计算：

$$\sigma_H = \frac{ab\sigma}{ab + \left(a + b + \frac{4}{3}h_s\tan\varphi\right)h_s\tan\varphi} + \gamma h + \gamma_s h_s \tag{5-12}$$

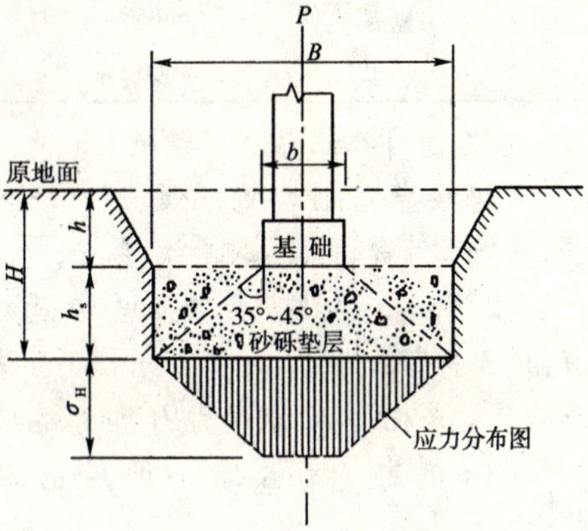

图 5-10　砂砾垫层应力分布图

式中：σ——由荷载引起的基础底面的平均压应力（kPa）；

γ——原地面至砂砾层顶面之间的土层（回填土）容重（kN/m^3）；

其他符号含义同上。

习题

某桥中墩基础，其地质与水文情况见图 5-11，从已知作用于墩底中心的荷载组合中，选 3 种情况（均不包括基础及台阶上土重）的结果列于表 5-13 中；各层土的物理力学性质见表 5-14；b、c 两层土的固结试验结果见表 5-15；基础用水泥混凝土浇制，其重度为 $24kN/m^3$。试对该基础和地基进行各项验算。

作用于墩底中心的荷载 表 5-13

合力分量 \ 荷载情况	(1)恒载,两孔活载,制动力,低水位时风力,不计浮力	(2)恒载,一孔活载,制动力,高水位时计浮力	(3)恒载,常水位时计算浮力
竖向力 P(kN)	10 240	7 350	5 980
水平力 H(kN)	410	346	0
力矩 M(kN·m)	7 052	6 712	0

地基土物理性质指标 表 5-14

土层代号	土名	γ (kN/m³)	G_s	W(%)	W_L (%)	W_P (%)	I_L	e	S_r	γ_f (kN/m³)	备注
a	中砂	20.2	2.70	23.3				0.618	1.00	20.2	中密
b	黏土	19.1	2.75	27.3	34.1	17.1	0.6	0.800		19.4	
c	黏土	18.0	2.76	37.6	44.8	26.7	0.6	1.060		18.2	

土的固结试验资料 表 5-15

土层代号	土名 \ e \ P(kPa)	0	50	100	200	300
b	黏土	0.800	0.740	0.708	0.673	0.651
c	黏土	1.060	0.976	0.936	0.885	0.853

本作业可参照以下步骤进行：

(1)验查基础埋置深度是否符合规定要求,基础尺寸是否符合刚性角要求；

(2)计算基础重、台阶上土重及相应的浮力,按3种荷载情况,分别算出作用于基础底面形心处的竖向力 N、水平力 H 和力矩 M；

(3)确定持力层与下卧层土的容许承载力；

(4)选定不利荷载组合验算地基持力层强度；

(5)判断是否存在软弱下卧层,如存在则验算其强度；

(6)验算基底合力偏心距(选一种最不利荷载组合)；

(7)验算基础的抗倾覆和抗滑动稳定性(选其最不利荷载组合)；

(8)计算基础沉降。

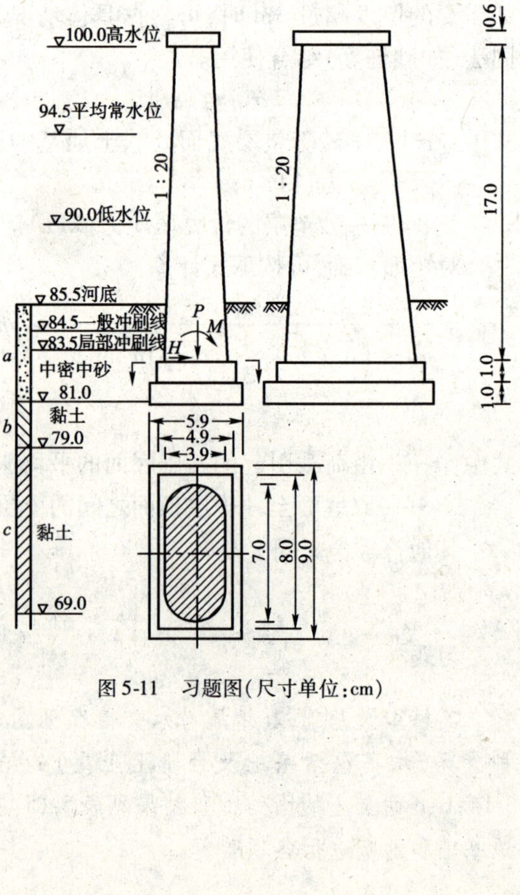

图 5-11 习题图(尺寸单位:cm)

第六章　小桥涵设计

知识点

1. 描述小桥涵设计的内容、步骤；

2. 运用标准图或有关手册进行小桥涵设计；

3. 描述小桥涵设计的图幅、图例等有关规定。

技能点

能够独立进行小桥涵的设计。

第一节　小 桥 设 计

小桥设计，包括一条(或一段)公路的小桥分布(确切地说，是小桥涵分布。因为小桥和涵洞的分布常是一起进行的)和具体地设计每一座小桥。本节主要介绍具体地设计小桥的方法，并比较详细地介绍小桥的主要设计图。

一、小桥设计的任务

小桥设计，必须完成以下基本任务：

(1)根据公路所在地区的气象和水文条件，选定小流域地面暴雨径流洪峰流量的计算公式，并根据形态勘测加以验证。

(2)根据排洪要求、工程地质情况及沿线建筑材料的供应条件，确定小桥涵和其他小型排灌建筑物的分布和附属工程的布置，并选定其结构类型。

(3)计算每座小桥的孔径。

(4)搜集公路沿线水利灌溉、农田基本建设、水运和道路交通的现状及规划等资料，正确处理农业、村镇、航运和公路立体通道等的关系，调整孔径，或分布专用的小桥。

(5)根据公路基本建设工程设计文件编制的规定，按不同阶段要求编制小桥表、小桥设计图、工程数量汇总表等，据以提供线路方案比选数据，编制施工组织设计和概预算，指导施工。

二、小桥设计的步骤和内容

1. 选定桥下中心流水面高程和纵坡

通常，宜将桥址中心的天然沟床高程选为小桥桥下铺砌后的中心流水面高程，以利排洪和减少开挖等工程量。小桥沿水流方向的长度很短，故对于比较平缓的沟床，可设成临界坡、平坡或保持原沟床的纵坡。

2. 桥式选择

桥式选择是桥梁设计中的一项重要内容，应与孔径选定综合起来考虑。一般先根据水力计算或需要的桥下净空(跨线桥)，初步确定孔径后再进行桥式选择，有时也可在选定桥式后再调整孔跨。

1）桥式选择的一般原则

（1）桥式选择应在保证运营安全的前提下，尽量就地取材，节约木材、钢材、水泥和投资。在一段线路内，尽量减少小桥的类型，以便于施工和养护。

（2）小桥一般采用钢筋混凝土简支梁桥。简支梁配合哪几种墩台使用，是桥式选择中要着重考虑比较的因素。

（3）石及混凝土拱桥有可能就地取材，避免了制梁和架梁。但 10 ~ 20m 跨度的拱桥施工工艺要求较高，对地基的要求也较高，应综合比较决定取舍。

（4）基础施工简单、桥头路基填土较低的小桥，可采用小跨多孔；填土较高或交通用的小桥，宜采用较大跨度的单孔。

2）梁、墩、台的选择

（1）梁

简支梁小桥所用的梁主要有钢筋混凝土梁和预应力混凝土梁两种，设计时可根据具体情况选用相应的标准图。梁可在工厂预制，运到工地用架桥机架设，亦可视设计、施工的条件在工地就地浇筑。

（2）桥墩

小桥较普遍采用圆端形桥墩，它外形简单，施工方便，对水流阻碍比矩形者小，且可适用于水流与桥墩横向轴线的交角≤15°的情况。

（3）桥台

小桥常用的桥台为重力式桥台及轻型桥台（如埋置式桥台、钢筋混凝土薄壁桥台等）。

3）基础类型的选择与设计

小桥一般采用明挖基础。小桥所采用的墩、台标准图和通用图，都已连同明挖基础设计编制好以供选用。只要地基条件（强度条件和稳定条件）允许，都应直接套用标准图或通用图。当宜于作持力层的地层埋置很深而必须采用深基础（如桩基础和沉井基础）时，需做个别设计。

3. 孔径计算

如前所述，孔径计算与桥式选择是综合起来考虑的。孔径计算和桥头路堤高度检查的方法在前面章节已介绍，此处不重复。

4. 小桥的平面和立面布置

小桥的平面布置一般只需在 1∶2000 地形图上进行后赴现场核对即可。当地形、地貌复杂，上下游有附属设施，或 1∶2000 地形图不能满足平面布置的需要时，须实测桥址 1∶500 ~ 1∶1000平面图。需实测的情况计有：

（1）位于挖方的小桥，其墩台位置不能仅在现地确定者；

（2）在山坡陡峻、沟槽偏斜等处，不能直接在 1∶2000 地形图和现地布置者；

（3）地物复杂，小桥布置与其他建筑物相互干扰者；

（4）上下游有复杂改沟工程者；

（5）须设置山坡建筑物（如急流槽、缓流井）和导治结构等附属设施者；

（6）斜交小桥地形复杂者。

桥址平面的测绘范围，以能满足上述情况的小桥设计为原则。

小桥的桥址纵断面，一般利用线路中平测量资料，再根据地形起伏适当加桩即可。遇陡峻山坡或地质严重不良时，可根据实际需要增测墩台位置横断面及上、下游辅助纵断面。绘图时比例一般为 1∶50 ~ 1∶200(纵横一致),并加绘地质资料。

在作平面和立面布置时,应综合考虑水文、地形、地质等条件以及桥跨、墩台和基础的类型,对墩台、锥体护坡和上、下游附属工程等进行总体布置。小桥一般均设置为正交,但若强行改变流向成正交后附属工程量较大或水力条件不佳时,亦可顺天然流向斜交布置。在山坡陡峻地段,桥址布置时应避免出现基础外露甚至悬空等不良现象;当出现此类情况时,可适当加深基础或移动桥位,必要时还可加大孔径或改变桥式类型,予以改善。

在小桥的平面、立面布置中,尚应注意小桥位于曲线或坡道时梁和墩台的合理布置问题。

5. 设计图绘制与工程数量计算

1)小桥设计图的绘制

小桥设计图是表达设计意图、付诸施工的基本依据。它应反映一座桥的总体规划和结构的各部尺寸,务须完整、明确和准确。

小桥设计一般只绘全桥总布置图(全桥图),仅在个别设计时才附特殊结构设计图。由于小桥一般都套用标准图或通用图设计,故绘图时仅注记结构各部分的主要尺寸。

全桥总布置图的内容,下面将进一步介绍。

小桥全桥总布置图的图幅、图标、图号等均应符合统一的标准和规定,比例尺为 1∶50 ~ 1∶200,通常多用 1∶100 或 1∶200。

当有导治结构或其他附属工程时,还应绘制比例为 1∶50 ~ 1∶1000 的导治结构和其他附属工程设计图。

2)工程数量计算

在施工设计中,每座小桥都需计算工程数量,以便施工备料和编制概算。

当套用标准设计时,桥跨和墩台的工程数量只须查阅所采用的标准设计相应部分即可得出。现分项简单介绍如下:

(1)桥跨的工程数量,通常只须注明预制(或就地灌注)和架设几孔多大跨度的钢筋混凝土梁(或预应力混凝土梁)即可,不必列出它们的具体圬工数量。

(2)墩台的工程数量

墩台各部分的工程数量,可从采用的标准设计相应部分查出。墩台的基底最大压应力,亦可从采用的标准设计相应部分查出。

(3)开挖基坑数量的计算

墩台基坑边坡的确定在其他课程中已介绍。基坑底面的尺寸,一般与基础底面的轮廓尺寸相同。如地基较差、有水、易坍、须支撑抽水开挖,则基坑底面尺寸一般要比基础底面轮廓尺寸每边大 0.3 ~ 0.6m。

计算数量时,一般认为基坑是一个上大下小的倒棱柱体,并注意分清土方和石方。

(4)防护工程数量计算

防护工程包括河床铺砌、锥体填方及铺砌和台后填土等。

河床铺砌和锥体铺砌的圬工规格和数量计算方法,可从采用的标准设计相应部分查出。

锥体填方及台后(下方不小于 2m,上方不小于是 2m 加桥台高度的范围内)填方均应填渗水性土壤。这一部分填方的数量亦应计算列出。

6. 关于桥下河床铺砌

计算小桥孔径时通常对桥下及上、下游一定范围内的河床铺砌加固。由于孔径计算时已根据河床铺砌的类型决定了容许流速[v],所以桥下及上、下游一定范围内的河床要用已选定的铺砌类型加固。

河床铺砌加固的范围(沿河的长度和宽度),从采用的标准设计相应部分可查出。但标准设计中的铺砌长度,一般都比理论计算所需的长度小(理论计算是按铺砌范围以外的流速不大于土壤的允许不冲刷流速来决定铺砌长度的),这样,将使铺砌边缘外侧形成较深的冲刷坑,使铺砌破坏。为此,铺砌加固地段末端须设置浆砌片石垂裙。

出口垂裙的埋置深度 $h_{出}$ 可根据出口流速查得;入口垂裙的埋置深度 $h_{入}$ 可取为$\frac{1}{2}h_{出}$,但不小于0.85m。

标准设计中一般已规定了垂裙的顶面宽度和内外侧边坡,在决定了垂裙深度以后,即可据此算出垂裙的底面宽度,再算出垂裙的工程数量。

三、全桥总布置图

上面已介绍,小桥设计一般只绘全桥总布置图。这个图反映了桥梁的全貌,它标示出桥梁的位置、长度、各组成部分的结构类型及主要尺寸、桥梁与线路的关系、全桥的工程数量以及桥址的地质、水文情况等等。

全桥总布置图一般由全桥立面图、平面图、横断面图、工程数量表和说明五部分组成。位于曲线上的桥梁,还应增加曲线布置示意图(并附必要的曲线布置数据)。

1. 全桥立面图

全桥立面图,对于按直线布置的桥,是桥梁的横向投影图;对于按折线布置的桥,是假想将桥梁中心线展直后的横向投影图。

全桥立面图主要标示如下内容:

(1)桥梁的中心里程(两桥台侧墙或八字墙尾端间距离的1/2处的里程)、台尾和各墩的梁缝中心里程、桥长和桥梁全长。

(2)桥梁的组成及各部分立面轮廓主要尺寸。

从立面图上可看出桥梁的孔数、跨度、墩台数量及其立面轮廓的主要尺寸、梁缝数值等等。为便于施工,全桥的墩台均顺下行方向依次编号。

(3)桥下河床断面及水文、地质情况。

桥下河床断面是根据桥址纵断面测量的成果绘制的。当桥下有铺砌时,应分别绘出天然的河床断面和铺砌后的河床断面。

立面图上应标示由计算得出的设计频率水位(桥前积水水面的高程)。

河床下各地层的情况是根据地质资料绘出的,图上还应注明各钻孔位置、编号、孔口高程、地下稳定水位高程和孔深等。

(4)桥上线路纵断面情况,墩台若干部位的高程。

立面图上要注明桥上纵坡度,两台尾的路肩和路面高程,如桥上有变坡点,应注明变坡点位置和变坡点的桥面高程。各墩台均应注明支承垫石顶面和基底高程。当支承垫石顶面为斜面(此时梁斜置)时,桥台的支承垫石顶面高程为垫石与背墙交线的高程,桥墩的支承垫石顶面高程为垫石与梁缝中心面的交线的高程。

2. 平面图

平面图是假想将桥跨移开后的俯视图。平面图主要标示如下内容:

(1)水流方向及流向与桥梁轴线的法线的交角。

(2)墩台身底部和基础的平面形状以及主要平面尺寸。

3. 横断面图

横断面图主要标示如下内容:

(1)墩台及基础的竖向和横向形式及尺寸。

(2)桥面结构形式及桥面宽度布置。

4. 工程数量表

表中列出全桥工程数量,有时也仅列主要工程数量。

5. 说明

说明中应指出图上注记的尺寸、里程和高程的单位,设计依据,采用的标准图和通用图的名称和编号,施工事项及注意问题以及其他必须说明的问题等等。

四、绘图步骤及示例

1)绘图步骤

(1)整理外业资料、收集有关路线及路基设计资料,拟定主要尺寸、选定标准图。

(2)在立面图上点绘河床横断面,将上、中、下三个断面套绘在一张图上。

(3)绘立面图。一般自上而下绘制起拱线(或墩台顶面),然后确定基础高程,再自下而上绘出全图,并计算每个墩台高度。

(4)绘横断面图。

(5)由立面及横断面图绘出平面图。

(6)根据需要,绘必要的细部结构、剖面图、大样图。

(7)计算并标出各部尺寸。

(8)计算工程数量,编写说明,整理完成全图。

2)示例

图6-1是一座桥的全桥总布置图,读者应结合本节的文字叙述仔细阅读。

五、小桥设计成果

1. 初步设计阶段

按交通部颁《公路工程基本建设项目设计文件编制办法》规定,在初设阶段涵洞设计应完成的主要成果是小桥表。表中应列出中心桩号、河名或地名、交角、孔数及孔径、桥长、结构类型(分上、下部结构)、设计流量、主要工程、材料数量等。

2. 施工图阶段

在施工图设计阶段主要完成小桥工程数量表和小桥设计图。

(1)小桥工程数量表:列出中心桩号、河名或地名、交角、孔数及孔径、桥长、结构类型(分上、下部结构、墩台基础)、进出口形式,采用标准图编号,上、下部构造,墩台基础的工程、材料数量等。

(2)小桥设计图

①布置图:绘出立面(或纵断面)、平面、横断面;示出河床断面,注明水位、地质概况、各部尺寸、高程和里程。比例尺用1:50~1:200。

②结构设计图:采用标准图的,在布置图内注明标准图的名称及编号,不再绘设计图。特殊设计的应绘设计图。比例尺用1:50~1:200。

校对
描图

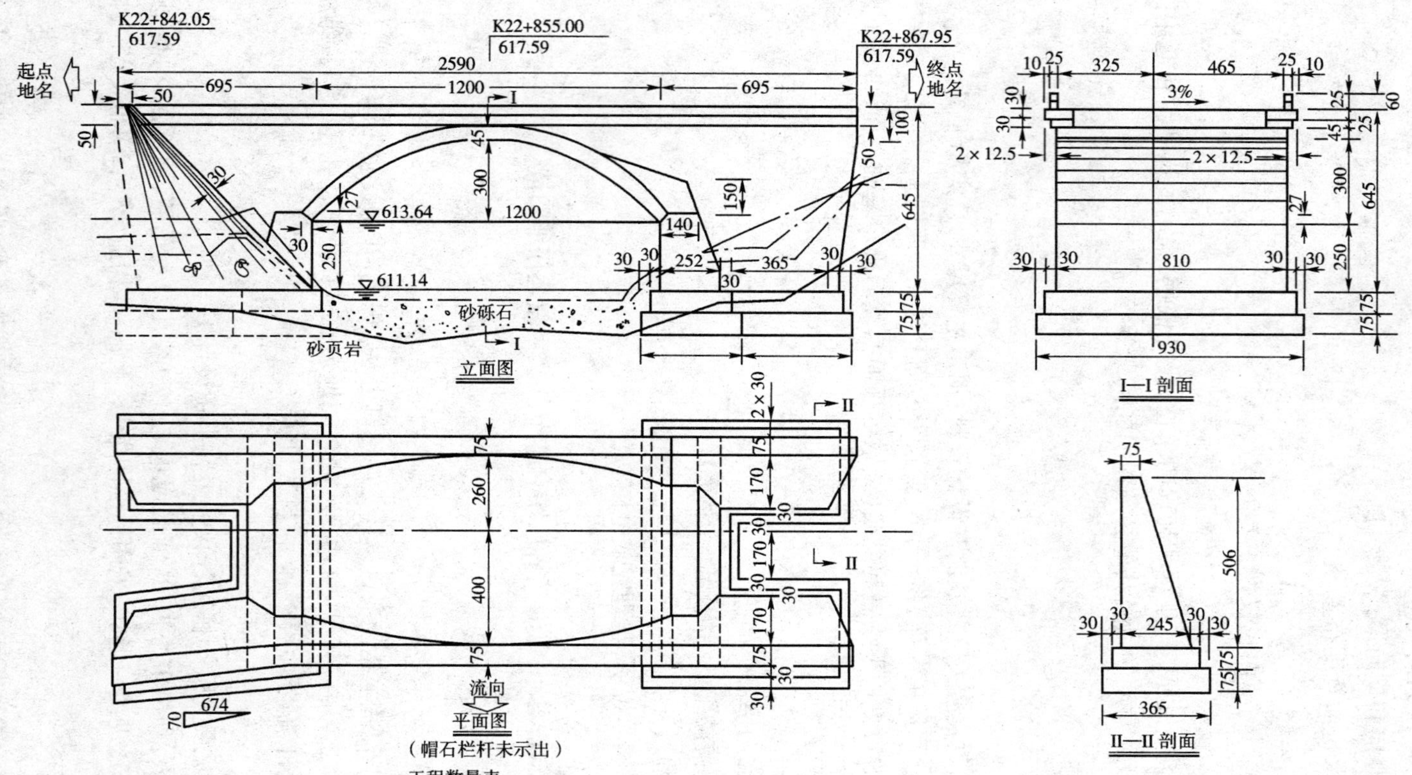

工程数量表

工程细目	M5 砂浆砌粗料石		M5 砂浆砌石拱圈	M5 砂浆砌片石				M2.5 砂浆砌片石锥坡	M2.5 砂浆砌片石护拱	拱背、台背锥坡回填	挖基			全桥圬工合计
	栏杆	帽石		台身	拱上侧墙	侧墙	基础				普土	硬土	次坚石	
单位	m^3													
数量	4.24	26.71	52.26	82.62	24.16	201.82	166.61	99.79	29.12	542	138	276	46	687.90

说明

1. 尺寸除注明者外，以 cm 计，高程和桩号以 m 计。
2. 隶岸台位于 R=20m 的缓和曲线段上，除拱圈按插入计算加宽 1.4m 外，隶岸台下游翼墙还应顺缓和曲线切线方向顺适弯折，以利行车。
3. 栏杆大样见图号 IV—4/15。

（设计单位）	×× 公路 ×× 段	K22+855(1—12m) 石拱桥设计图	设计		复核		审核		图号		日期	

图 6-1　小桥设计图示例

第二节　涵洞设计

一、涵洞设计的一般原则

(1)宜就地取材,尽量节约钢材。

(2)广泛套用标准设计,加快设计、施工进度。

(3)在同一段线路范围内尽量减少涵洞类型,以便大量集中制造,简化施工。

(4)充分考虑日后维修养护的方便。

(5)同一段线路的涵洞应作合理的布局,使公路建成后全线桥涵能形成畅通无阻的、良好的排水系统和交通网络。

(6)设计中应加强方案的比选工作。除技术条件外,应充分考虑经济效益。

二、涵洞类型的选择

涵洞类型的选择应依据水流情况、设计频率流量、路堤填方高度、地质条件、材料供应、施工期限、用途及经济指标等综合考虑,细致比较,慎重确定。

各类涵洞的特点和适用范围见第一章所述。

三、涵洞孔径的选择

涵洞的常用跨径有 0.5m、0.75m、1.00m、1.25m、1.50m、2.00m、2.50m、3.00m、4.00m、5.00m和6.00m 等 11 种(孔径为 0.5m 的圆管涵仅为农用灌溉涵用)。利用标准图或通用图作一座涵洞的具体设计时,只需从上列各种孔径中选择其一,而不需进行繁琐的水力计算。

1. 排洪涵洞孔径的选择

1)涵洞的过水情况

为降低造价,涵洞设计时通常将设计频率流量的洪水压缩在较河沟过水断面面积为小的洞身中通过。这就导致涵前出现壅水(积水),洞内水流速度远较洞外者大。水流进入涵洞后,由于急剧收缩,在涵洞进口段出现收缩断面。该断面的水深最小,流速和动能最大。

涵洞孔径一般比小桥的小,洞身长度比小桥沿水流方向的长度大,影响水流状态的因素比小桥复杂。

涵洞一般设计成无压力式的。压力式涵洞因其接缝可能透水,水流渗入路堤和基底而使路堤失稳,故仅在条件允许的情况下且结构上有一定措施时,方可设置压力式涵洞。

2)孔径选择的步骤和方法

对于排洪涵而言,选择孔径的主要依据之一是涵洞的水力性质。选择孔径的具体步骤如下:

(1)收集有关资料

①涵位处路堤高度 $H_{路堤}$。$H_{路堤}$指涵位处的路肩高程与涵洞入口沟底高程之差。

②流量 Q。对于高速公路和一级公路的涵洞,必须已知 $Q_{1\%}$ 和 $Q_{2\%}$;对于其他等级公路仅需已知 $Q_{2\%}$。

(2)考虑排洪条件,初选孔径

根据涵洞所属汇水区的 $Q_{2\%}$ 和既定涵洞的水力性质,即可选取若干个孔径。每一孔径涵洞所能宣泄的流量,原则上均应等于或稍大于本汇水区的 $Q_{2\%}$。

(3)按初选孔径检查路堤高度

①按水力条件要求,应满足 $H_{路堤} \geqslant H+0.5(m)$。

对于高速公路和一级公路,上式中的 H(涵前水深)为相应于涵洞通过最大流量 $Q_{max}(=Q_{1\%})$时的涵前最大积水深度;对于其他等级公路,上式中的 H 为相应于涵洞通过设计频率流量 $Q_P(=Q_{2\%})$时的涵前积水深度。H 可从涵洞泄水能力及水力计算表(《涵洞》设计手册表5-9~5-14)中直接查得。

②结构条件要求,应满足 H 路堤 $\geqslant H'$。

不同类型、不同孔径的涵洞,本身都有一定的高度,且洞顶还需有一定厚度的填方。因此从这种结构条件要求,涵位处的路堤高度又不得小于某一数值。上式中的 H' 即为按结构条件要求的最小路堤高度。

显然,所选孔径的涵洞必须同时满足按水力条件和结构条件要求的最小路堤高度。

③考虑经济和施工养护条件以及淹没范围等,比选孔径。

通过相同流量时,入口提高节式涵洞比入口非提高节式涵洞经济(板涵和拱涵);高边墙涵洞比低边墙涵洞养护方便;单孔涵比多孔涵好;但选择单孔大孔径圆管涵时应考虑施工条件和用钢量。

从便于养护的观点出发,选择涵洞孔径时,尚应满足相应涵身净高(或内径)H_T 对涵长的限制。

$H_T=0.75m$,涵长不宜超过15m;

$H_T=1.25m$,涵长不宜超过30m;

$H_T \geqslant 1.25m$,涵长不限。

若涵前积水太深危及农业生产和村镇安全,则应另选大孔径的涵洞,或将单孔改为多孔。

此外,涵洞一般为单孔或双孔。如技术和经济上均属适宜,才考虑设置多于两孔的涵洞。

2. 灌溉涵洞孔径的选择

灌溉涵洞的孔径主要取决于通过的流量,同时保证涵洞前的积水不能太深,以免影响上游渠道的正常使用,同时不压缩原有渠道的过水断面。灌溉涵洞上下游的渠道底坡一般较平缓,流速不大,过水能力较按临界坡度设置者为小。因此,应根据通过的流量选用比排洪涵洞大一些的孔径。灌溉涵洞所需通过的流量及其孔径的确定,一般都是通过调查研究并与当地水利、行政部门协商解决。参考数据为:$1m^3/s$ 的流量能灌溉10000~12000亩农田。

过水量很小的灌溉涵,要考虑便于清淤,因而孔径不宜太小,即使涵洞位于淤积较少的灌溉渠道上,其孔径一般也不宜小于0.75m,长度不宜超过10m。

3. 交通涵洞(通道)孔径的选择

交通涵洞即所谓的通道,其设置需满足横向交通的要求。公路立体交叉通道的净空,按公路建筑限界的规定确定。公路与铁路立体交叉,铁路从公路涵洞下穿行时,应按铁路净空限界规定确定。当乡村道路从公路下面穿过,净空可根据当地通行的车辆组成,与有关部门协商而定。通道净空不仅要满足目前需要,还要适当考虑今后的发展需要。

四、涵洞的布置

1. 涵洞的平面布置

一条线路的涵洞布设应结合桥梁综合考虑,使全线桥涵形成顺畅的排灌系统和交通网络。

对一座涵洞而言,其平面布置主要应解决好涵位以及涵轴与线路的交角问题。

(1)正交涵洞

涵洞应尽量布置成与线路正交。正交涵洞有长度短、工程数量小、施工简便等优点。

若天然河道与线路斜交,但地形变化不大,且水流较小,则可经过人工改河,仍设置正交涵洞。

(2)斜交涵洞

线路方向如果与天然河道斜交,经过技术经济比较,不宜改河,就只能采用斜交涵洞。此外,若正交涵洞出口出现水流直冲农田、房舍、道路等情况,亦应改用斜交涵洞,以免造成水害。

斜交涵洞的斜交角(在平面图中,线路中线的法线与涵轴的较小夹角)通常取5°为一级,以便利用标准图中的尺寸表。斜交角一般应在30°以内,如遇地形所限,亦不宜超过45°。

(3)山区涵洞的布置

在涵前(上游)不产生积水的情况下,宜将涵位由沟谷中心向侧面移动。优点是可以缩短涵洞长度,避免在陡峻的河沟上设涵,并减少基础埋置深度,从而获得较好的基础施工条件;缺点是需相应地增加改沟土石方数量。故在决定涵位时应作经济比较。

在困难工点选择涵位时,应仔细审度地形、地质条件是否适合设涵;并初估涵洞上、下游长度,据以考察出入口位置是否恰当。

(4)灌溉涵、交通涵的平面布置

以顺接原有(或计划中)的沟渠或道路为原则,可与有关方面会商解决。

2. 涵洞的立面布置

(1)排洪涵流水槽面高程的确定

一般按涵中(涵洞轴线与线路中线在平面图上的交点)流水槽面高程与相应的原天然沟底高程相等或接近相等设置,然后依据涵长和涵坡计算确定涵洞出入口处的流水槽面高程。

(2)排洪涵涵坡的确定

若河沟的天然坡度接近所选涵洞的临界坡度,涵洞坡度按临界坡度设置。若二者相差甚大,无法将涵洞作临界坡度布置时,则可将涵洞按(或接近)河沟纵坡设置。但此时水流情况发生变化,需作有关验算。

(3)灌溉涵、交通涵的立面布置

涵洞的高程和坡度原则上均按原沟渠或道路的高程和坡度设置。如涵洞系连接当地规划中的沟渠或道路,则其高程和坡度应与有关部门协商解决。

(4)预留上拱度

为避免涵洞投入使用后,因洞身中部受力较大而形成中部下沉多,两端下沉少,以致中间积水淤塞,或洞身下游出现逆坡的现象,对于修建在非岩石地基上的涵洞,应将洞身中部(线路中线处)的高程较理论设计高程再提高一数值Δ。Δ值称为上拱度。

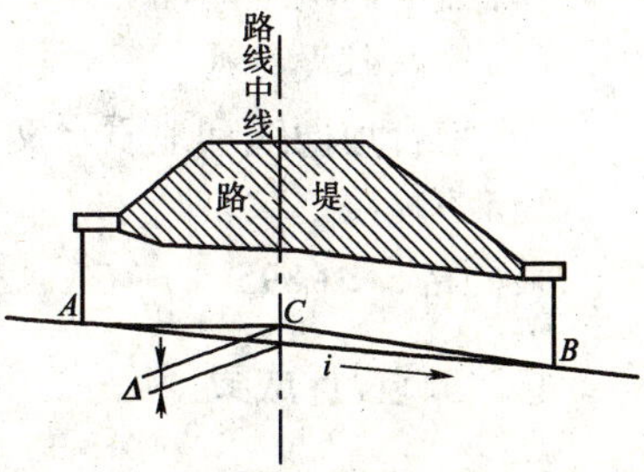

图6-2　预留上拱度示意图

如图6-2,AB为涵洞的理论设计流水槽面或路面,实际施工时将其按涵中高程提高Δ布置成ACB。Δ值按表6-1决定;但C点不得高于A点,否则在涵洞完成下沉前,洞内上游将形成逆坡而致积水。

涵洞的上拱度值　　表6-1

基底土名称	上拱度Δ
碎石类土、砂砾、粗砂、中砂、细砂	$H/80$
半干硬状态的、硬塑状态的黏性土及老黄土	$H/50$

注：①H 为线路中线处自涵洞流水槽面至路面的竖向距离。
②若基底土属软塑状态的黏性土或新黄土，则上拱度可适当加大。
③基底土为岩石，涵洞顶面填方厚度不足2m以及坡度较大的涵洞可不设上拱度。

五、涵洞的施工图

涵洞的施工图设计图（简称“施工图”）是一座涵洞的全部设计成果的综合反映，是设计单位提交施工单位据以施工的基本技术文件，因此其内容必须完整准确。比例尺为1∶50～1∶200，通常多用1∶200。

涵洞施工图包括：涵洞的中心纵断面、半平面及半平断面、出入口正面、沉降缝断面及某些垂直于涵轴的断面；若干需予明确交待方能施工的有关示意图，诸如基础错台示意图、斜交平面示意图、改沟图等等。涵洞施工图尚应表列该涵的主要工程数量，设计依据的主要水文和地质资料。此外，某些宜以文字形式交代的设计意图和施工注意事项，可用附注或说明的方式在图中阐明。

以上所述是涵洞施工图所包括的基本内容。不同的设计单位提交的施工图，其格式可能不尽相同，但均需内容完整、准确，图面清晰，足以满足施工之所需。其中最重要的是，涵洞的里程、涵轴与线路的平面交角、出入口各位于线路何侧、涵洞的上下游长度、涵中和出入口流水面的高程以及各部尺寸和建筑材料等必须交待清楚，保证无误。

需要指出，涵洞设计的标准化引起了涵洞施工图的改革。由于涵洞主体工程部分的形状、尺寸和建筑材料已高度定型化，施工单位可直接从标准图或通用图中直接查知既定孔径、类型涵洞的有关定型施工资料。故设计单位毋需将标准图重新绘制一遍，而仅在施工图中给出全涵的纵断面示意，将涵洞施工所需依据的具体资料尽量反映于该图之中，此外辅以简要的表格和附注即可。这种图不必按比例绘制，各部分均仅给出其轮廓示意，施工时一律查阅标准图办理。

六、绘图步骤及示例

1. 绘图步骤

（1）整理外业资料，收集有关路线及路基设计资料，拟定主要尺寸，选定标准图。

（2）点绘河沟纵断面。

（3）绘路基设计线。

（4）结合地面线和地质水文确定基础位置，至下而上绘出洞身长度。

2. 示例

某公路3K+895.10～5K+388.40路段涵洞布置图如图6-3。

七、涵洞设计成果

1. 初步设计阶段

按交通部颁《公路工程基本建设项目设计文件编制办法》规定，在初设阶段涵洞设计应完

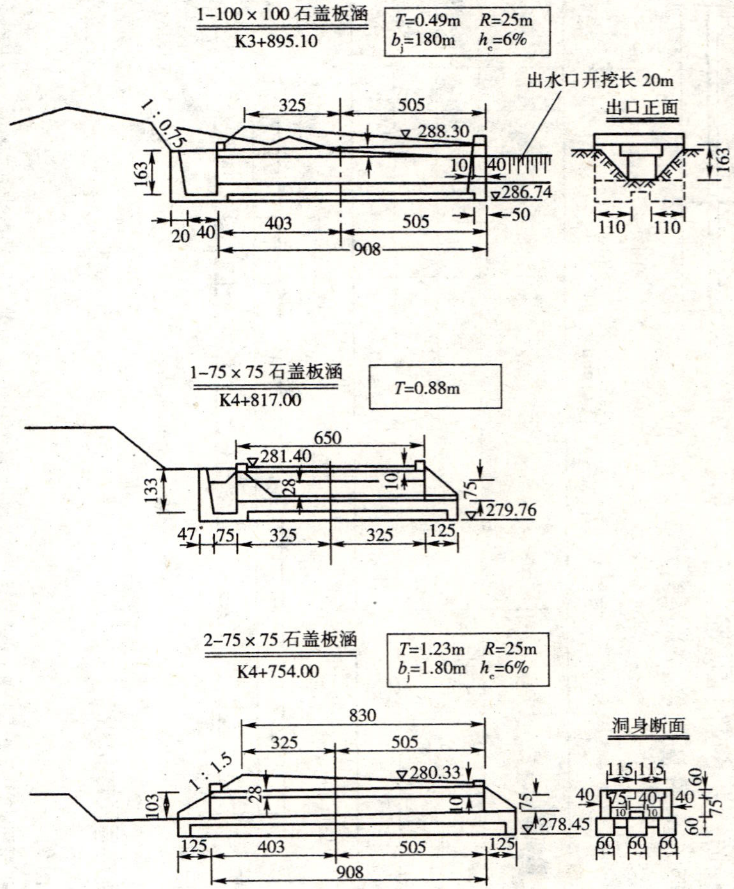

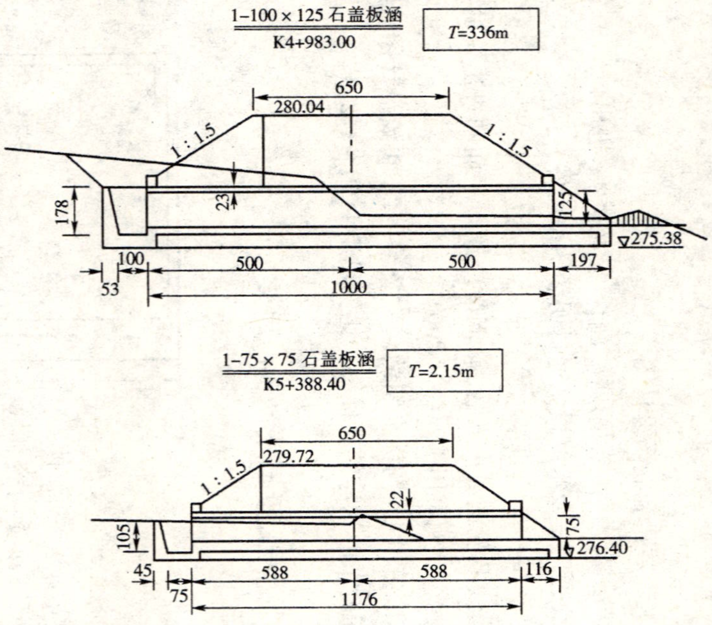

工程数量表

（单位：m³）

序号	工程细目 桩号	M2.5 浆砌粗料石				M2.5 浆砌片石				挖基	
		帽子石	盖板石	台墙	台基	铺底	八字墙	跌水井	一字墙 侧墙	土	石
11	K3+895.10	0.33	4.20	8.55	6.54	2.18		3.60	1.50	20.2	13.4
14	K4+817.00	0.22	2.09	4.68	4.08	1.02	2.92	2.62		20.5	9
15	K4+754.00	0.35	5.85	9.60	9.84	1.18	6.96			10.5	8
16	K4+983.00	0.26	4.51	15.68	10.08	3.06	2.51	4.03		17.9	3.1
17	K5+388.40	0.22	2.98	8.47	6.07	1.04	2.09	2.09		14.0	1.2

（设计单位）	××公路××段		设计		复核		审核		图号		日期	

描图 校对

图 6-3 涵洞的布置示例

成的主要成果是涵洞表。表中应列出中心桩号、结构类型、交角、填土高度、孔数及孔径、长度、进出口形式、设计流量及主要工程、材料数量等。

2. 施工图阶段

在施工图设计阶段主要完成涵洞工程数量和涵洞设计图。

(1)涵洞工程数量表。列出中心桩号、交角、孔数及孔径、涵长、结构类型、进出口形式,采用标准图编号、工程及材料数量(包括交通工程及沿线设施通过明涵的预埋件)等。

(2)涵洞设计图。

①布置图:绘出设置涵洞处原地面线及涵洞纵向布置,斜涵尚应绘出平面和进出口的立面,示出地基土质情况,各部尺寸和高程。比例尺用1:50~1:200。

②结构设计图:采用标准图的,在布置图内注明标准图的名称及编号,不再绘设计图。特殊设计的(包括进出口式样特殊或铺砌复杂的),应绘设计图。比例尺用1:50~1:200。

第三节　小桥涵设计的有关规定

一、图幅规定

根据道路工程制图标准要求,小桥涵图幅大小与规格如表6-2。图幅规格有A0、A1、A2、A3、A4五种。图幅与图框尺寸及布置如图6-4;图标尺寸及内容如图6-5。图幅的短边不得加长。长边加长的长度A0、A2、A4为150mm的整数倍,A1、A3为210mm的整数倍。

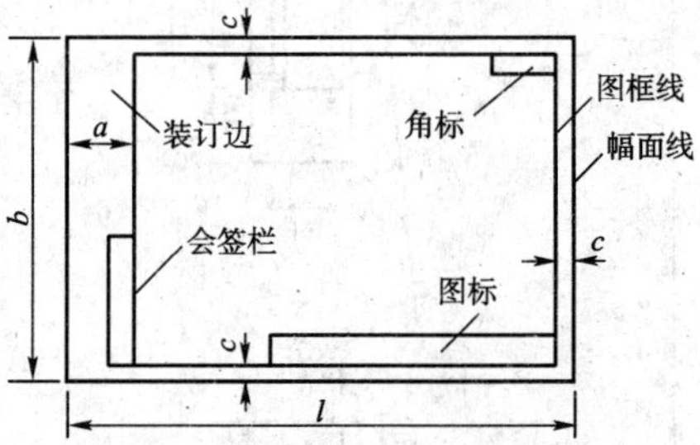

图6-4　桥涵图幅与图框

图幅及图框尺寸(单位:mm)　表6-2

尺寸代号 \ 图幅代号	A0	A1	A2	A3	A4
$b \times l$	841×1189	594×841	420×594	297×420	210×297
a	35	35	35	30	25
c	10	10	10	10	10

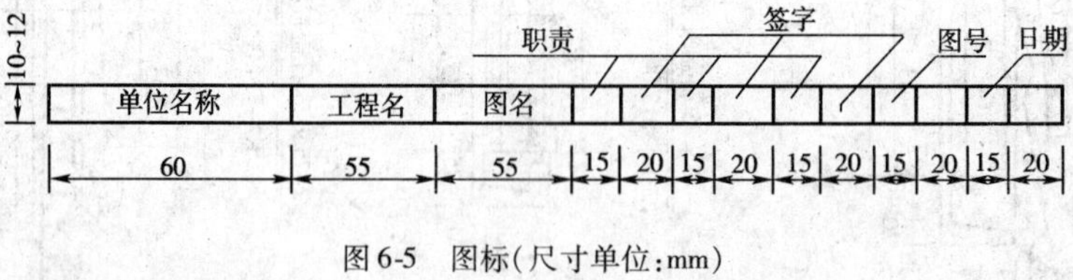

图6-5　图标(尺寸单位:mm)

二、图例符号及单位规定

1. 材料图例

桥涵设计图除应标明图形和尺寸外,还应按规定的图例符号注明涵洞各部的材料组成和结构。桥涵设计图中常用材料图例如图6-6。对于一些量大并通用的材料图例可不示出。

2. 在道路设计图中的桥涵图例(图6-7)

3. 桥涵设计图中常用的符号(表6-3)

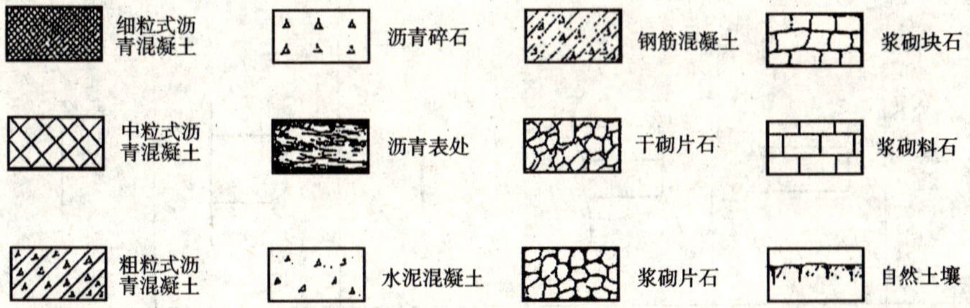

图6-6　桥涵图中的材料图例

常用符号表　　表6-3

名　称	符号	名　称	符号	名　称	符号	名　称	符号
交点	JD	超高值	h_c	设计水位	SW	路面加宽度	b_j
转点	ZD	水准点	B. M.	历年最高洪水位	GW	填高	T
导线点	DD	高程	E_L	多年平均洪水位	PW	挖深	W
变坡点	SJD	设计高程	D. E. L	历史最高流冰水位	BW	Ⅰ级钢筋	ϕ
公里标	K	用地界	YDJ	通航水位	HW	Ⅱ级钢筋	
转角	Δ	流量	Q	普通水位	TW	Ⅲ级钢筋	
左转角	Δ_L	流速、计算行车速度	v	测量时水位	LW	Ⅳ级钢筋	
右转角	Δ_R	改线、移线、差错改正	G	地下水位	DW	5号钢筋	

4. 尺寸单位规定

桥涵图中尺寸标注单位规定为：高程以米（m）计；钢筋直径、铁件及金属结构尺寸一律以毫米（mm）为单位；钢筋长度、圬工、钢筋混凝土及木结构等尺寸一律以厘米（cm）为单位。如因特殊需要采用其他单位应在图中注明。

习题

1. 小桥设计作业

（1）设计资料

某山岭重丘区三级公路渠家溪处，经孔径计算需设一座1—20m石拱桥。桥址路中心河床横断面如表6-4（河床纵坡平缓，上、下游断面相同）。河床地质均为坚硬的砂岩，表面风化层厚约0.5 m，设计洪水位244.30 m，桥位处路线平面为直线，纵坡为平坡，桥面边缘高程为248.60 m，路基宽7.5 m，桥面净宽为7m＋2×0.5 m，桥头路基挖方边坡1∶0.3。

小桥设计作业断面资料　　表6-4

编　号	里　程	高　程(m)	编　号	里　程	高　程(m)
1	K3＋100	253.64	7	＋137.00	239.59（测时水位）
2	＋106.92	248.95	8	＋142.52	240.27
3	＋110.13	246.17	9	＋146.20	242.96
4	＋114.52	244.30	10	＋147.40	245.00
5	＋116.59	239.63	11	＋154.18	250.10
6	＋120.90	239.78			

道路平面图			道路纵断面图				
名称		图例	名称	图例	名称		图例
涵洞			箱涵		桥梁		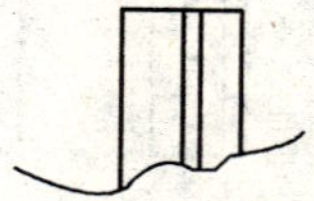
通道		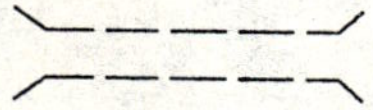	管涵		分离式立交	主线上跨	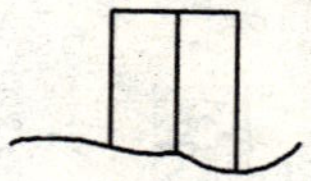
桥梁		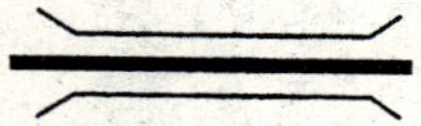	盖板涵			主线下穿	
分离式立交	主线上跨	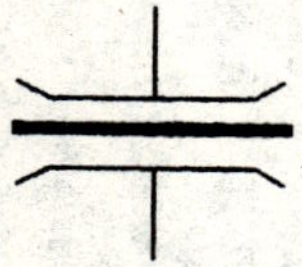	拱涵		互通式立交	主线上跨	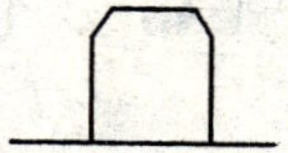
	主线下穿	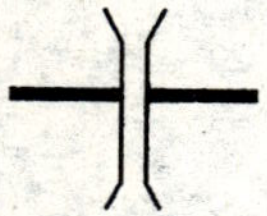	箱形通道	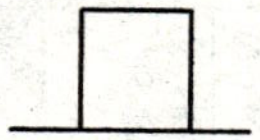		主线下穿	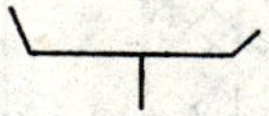

注:平面图上互通式立交按采用形式绘。

图 6-7 桥涵图例

(2)设计任务

按小桥设计图表示例要求完成全桥设计，包括立面、平面、横断面及细部构造图。图纸比例采用1:200。

2. 涵洞设计作业

(1)设计资料

某山岭重丘区四级公路JD_{30}弯道QZ处需设一道涵洞，测得断面资料如下：

$$\frac{0}{10.0\text{m}},\frac{-1.0\text{m}}{1.0\text{m}},\frac{-0.4\text{m}}{1.0\text{m}},\frac{\text{K13}+975.21(\text{桩号})}{638.46(\text{地面高})},\frac{+0.2\text{m}}{3.0\text{m}},\frac{+3.0\text{m}}{5.0\text{m}},\frac{+1.0\text{m}}{4.5\text{m}}$$

沟心处地面高638.46 m，沟床为密实的砾石土，路线设计资料为：平曲线半径$R_Z=40$ m，纵坡$i=+3\%$，路基宽度为7.5 m，路面宽度6.0 m，路拱横坡2%，路肩横坡3%，挖方边坡1:0.75，填方边坡1:1.5。

(2)任务设计

完成一道1—2.5 m ×1.5m石台钢筋混凝土盖板涵设计，包括涵洞的纵剖面图和洞身横断面，比例1:100。

第七章　小桥涵工程数量

技能点

能够进行小桥涵工程数量的计算。

第一节　涵洞长度计算

一、正交涵洞

1. 路基边坡无变坡时

由于涵洞具有一定纵向排水坡度及弯道加宽、超高，且路基填方边坡坡度的不同，因而使涵洞上游和下游半部的长度不同，应分别计算，如图7-1。

涵长：

$$L = L_1 + L_2$$

$$L_1 = B_1 + m(H_1 - a - iL_1) + c$$

则
$$L_1 = \frac{B_1 + m(H_1 - a) + c}{1 + im} \tag{7-1}$$

同理得
$$L_2 = \frac{B_2 + m(H_2 - b) + c}{1 - im} \tag{7-2}$$

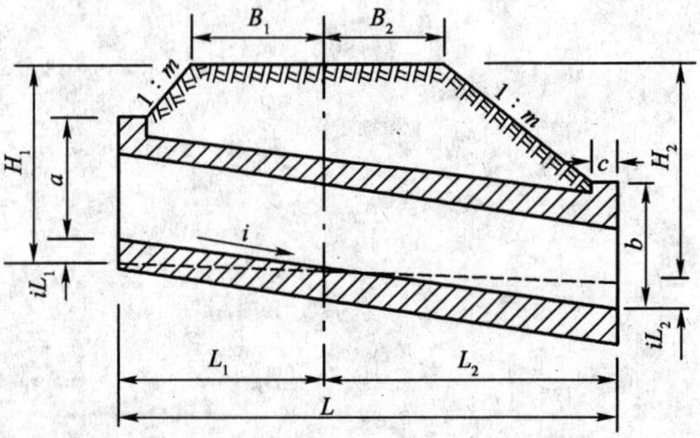

图7-1　路基边坡无变坡时的涵长计算

式中：L_1、L_2——涵洞上、下游半部长度(m)；

B_1、B_2——上、下游路基宽度(包括弯道加宽值)(m)；

a、b——涵洞进、出口帽石顶面至基础顶面高度(m)；

c——帽石顶面宽度(m)；

$1{:}\,m$——路基边坡坡度；

H_1、H_2——路基左、右侧边缘设计高程与涵洞中心基础顶面高程之差，在弯道上应考虑超高及加宽的影响；

i——涵底纵坡度(%)。

其中路基有超高加宽时：

(1)当路基坡度 i 与涵底纵坡 i_1 方向一致时，式(7-1)、(7-2)中，

$$\begin{cases} B_1 = 0.5B \\ B_2 = 0.5B + W \end{cases} \qquad \begin{cases} H_1 = H + Bi_1 \\ H_2 = H - wi_1 \end{cases}$$

(2)当路基坡度与涵底纵坡方向不一致时，式(7-1)、(7-2)中，

$$\begin{cases} B_1 = 0.5B + W \\ B_2 = 0.5B \end{cases} \qquad \begin{cases} H_1 = H - wi_1 \\ H_2 = H + Bi_1 \end{cases}$$

式中：B——未加宽时路基宽度；

W——路基加宽值；

H——未设超高时路基边缘至涵底中心的距离；

i_1——涵底纵坡(%)。

2. 路基边坡有变坡时

如图7-2，按上面的方法很容易推出长度计算公式：

$$L_1 = \frac{B_1 + mh + m_1(H_1 - h - a) + c}{1 + im_1} \tag{7-3}$$

$$L_2 = \frac{B_2 + mh + m_1(H_2 - h - b) + c}{1 - im_1} \tag{7-4}$$

式中：1∶m——接近路基顶面处的路基边坡度；

1∶m_1——接近涵洞处的路基边坡度；

h——路基边坡变坡点至路基边缘的高度(m)；

其余符号意义同前。

二、斜交涵洞

斜交涵洞洞口通常有斜做洞口和正做洞口两种形式。斜做洞口涵洞端墙与路中线平行，与涵轴线斜交；正做洞口端墙与路中线斜交，与涵轴线垂直。

1. 斜洞口涵长计算

如图7-3，很容易推得涵长计算公式如下：

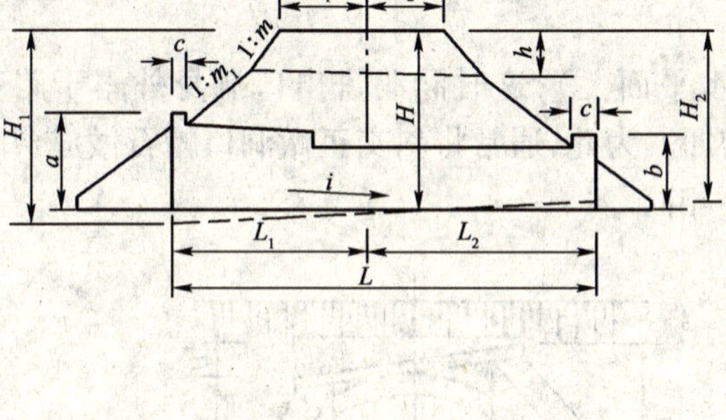

图7-2 路基边坡有变坡时的涵长计算

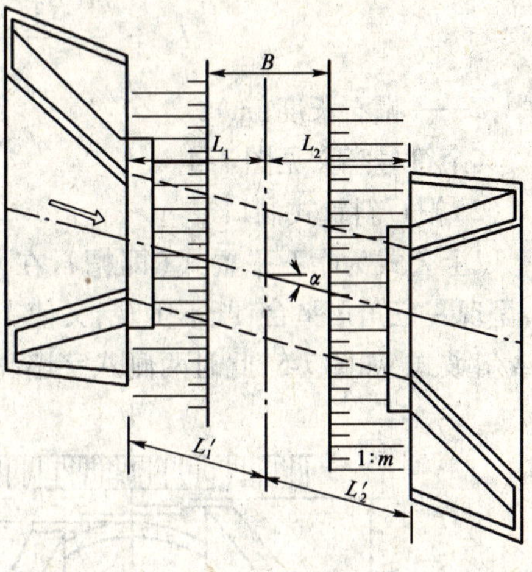

图7-3 斜交洞口涵长计算

$$L'_1 = \frac{L_1}{\cos\alpha} = \frac{B_1 + m(H_1 - a) + c}{\cos\alpha(1 + im)} = \frac{B_1 + m(H_1 - a) + c}{\cos\alpha + im} \tag{7-5}$$

$$L'_2 = \frac{L_2}{\cos\alpha} = \frac{B_2 + m(H_2 - b) + c}{\cos\alpha(1 - im)} = \frac{B_2 + m(H_2 - b) + c}{\cos\alpha + i'm} \tag{7-6}$$

式中：α——涵洞斜度；

i'——沿涵轴线方向的涵底纵坡，$i' = i\cos\alpha$；

H_1、H_2——涵轴线处路基左、右侧边缘设计高程与涵洞中心基础顶面高程之差，在弯道上应考虑超高及加宽的影响（m）；

其余符号意义同前。

2. 正做洞口涵长计算

（1）帽石平置式正做洞口

如图 7-4 所示，则得

$$L_1 = A_1 + A_2 + \frac{B_1}{\cos\alpha} \tag{7-7}$$

$$A_1 = c + \frac{d}{2}\tan\alpha \tag{7-8}$$

$$A_2 = (H_1 - a - i'L_1)\frac{m}{\cos\alpha} \tag{7-9}$$

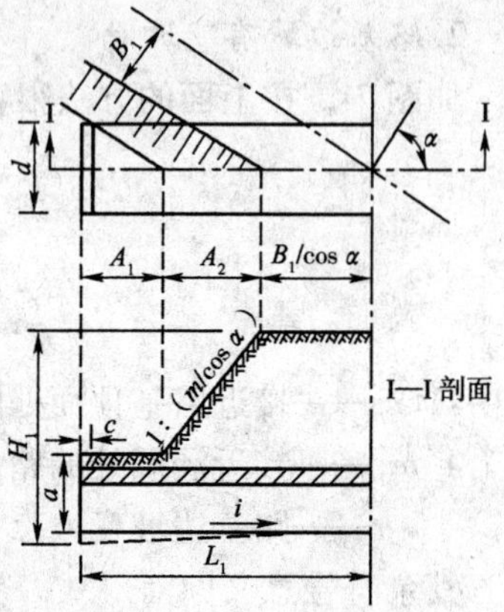

图 7-4　帽石平置式正做洞口涵长计算

将式中（7-8）、式（7-9）代入式（7-7）化简后得：

$$L_1 = \frac{m(H_1 - a) + B_1 + c\cos\alpha + \frac{d}{2}\sin\alpha}{\cos\alpha + i'm} \tag{7-10}$$

同理

$$L_2 = \frac{m(H_2 - b) + B_2 + c\cos\alpha + \frac{d}{2}\sin\alpha}{\cos\alpha - i'm} \tag{7-11}$$

式中：d——帽石长度（m）；

其余符号意义见图 7-4。

（2）帽石斜置式洞口

以上公式为帽石平置式（即帽石在同一个水平面上），这时涵洞进出口洞身外露于路基外，呈现一三角形平台，既不美观，又使工程量增加。为此，通常将斜交正做洞口帽石做成台阶式或斜坡式，如图 7-5，此时两侧八字墙高度各不相同。

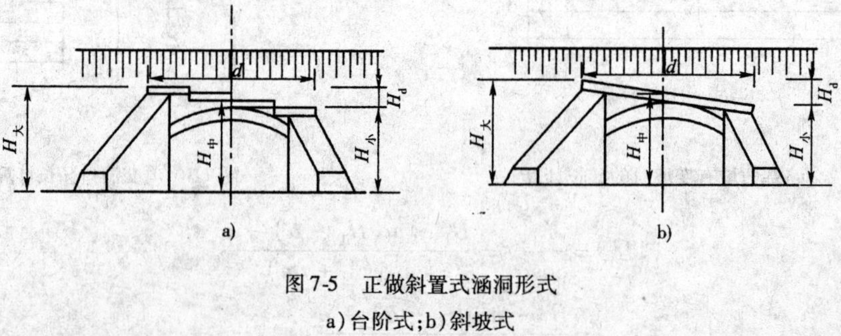

图 7-5　正做斜置式涵洞形式

a）台阶式；b）斜坡式

如图 7-6，可推得计算公式：

$$L'_1 = \frac{B_1 + m(H_1 - H_小) - 0.5d\sin\alpha}{\cos\alpha + i'm} \tag{7-12}$$

$$L'_2 = \frac{B_2 + m(H_2 - H_小) - 0.5d\sin\alpha}{\cos\alpha - i'm} \tag{7-13}$$

式中：$H_{小}$——进出口处小八字翼墙帽石顶面至涵洞基础顶面的高度，如图 7-5；

其余符号意义同前。

图 7-5 中 H_d 为大小八字墙之高差，即：

$$H_d = H_{大} - H_{小} = \frac{d\sin\alpha}{m} \tag{7-14}$$

$$H_{小} = H_{中} - \frac{H_d}{2} \tag{7-15}$$

式中：$H_{大}$——进出口处大八字翼墙帽石顶面至涵洞基础顶面的高度(m)；

$H_{中}$——进出口处涵洞轴线帽石顶面至涵洞基础顶面的高度(m)，如图 7-5；

其余符号意义同前。

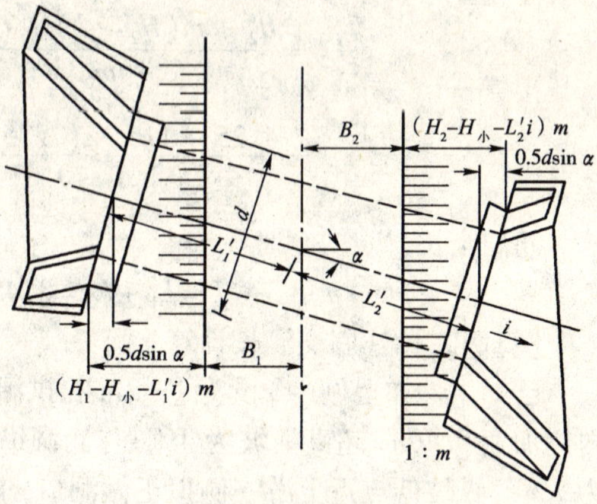

图 7-6　正做斜置式洞口涵长计算

3. 考虑路线纵坡时涵洞长度计算

根据推导，凡属斜交洞口，其洞口无论是斜做或正做，考虑路基纵坡影响时，不分上、下游，其接近路基纵向低点之一侧在原公式分母中加上 $i_2 m\sin\alpha$ 值；其接近路基纵向高点之一侧，则在原式分母中减去 $i_2 m\sin\alpha$ 值，如图 7-7。

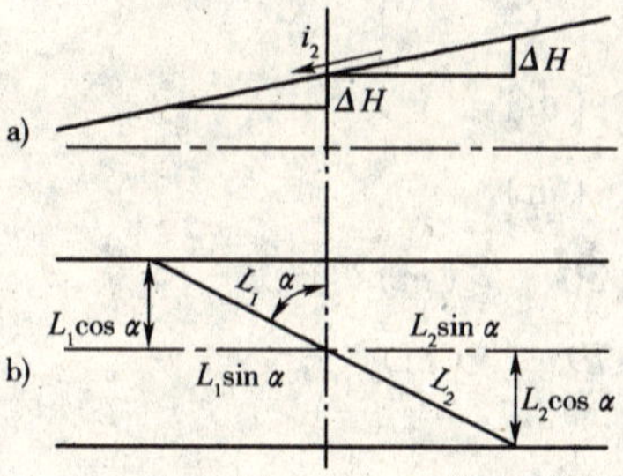

图 7-7　考虑路基纵坡影响的斜交斜做涵洞长度计算

a) 路基纵断面；b) 涵洞平面布置

$$L_1 = \frac{B_1 + (H-a)m + c}{\cos\alpha \pm im + i_2 m\sin\alpha} \tag{7-16}$$

$$L_2 = \frac{B_2 + (H-b)m + c}{\cos\alpha \mp im - i_2 m\sin\alpha} \tag{7-17}$$

式(7-16)中加号适用于 L_1 为上游半部长度，减号适用于 L_1 为下游半部长度。式(7-17)中的加号适用于 L_2 为上游半部长度，减号适用于 L_2 为下游半部长度。

三、算例

[算例一]　(正交涵长计算)

某涵位路基宽度为 8.5m，中心桩号位置之路肩高程为 52.00m，涵洞洞底中心高程为 44.25m；帽石尺寸为 0.2m×0.3m，边坡采用一种边坡 1∶1.5；涵洞进水口建筑高度为 4.70m，出水口为 3.3m，涵底纵坡为 3%，求正交涵洞的涵长。

解：

$B = 8.50$　(m)　　　$m = 1.5$

$i = 0.03$　　　$H = 52.00 - 44.25 = 7.75$　(m)

$a = 4.70 + 0.20 = 4.90$　(m)　　　$b = 3.30 + 0.20 = 3.50$　(m)

采用式(7-1)及式(7-2)计算可得：

$$L_1 = \frac{B_1 + m(H_1 - a) + c}{1 + im}$$

$$= \frac{4.25 + 1.5 \times (7.75 - 4.90) + 0.30}{1 + 0.03 \times 1.5} = 8.45 \quad (\text{m})$$

$$L_2=\frac{B_2+m(H_2-b)+c}{1-im}$$

$$=\frac{4.25+1.5\times(7.75-3.50)+0.30}{1-0.03\times1.5}=11.44(\mathrm{m})$$

涵洞全长：

$$L=L_1+L_2=8.45+11.44=19.89(\mathrm{m})$$

[算例二] （斜交涵长计算）

已知条件如上例，今设为1—3m石拱涵，涵洞中线与路线中线垂线间的夹角为45°，路基内侧加宽0.40m，超高横坡为4%，与涵洞纵坡方向相反，八字翼墙张开为30°，此段路线纵坡为7%。纵坡低点近上游一侧拟正做洞口，求算不考虑路基纵坡影响和考虑纵坡影响的涵长。

解：$\alpha=45°, W=0.40, i_1=0.04, i_2=0.07$

帽石长度：$d=3.00+(0.46\times2)+(0.04\times2)=4.00(\mathrm{m})$

（按两端各出檐4cm，取整数）

$B_1=0.5B+W=4.25+0.40=4.65(\mathrm{m})$（弯道内侧）

$B_2=0.5B=4.25 \quad (\mathrm{m})$

$H_1=H-w_{i_1}=7.75-0.4\times0.04=7.73 \quad (\mathrm{m})$

$H_2=H+B_{i_1}=7.75+8.5\times0.04=8.09 \quad (\mathrm{m})$

$H_1-H_{小}=H_1-\alpha+0.20=7.73-4.70=3.30 \quad (\mathrm{m})$

$H_2-H_{小}=H_2-b+0.20=8.09-3.30=4.79 \quad (\mathrm{m})$

1）不考虑路基纵坡影响

按式(7-12)和(7-13)计算，计算时取$H_{小}=\alpha$（或b）+帽石高度：

$$L'_1=\frac{B_1+m(H_1-H_{小})-0.5d\sin\alpha}{\cos\alpha+i'm}$$

$$=\frac{4.65+1.5\times3.03-0.5\times4\times\sin45°}{\cos45°+1.5\times0.03}=10.35 \quad (\mathrm{m})$$

$$L'_2=\frac{B_2+m(H_2-H_{小})-0.5d\sin\alpha}{\cos\alpha-i'm}$$

$$=\frac{4.25+1.5\times4.79-0.5\times4\times\sin45°}{\cos45°-1.5\times0.03}=15.13 \quad (\mathrm{m})$$

涵洞全长：$L=L'_1+L'_2=10.35+15.13=25.48(\mathrm{m})$

2）考虑路基纵坡影响（仍假定在此超高与加宽范围内）

因路基纵坡低点近上游一侧，按式(7-12)、(7-13)计算：

$$L'_1=\frac{B_1+m(H_1-H_{小})-0.5d\sin\alpha}{\cos\alpha+mi_0+i_2m\sin\alpha}$$

$$=\frac{4.65+1.5\times3.03-0.5\times4\times\sin45°}{\cos45°+1.5\times0.03+0.07\times1.5\times\sin45°}=9.42 \quad (\mathrm{m})$$

$$L'_2=\frac{B_2+m(H_2-H_{小})-0.5d\sin\alpha}{\cos\alpha-mi_0-i_2m\sin\alpha}$$

$$=\frac{4.25+1.5\times4.79-0.5\times4\times\sin45°}{\cos45°-1.5\times0.03-0.07\times1.5\times\sin45°}=17.04 \quad (\mathrm{m})$$

涵洞全长： $L=L'_1+L'_2=9.42+17.04=26.46$ (m)

上下游洞口处与涵位桩号处的路基高程差按式(7-9)计算。

上游降低值： $\Delta H=L'_1\cdot i_2\sin\alpha=9.42\times0.07\sin45^\circ=0.47$ (m)

下游增高值： $\Delta H=L'_2\cdot i_2\sin\alpha=17.05\times0.07\sin45^\circ=0.84$ (m)

洞口处小翼墙顶面填土高：

进口 $H_1-a+0.20-\Delta H=7.73-4.70-0.47=2.56$ (m)

出口 $H_2-b+0.20-\Delta H=8.09-3.30-0.84=5.63$ (m)

大小翼墙之高差：

$$H_d=\frac{b\sin\alpha}{m}=\frac{4\times\sin45^\circ}{1.5}=1.89\text{m}<2.56\text{m 及 }5.63\text{m}$$

可知上、下游大翼墙顶面高度均低于路肩。

从以上计算可以看出，当为斜交涵洞时，路基纵坡对涵长的影响很大，因而在实际应用时不能忽略此影响。

第二节　桥涵主体工程数量计算

一、一般要求

1. 工程数量单位

小桥涵工程数量通常用圬工体积和圬工表面积来表示，它是编制概(预)算和施工计划的依据。

工程数量是按工程各部分分别进行计算的。各部位的工程名称应采用有关规定、规程和规范采用的统一名称，并与概(预)算定额的项目一致。工程数量及材料数量所用单位及小数位数取定应按表 7-1 规定采用。

工程数量取用位数　　表 7-1

<table>
<tr><th rowspan="2">工程材料项目</th><th rowspan="2">单　位</th><th colspan="2">取　用　位　数</th><th rowspan="2">单　位</th><th rowspan="2">总表取用位数</th></tr>
<tr><th>明细表</th><th>部分汇总表</th></tr>
<tr><td>混凝土、圬工</td><td>m^3</td><td>小数后两位</td><td>小数后一位</td><td>m^3</td><td rowspan="14">整数位</td></tr>
<tr><td>石方、土方</td><td>m^3</td><td>整数位</td><td>整数位</td><td>m^3</td></tr>
<tr><td>钢筋长度</td><td>m</td><td>小数后两位</td><td>小数后一位</td><td>m</td></tr>
<tr><td>钢筋质量</td><td>kg</td><td>小数后一位</td><td>整数位</td><td>t</td></tr>
<tr><td>型钢、铁件等质量</td><td>kg</td><td>小数后一位</td><td>整数位</td><td>t</td></tr>
<tr><td>预应力筋长度</td><td>m</td><td>小数后一位</td><td>整数位</td><td>m</td></tr>
<tr><td>预应力筋质量</td><td>kg</td><td>小数后一位</td><td>整数位</td><td>t</td></tr>
<tr><td>木材</td><td>m^3</td><td>小数后两位</td><td>小数后一位</td><td>m^3</td></tr>
<tr><td>模板</td><td>m^2</td><td>小数后一位</td><td>整数位</td><td>m^2</td></tr>
<tr><td>防水层</td><td>m^2</td><td>整数位</td><td>整数位</td><td>m^2</td></tr>
<tr><td>勾缝面积</td><td>m^2</td><td>整数位</td><td>整数位</td><td>m^2</td></tr>
<tr><td>石灰土、砂</td><td>m^3</td><td>整数位</td><td>整数位</td><td>m^3</td></tr>
<tr><td>生石灰</td><td>t</td><td>小数后两位</td><td>小数后一位</td><td>t</td></tr>
<tr><td>石油沥青</td><td>t</td><td>小数后两位</td><td>小数后一位</td><td>t</td></tr>
</table>

2. 工程细目

根据公路工程施工图设计及预算的要求,石拱桥(涵)及钢筋混凝土板涵的工程细目如下:

(1)石拱桥(涵)

①浆(干)砌块(片)石拱圈;

②浆(干)砌块(片)石台身;

③浆(干)砌块(片)石台基;

④浆(干)砌块(片)石墩身;

⑤浆(干)砌块(片)石墩基;

⑥浆砌片石护拱;

⑦浆砌块(片)石洞身铺砌;

⑧浆砌块(片)石洞口;

⑨浆砌粗料帽石;

⑩浆砌粗料栏杆;

⑪挖基土(石)方;

⑫拱上及台背填料。

(2)钢筋混凝土板涵

①钢筋混凝土盖板;

②浆砌块(片)石台身(或混凝土台身);

③浆砌块(片)石台基(或混凝土台基);

④混凝土台帽;

⑤混凝土支撑梁;

⑥浆砌块片石洞身铺砌;

⑦浆砌块片石(或混凝土)洞口;

⑧钢筋混凝土栏杆(或石砌栏杆);

⑨挖基土(石)方。

二、拱圆

1. 主要尺寸

如图 7-8,圆弧拱主要尺寸如下:

$$R = \frac{L_0}{2}\left(\frac{L_0}{4f_0} + \frac{f_0}{L_0}\right) \tag{7-18}$$

$$\varphi_0 = \arcsin\frac{L_0}{2R} \tag{7-19}$$

或

$$\varphi_0 = \arcsin\left(1 - \frac{f_0}{R}\right) \tag{7-20}$$

$$f_0 = R(1 - \cos\varphi_0) \tag{7-21}$$

$$L_0 = 2R(\sin\varphi_0) \tag{7-22}$$

$$x = \frac{L_0}{2R}d \tag{7-23}$$

$$y=\left(1-\frac{f_0}{R}\right)d \qquad (7\text{-}24)$$

$$S=2\varphi_0\left(R+\frac{d}{2}\right) \qquad (7\text{-}25)$$

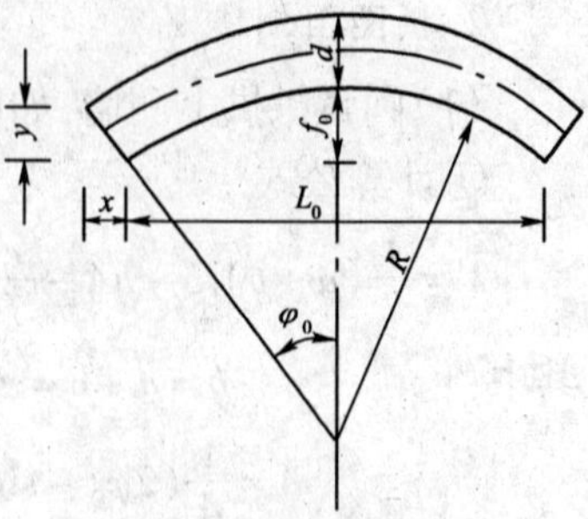

图 7-8 拱圈尺寸

式中：S——拱轴长度（m）；

其余符号意义见图 7-8。

2. 拱圈体积

$$V_{拱圈}=\varphi_0(2Rd+d^2)B \qquad (m^3) \qquad (7\text{-}26)$$

或用下面简便公式计算：

$$V_{拱圈}=ULdB \qquad (m^3) \qquad (7\text{-}27)$$

式中：U——圆弧拱拱轴长度系数，可由表 7-2 查得；

L——计算跨径（m），$L=L_0+x$；

L_0——净跨径（m）；

B——拱圈宽度（m）；

d——拱圈厚度（m）。

U 值表 表 7-2

$\frac{f_0}{L_0}$	$\frac{1}{2}$	$\frac{1}{3}$	$\frac{1}{4}$	$\frac{1}{5}$	$\frac{1}{6}$	$\frac{1}{7}$	$\frac{1}{8}$	$\frac{1}{9}$	$\frac{1}{10}$
U	1.5710	1.2782	1.1594	1.1020	1.0720	1.0535	1.0410	1.0325	1.0265

3. 拱圈两侧及拱弧勾缝面积

$$A_{拱}=U(2Ld+L_0B) \qquad (m^2) \qquad (7\text{-}28)$$

式中符号意义同前。

三、侧墙

1. 侧墙的组成

侧墙是 U 形桥台或涵洞一字墙以及拱圈上侧墙的总称。如图 7-9，U 形桥台上侧墙由 V_3、V_4、V_5、V_6 四部分组成。涵洞一字墙由 V_3、V_4、V_5 三部分组成。拱上侧墙由 V_1、V_2 两部分组成。

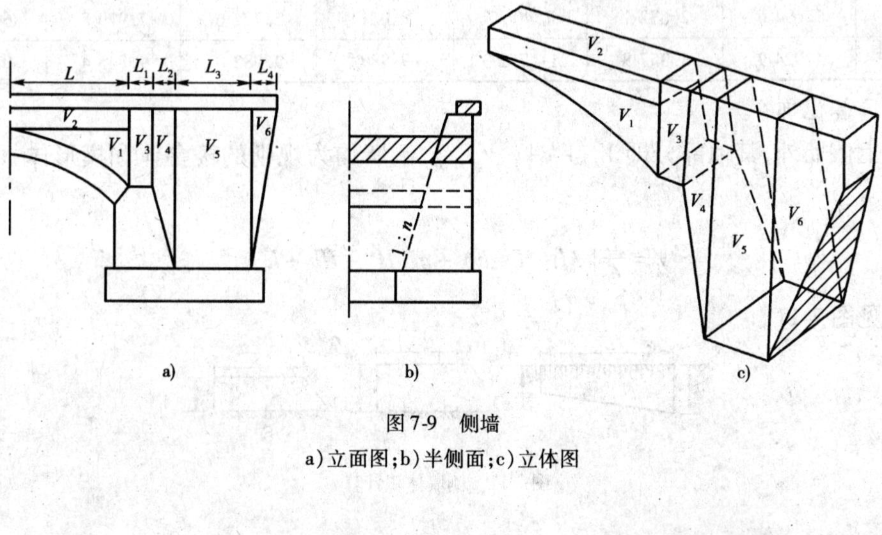

图 7-9 侧墙

a）立面图；b）半侧面；c）立体图

2. 拱圈上侧墙 V_1

(1)圆弧拱拱上侧墙,如图 7-10。

①计算公式

$$V=\frac{1}{2}(a+b)fL-aA-\frac{c}{f}\left(rA-\frac{1}{3}L^3\right) \quad (7\text{-}29)$$

其中：

$$b=a+c=a+nf \quad (7\text{-}30)$$

$$A=\frac{1}{4}(2\varphi_0-\sin 2\varphi_0)R^2 \quad (7\text{-}31)$$

式中符号见图 7-10。

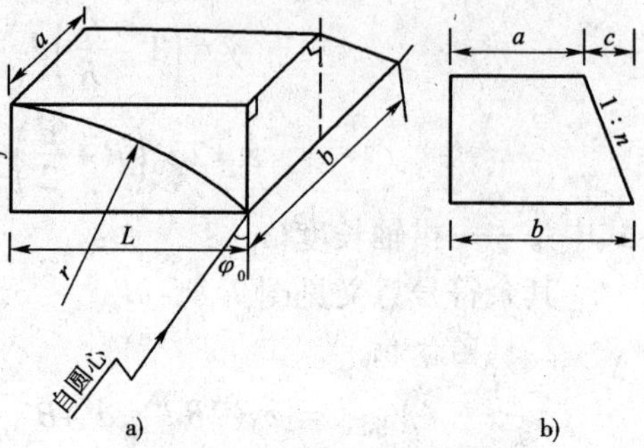

图 7-10　圆弧拱拱上侧墙

a)立体图;b)侧视图

②查表法

$$V=K_1aL^2+K_2nL^3 \quad (7\text{-}32)$$

式中,K_1、K_2 见表 7-3。

K_1、K_2 表　　表 7-3

$\frac{f}{2L}$	$\frac{1}{2}$	$\frac{1}{3}$	$\frac{1}{4}$	$\frac{1}{5}$	$\frac{1}{6}$	$\frac{1}{7}$	$\frac{1}{8}$	$\frac{1}{9}$	$\frac{1}{10}$
K_1	0.214 6	0.182 8	0.150 3	0.126 1	0.106 4	0.092 3	0.081 4	0.072 7	0.065 9
K_2	0.047 9	0.031 3	0.021 2	0.016 1	0.010 7	0.007 8	0.006 2	0.005 5	0.004 6

(2)悬链线拱拱上侧墙,如图 7-10。

$$V=\frac{afL}{K(m-1)}(\mathrm{sh}K-K)+\frac{f^2Lm}{2K(m-1)^2}\left(\frac{1}{2}\mathrm{sh}K\mathrm{ch}K-2\mathrm{sh}K+\frac{3}{2}K\right) \quad (7\text{-}33)$$

其中

$$K=\ln(m+\sqrt{m^2-1}) \quad (7\text{-}34)$$

式中：m——拱轴系数；

K——系数,见表 7-4。

***m*、*K* 值表**　　表 7-4

m	K	sh$K$	sh$K$ch$K$	m	K	sh$K$	sh$K$ch$K$
1.347	0.810 7	0.902 5	1.215 7	4.324	2.143 7	4.213 4	18.218 7
1.756	1.163 0	1.443 5	2.534 8	5.321	2.355 9	5.233 4	27.846 9
2.240	1.445 6	2.004 4	4.489 9	6.536	2.564 6	6.469 1	42.282 0
2.814	1.694 6	2.632 1	7.406 7	8.031	2.772 6	7.979 8	64.085 8
3.500	1.924 9	3.357 8	11.752 3	9.889	2.982 0	9.845 4	97.361 2

3. 侧墙其他部分

除拱上侧墙外,其他部分即 V_2、V_3、V_4、V_5、V_6,侧墙均为规则的棱台体和楔形体,可用下式计算：

$$V=\frac{L}{6}[3B(H+h)+m(H^2+Hh+h^2)] \quad (7\text{-}35)$$

式中符号见图 7-11。

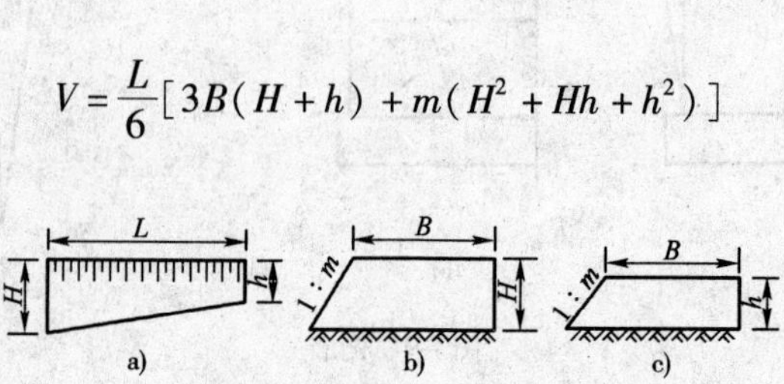

图 7-11　侧墙体积计算

四、桥（涵）墩

1. 圆头墩体积（图 7-12a）

$$V = B_1H(r + R_1) + \frac{1}{3}\pi H(r^2 + rR_1 + R_1^2) \qquad (7\text{-}36)$$

2. 椭圆头墩体积（图 7-12b）

$$V = B_2H(r + R_2) + \frac{1}{6}\pi H(r^2 + rR_2 + R_2^2) \qquad (7\text{-}37)$$

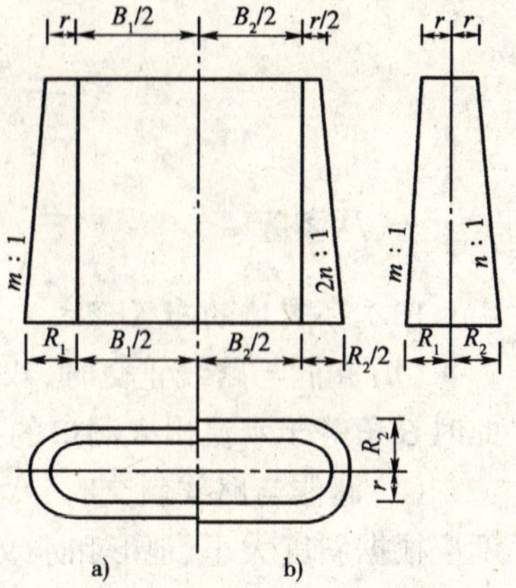

图 7-12　桥（涵）墩体积计算

a）圆头墩；b）椭圆头墩

五、护拱

护拱位于台顶及拱背之上，为一特殊几何体，其精确计算公式比较复杂。对于小桥涵的护拱，在生产中多用近似公式计算。

$$V_{护} = FB_1 \qquad (7\text{-}38)$$

式中：F——沿路中线方向的护拱断面积，即护拱在立面图上的投影面积（m^2）。可用卡面积的方法（或近似图形法）在立面图上求出；

B_1——护拱的平均宽度（m），可视为护拱断面积 F 的重心处的宽度。

护拱断面积重心一般近似地假设在 2/3 护拱高度处，如图 7-13，可用下式计算：

$$B_1 = B - \left[\frac{2}{n}\left(h_1 - \frac{2t}{3}\right) + 2c\right] \qquad (7\text{-}39)$$

式中：t——护拱高度（m），通常 $t = \frac{f_0}{2}$；

n: 1——拱上侧墙背坡；

h_1——拱上侧墙的最大高度（m）；

c——拱上侧墙顶宽（m）。

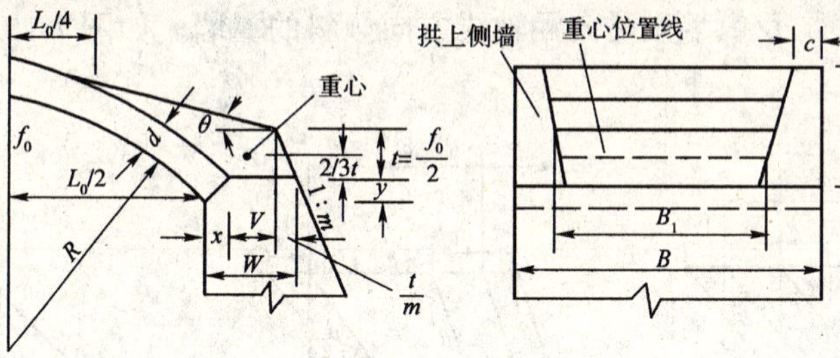

图 7-13　护拱体积计算

六、拱体填料

拱体填料体积按下式计算：

$$V_{填料} = 2BA_{侧} - V_{侧墙} - V_{护拱} \qquad (7\text{-}40)$$

式中：$V_{侧墙}$、$V_{护拱}$——全跨的侧墙及护拱体积（m^3）；

$A_{侧}$——全跨侧墙勾缝面积（m^2）；

B——拱圈全宽（m）。

第三节　涵洞洞口尺寸及工程数量

一、八字墙

1. 八字翼墙的布置形式

（1）涵洞与路线正交时，八字翼墙布置成对称的正翼墙，即沿洞口向外扩散相同的β角，此时β角等于水流出入洞口的扩散角θ，如图7-14。

（2）涵洞与路线斜交时，八字翼墙一般采用斜布置（也有采用正布置）。斜布置的翼墙角度应根据斜度大小、地形和水文情况确定，如图7-15所示。θ为水流扩散角，β为翼墙向外扩散角，α为涵洞的斜度，则$\beta_1=\theta+\alpha$，β_1是正值，翼墙是正翼墙；$\beta_2=\theta-\alpha$，β_2是负值，翼墙是反翼墙。当$\beta_2=0$时，$\theta=\alpha$，这时翼墙为最经济。

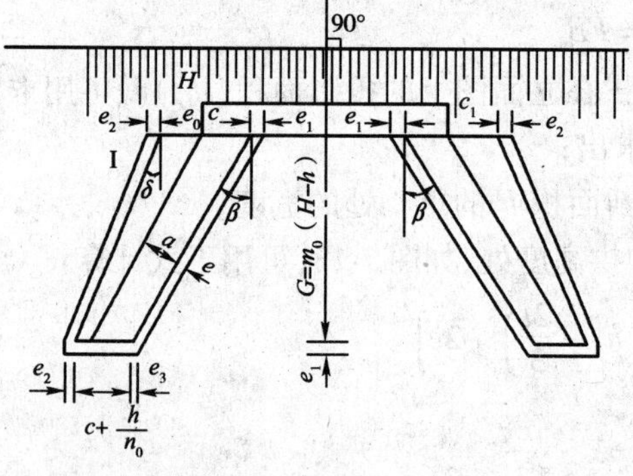

图7-14　正交涵洞的八字翼墙

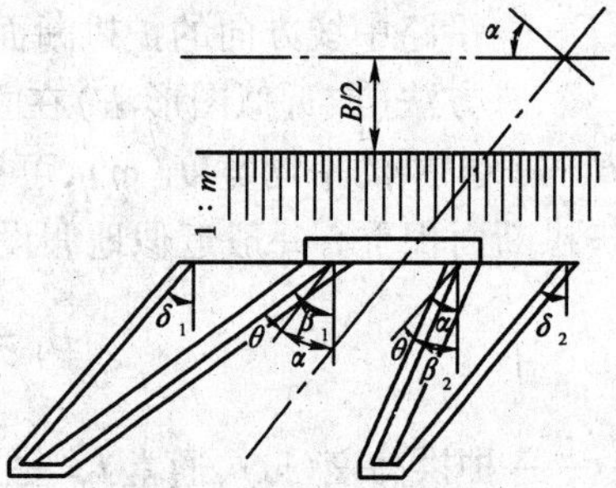

图7-15　斜交斜做的八字翼墙

2. 主要尺寸

（1）正翼墙、反翼墙。正翼墙、反翼墙是配合斜涵斜做洞口的形式，正翼墙是向涵轴线外侧方向倾斜β角的翼墙，反翼墙则是向涵轴线方向倾斜的翼墙。如图7-16，正、反翼墙尺寸按以下各式计算：

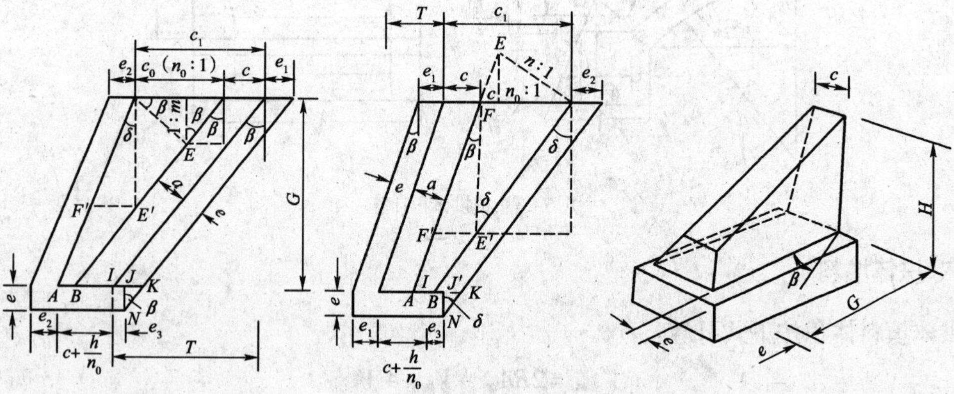

a)　　b)　　c)

图7-16　斜八字墙

a）正翼墙；b）反翼墙；c）立体图

$$m_0 = n \tag{7-41}$$

$$n_{0反}^{正} = \left(n \pm \frac{\sin\beta}{m}\right)\cos\beta \tag{7-42}$$

$$\delta_{反}^{正} = \arctan\left(\tan\beta \pm \frac{1}{mn_{0反}^{正}}\right) \tag{7-43}$$

$$\left.\begin{aligned} c &= \frac{a}{\cos\beta} \\ c_0 &= \frac{1}{n_0}H \end{aligned}\right\} \tag{7-44}$$

$$c_1 = c + c_0 \tag{7-45}$$

$$e_1 = \frac{e}{\cos\beta} \tag{7-46}$$

$$e_2 = \frac{e}{\cos\delta} \tag{7-47}$$

$$e_{3(正)} = e\left(\frac{1 - \sin\beta}{\cos\beta}\right) \tag{7-48}$$

$$e_{3(反)} = e\left(\frac{1 - \sin\delta_{反}}{\cos\delta_{反}}\right) \tag{7-49}$$

$$G = m(H - h) \tag{7-50}$$

$$T = G \cdot \tan\beta \tag{7-51}$$

式中：$1:m$——路基边坡度；

$1:m_0$——沿洞墙方向的翼墙坡度；

$n:1$——翼墙垂直断面的背坡；

$n_0:1$——翼墙平行于端墙方向的背坡；

a——翼墙垂直顶宽(m)；

c——翼墙平行于端墙方向的顶宽(m)；

c_1——翼墙平行于端墙方向的底宽(m)；

e——基础襟边垂直宽度(m)；

H——八字墙高(m)。

(2)大翼墙、小翼墙。大翼墙、小翼墙是配合斜涵正做洞口的形式，大翼墙是涵轴线与路中线相交为锐角侧的翼墙，小翼墙是涵轴线与路中线相交为钝角侧的翼墙。

如图7-17，大、小翼墙尺寸按以下各式计算：

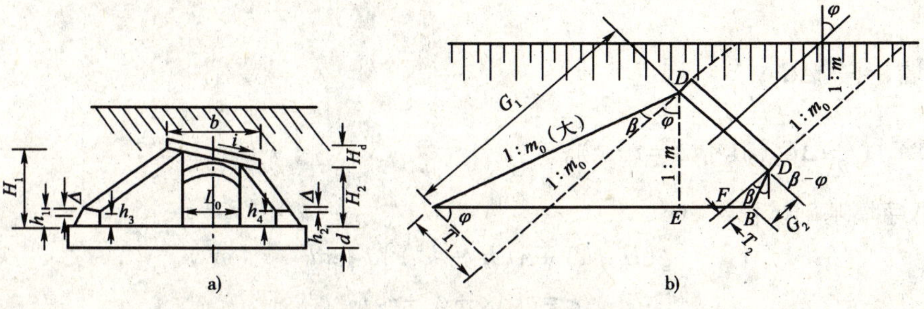

图7-17　大、小翼墙尺寸

a)立面；b)平面

$$m_{0小}^{大} = \frac{m\cos\beta}{\cos(\beta \pm \varphi)} \tag{7-52}$$

$$n_{0小}^{大} = n\cos\beta + \frac{1}{m}\sin\beta\cos(\beta \pm \varphi) \tag{7-53}$$

$$\delta_{小}^{大} = \arctan\left[\tan\beta - \frac{\cos(\beta \pm \varphi)}{mn_{0小}^{大}\cos\beta}\right] \tag{7-54}$$

$$H_1 = H_2 + H_d \tag{7-55}$$

$$H_d = \frac{\sin\varphi}{m}(L_0 + 2c) \tag{7-56}$$

或

$$H_d = \frac{\sin\varphi}{m} \cdot b \tag{7-57}$$

$$i = \frac{H_d}{b} = \frac{\sin\varphi}{m} \tag{7-58}$$

$$G_1 = m'^{(大)}_0(H_1 - h_1) \tag{7-59}$$

$$G_2 = m'^{(小)}_0(H_2 - h_2) \tag{7-60}$$

$$h_3 = h_1 - \Delta \tag{7-61}$$

$$h_4 = h_2 + \Delta \tag{7-62}$$

$$\Delta = i \cdot c \tag{7-63}$$

式中：L_0——涵洞净跨(m)；

i——帽石顶面斜坡度(%)；

b——帽石长度(实际 $b > l_0 + 2c$)；

其余符号意义同前(见图 7-14)。

3. 工程数量

(1)墙身体积(一个翼墙)

$$V_{身} = \frac{1}{2}cm_0(H^2 - h^2) + \frac{m_0(H^3 - h^3)}{6n_0} \quad (m^3) \tag{7-64}$$

通常情况下，$m = 1.5$；$\beta = 30°$；墙顶宽 $a = 0.4$m；$n = 4$ 时，则公式可简化为：

$$V_{身} = \frac{H^3}{15} + 0.345H^2 - \Delta V \tag{7-65}$$

其中：当 $h = 0.2$m 时，$\Delta V = 0.014$；当 $h = 0.4$m 时，$\Delta V = 0.059$。

对于斜交正做洞口的大、小翼墙，式中的 $H - h$ 应分别为 $H_1 - h_1$ 及 $H_2 - h_2$，并且体积应作如下修正：

大翼墙，$-\frac{1}{2}c\Delta G_1$；

小翼墙，$+\frac{1}{2}c\Delta G_2$(其中 $\Delta = i \cdot c$)。

(2)八字墙基础体积

$$V_{基} = [\xi(H - h) + \lambda(H^2 - h^2)]d + xd \quad (m^3) \tag{7-66}$$

其中：

$$\xi = m_0(c + e_1 + e_2)$$

$$\lambda = \frac{1}{2} \cdot \frac{m_0}{n_0}$$

$$x=\left(e_1+e_2+c+\frac{h}{n_0}\right)\cdot e$$

式中：d——八字墙基础厚度（m）。

通常情况：$m=1.5$；$\beta=30°$；$a=0.40$m，基础垂直襟边 $e=0.10$m（或 0.20m）；$n=4$ 时：

$$V_{基}=0.12H^2+0.82H-0.347 \tag{7-67}$$

（$h=0.40$m，$e=0.20$m）

$$V_{基}=0.12H^2+0.60H-0.127 \tag{7-68}$$

（$h=0.20$m，$e=0.10$m）

（3）翼墙墙顶面积

$$A_{顶}=c\sqrt{1+m_0^2}(H-h)\qquad(\mathrm{m}) \tag{7-69}$$

二、锥形护坡

1. 锥形护坡的布置形式

（1）涵洞与路线正交时，其平面布置形式如图 7-18 所示。

（2）涵洞与路线斜交时，锥形护坡一般采用斜布置（也有采用正布置）。斜布置的锥形护坡角度应根据斜度大小确定，其平面布置形式如图 7-19 所示。

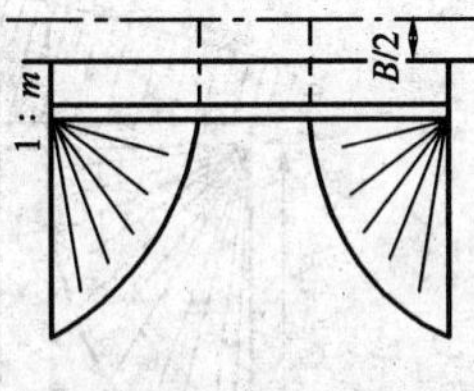

图 7-18　正交涵洞的锥形护坡

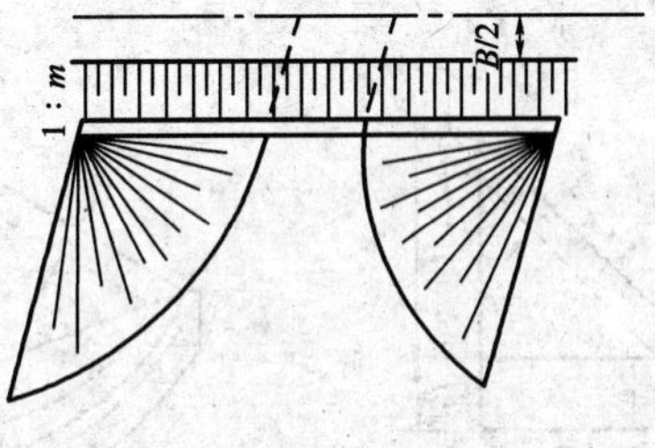

图 7-19　斜交涵洞的锥形护坡

2. 主要尺寸

（1）正锥坡

正锥坡一般为椭圆锥体的 1/4，如图 7-20。正锥坡主要尺寸如下：

锥底椭圆方程　$b^2x^2+a^2y^2=a^2b^2$　（m）　（7-70）

锥底椭圆面积　$A=\pi ab$　（m）　（7-71）

锥底椭圆周长　$S=\pi(a+b)K$　（m）　（7-72）

椭圆锥体体积　$V=\frac{1}{3}\pi abH$　（m）　（7-73）

长半轴　$a=mH$　（m）　（7-74）

短半轴　$b=nH$　（m）　（7-75）

$$u=\frac{\sqrt{1+m^2}}{m}\cdot t \tag{7-76}$$

$$v=\frac{\sqrt{1+n^2}}{n}\cdot t \tag{7-77}$$

以上各式符号意义见图 7-20，其中椭圆周长系数 K 见表 7-5。

椭圆周长计算系数 K 值　　表 7-5

$\frac{a-b}{a+b}$	K	$\frac{a-b}{a+b}$	K
0.1	1.0025	0.6	1.0922
0.2	1.0100	0.7	1.1269
0.3	1.0226	0.8	1.1679
0.4	1.0404	0.9	1.2162
0.5	1.0635	1.0	1.2732

(2)斜锥坡

斜交正做洞口时，洞口一字墙可做成斜坡式或台阶式，两端锥坡高度不等。

当路基边坡为 $1:m$ 时，锥坡顺涵洞方向的坡度为 $1:m$。

如图 7-21，斜锥坡各部尺寸如下：

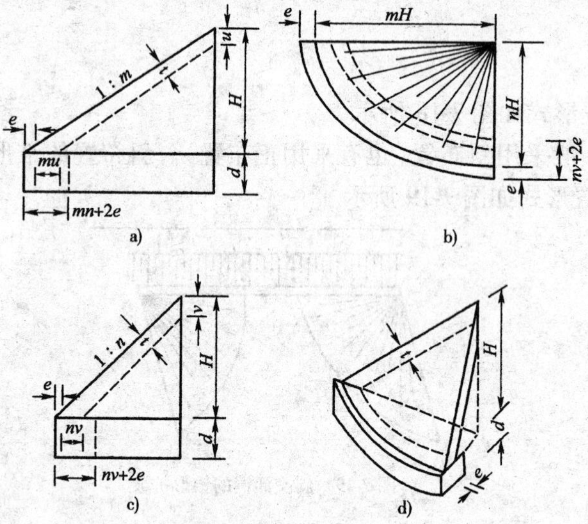

图 7-20　正锥坡

a)立面；b)平面；c)侧面；d)立体图

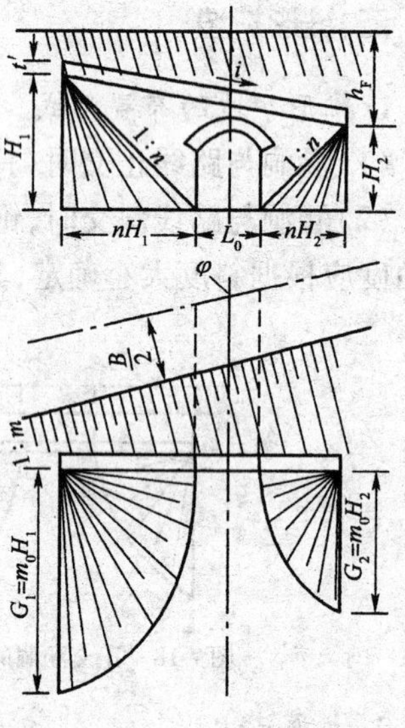

图 7-21　斜锥坡

锥坡长半轴　　$a_1 = m_0 H_1$　（m）　(7-78)

$a_2 = m_0 H_2$　（m）　(7-79)

锥坡短半轴　　$b_1 = nH_1$　（m）　(7-80)

$b_2 = nH_2$　（m）　(7-81)

锥坡顺涵洞方向坡度：

$$m_0 = \frac{m}{\cos\varphi} \quad (7\text{-}82)$$

两锥坡高差为：　$H_d = (nH_1 + L_0 + nH_2) \cdot i$　（m）

式中：i——洞口斜坡端墙的斜率。

$$i = \frac{\sin\varphi}{m}$$

锥坡高度通常取低锥坡高度与涵洞顶高度相等，如图 7-21 所示，即 $H_2 = h$，则高锥坡高度：

$$H_1 = H_2 + H_d = \frac{mH_2 + (L_0 + nH_2)\sin\varphi}{m - n\sin\varphi} \tag{7-83}$$

计算后如果 $H_1 > H_2 + h_F - t'$ 时则取：

$$H_1 = H_2 + h_F - t' \tag{7-84}$$

再用 H_1 反算 i，使 i 坡度变缓，以使锥顶不超过路基。

3. 工程数量

(1)锥坡填土体积

$$V_{土} = \frac{\pi}{12}mn\overline{H}^3 \quad (m^3) \tag{7-85}$$

式中：$\overline{H}$——土锥坡平均高度，可按下式计算：

$$\overline{H} = H - \frac{1}{2}(u + v) = H - \frac{1}{2}(A + B)t \quad (m)$$

$$A = \frac{\sqrt{1 + m^2}}{m} \quad (m)$$

$$B = \frac{\sqrt{1 + n^2}}{n} \quad (m)$$

其余符号意义同前。

(2)锥坡片石砌体体积

$$V_{片石} = \frac{\pi}{12}mnH^3 - V_{土} = \frac{\pi}{12}mn(H^3 - \overline{H}^3) \quad (m^3) \tag{7-86}$$

(3)锥坡片石基础砌体体积

由式(7-72)锥底椭圆周长 S 及基础断面尺寸 b_0、d 可求得：

$$V_{基} = \frac{K\pi}{4}[(m + n)H + 2e - b_0]b_0 \cdot d \quad (m^3) \tag{7-87}$$

式中：b_0——锥坡基础宽度(m)；

d——锥坡基础厚度(m)；

其余符号意义同前。

(4)锥坡表面积

$$A_{坡} = \frac{\pi}{12}mn(A + \sqrt{AB} + B)H^2 \quad (m^2) \tag{7-88}$$

锥坡工程数量计算公式汇总如表 7-6。

一个锥坡工程数量计算(单位：体积，m^3；面积，m^2)　　表 7-6

项　目	条　件		公　式
填土体积 式(7-85)	$m=1.5$ $n=1.0$	$t=0.20$(m)	$V_{土}=0.393H^3-0.308H^2+0.080H-0.007$
		$t=0.25$(m)	$V_{土}=0.393H^3-0.385H^2+0.126H-0.014$
		$t=0.30$(m)	$V_{土}=0.393H^3-0.462H^2+0.181H-0.024$
	$m=1.0$ $n=1.0$	$t=0.20$(m)	$V_{土}=0.262H^3-0.222H^2+0.063H-0.006$
		$t=0.25$(m)	$V_{土}=0.262H^3-0.278H^2+0.098H-0.012$
		$t=0.30$(m)	$V_{土}=0.262H^3-0.333H^2+0.141H-0.020$

续上表

项目	条件		公式
片石护坡体积式(7-86)	$m=1.5$ $n=1.0$	$t=0.20(\mathrm{m})$	$V_{片石}=0.308H^2-0.080H+0.007$
		$t=0.25(\mathrm{m})$	$V_{片石}=0.385H^2-0.126H+0.014$
		$t=0.30(\mathrm{m})$	$V_{片石}=0.462H^2-0.181H+0.024$
	$m=1.0$ $n=1.0$	$t=0.20(\mathrm{m})$	$V_{片石}=0.222H^2-0.063H+0.006$
		$t=0.25(\mathrm{m})$	$V_{片石}=0.278H^2-0.098H+0.012$
		$t=0.30(\mathrm{m})$	$V_{片石}=0.333H^2-0.141H+0.020$
基础体积式(7-87) $b_0=0.60\mathrm{m}$ $d=0.60\mathrm{m}$ $e=0.10\mathrm{m}$	$m=1.5$ $n=1.0$		$V_{基}=0.714H-0.114$
	$m=1.0$ $n=1.0$		$V_{基}=0.566H-0.113$
表面积式(7-88)	$m=1.5$ $n=1.0$		$A_{坡}=1.54H^2$
	$m=1.0$ $n=1.0$		$A_{坡}=1.11H^2$

三、扭坡

1. 主要尺寸

扭坡为涵洞洞口的一种建筑形式，用于灌溉渠道的出入口。

扭坡建筑形式一般有两种，即涵洞洞口与渠道不同宽和同宽（即 $\alpha\neq0$ 和 $\alpha=0$）两种，如图7-22和图7-23。图中尺寸关系为：

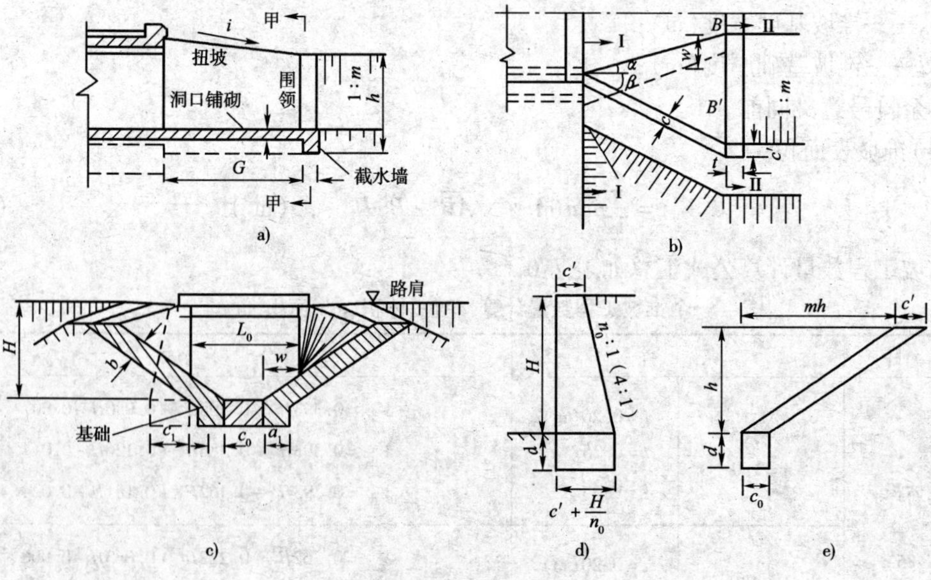

图7-22　正交涵洞扭坡洞口（$a\neq0$）

a）纵断面；b）半平面；c）甲—甲断面；d）I—I 剖面；e）II—II 剖面

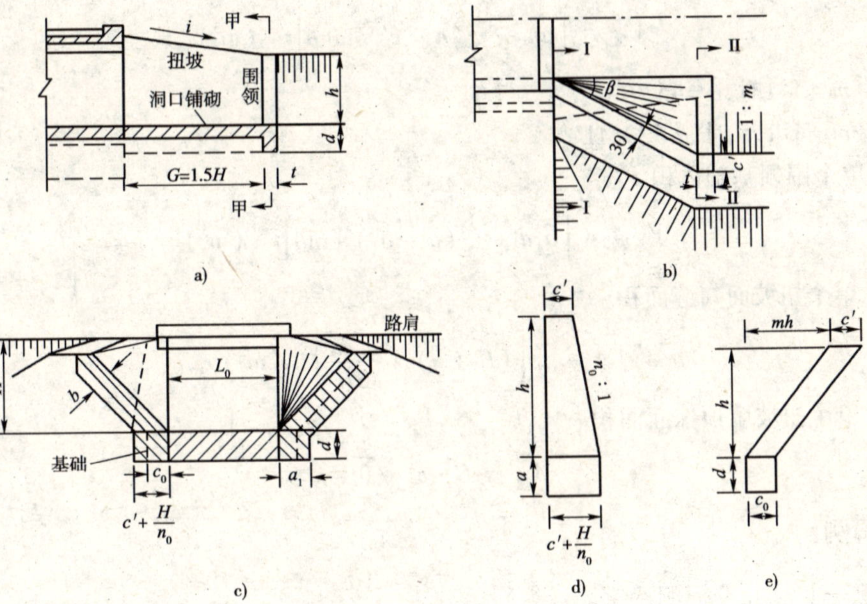

图 7-23　正交涵洞扭坡洞口（$a=0$）

a）纵断面；b）半平面；c）甲—甲断面；d）I—I 剖面；e）II—II 剖面

$$i = \frac{H - h}{G} \tag{7-89}$$

一般取 $G = 1.5H$

$$\tan\beta = \frac{mh - G\tan\alpha}{G} \tag{7-90}$$

$$c' = \frac{c}{\cos\beta} \tag{7-91}$$

一般取 $c = 0.3\text{m}$。

式中：H——洞口端扭坡的高度（m）；

h——水渠端扭坡的高度（m）；

G——扭坡长度（m）；

α——扭坡底边线与涵轴线的夹角（°）；

β——扭坡上口边线与涵轴线的夹角（°）。

2. 扭坡工程数量计算公式

（1）单个扭坡墙身体积

$$V = \left\{\frac{1}{3}(A_1 + A_2) + \frac{1}{12}\left[H(c' + c_0) + h\left(2c' + \frac{H}{n_0}\right)\right]\right\}G \tag{7-92}$$

式中

$$A_1 = \frac{1}{2}\left(2c' + \frac{H}{n_0}\right)H;\quad A_2 = \frac{1}{2}(c' + c_0)h$$

（2）单个扭坡墙基础体积

$$V_{基} = \frac{1}{2}\left(c' + c_0 + \frac{H}{n_0}\right)Gd \quad (\text{m}^3) \tag{7-93}$$

（3）单个扭坡围领体积

$$V_{领} = \left[ah - \frac{1}{2}(a - c')^2\tan\theta\right]t \quad (m^3) \tag{7-94}$$

当 1∶m = 1∶1时，$\theta = 45°$

当 1∶m = 1∶1.5 时，$\theta = 33°41'$

（4）单个围领基础体积

$$V_{领基} = \left[a_1 d + \frac{1}{2}(a - a_1)^2\tan\theta\right]t \quad (m^3) \tag{7-95}$$

（5）单个扭坡面勾缝面积

$$A_{坡} = \frac{G}{2}\left[(H + h) + \frac{m^2h^2}{3H}\right] \quad (m^2) \tag{7-96}$$

（6）单个扭坡墙顶抹面面积

$$A_{顶} = G \cdot c' \sqrt{1 + i^2} \tag{7-97}$$

四、算例

［算例一］ （正交涵洞八字墙计算）

正交涵洞，上游洞口八字翼墙的张角 $\beta = 30°$，翼墙高 $H = 4$m，$h = 0.40$m，墙顶宽 $a = 0.40$m，翼墙背坡为 4∶1（$n = 4$），基础厚度 $d = 0.60$m，襟边宽 $e = 0.20$m，路基边坡为 1∶1.5（$m = 1.5$），求上游洞口两个翼墙墙身、基础圬工体积及墙顶水泥砂浆抹面面积。

解：1）求两个翼墙墙身体积

$$m_0 = m = 1.5$$

$$n_{0正} = \left(n + \frac{\sin\beta}{m}\right)\cos\beta = \left(4 + \frac{\sin30°}{1.5}\right)\cos30° = 3.75$$

$$c = \frac{a}{\cos\beta} = \frac{0.40}{\cos30°} = 0.46(m)$$

由式（7-64）求一个墙身体积：

$$V_{身} = \frac{1}{2}cm_0(H^2 - h^2) + \frac{m_0}{6n_0}(H^3 - h^3)$$

$$= \frac{1}{2} \times 0.46 \times 1.5 \times (4^2 - 0.4^2) + \frac{1.5}{6 \times 3.75} \times (4^3 - 0.4^3)$$

$$= 9.72(m^3)$$

两个墙身体积：

$$2V_{身} = 2 \times 9.72 = 19.44(m^3)$$

2）求两个翼墙基础体积

$$e_1 = \frac{e}{\cos\beta} = \frac{0.2}{\cos30°} = 0.23(m)$$

$$\delta_{正} = \arctan\left(\tan\beta - \frac{1}{m \cdot n_0^{正}}\right) = \arctan\left(\tan30° - \frac{1}{1.5 \times 3.75}\right) = 21.78°$$

$$e_3^{正} = e\left(\frac{1 - \sin\beta}{\cos\beta}\right) = 0.2 \times \left(\frac{1 - \sin30°}{\cos30°}\right) = 0.12(m)$$

$$e_2 = \frac{e}{\cos\delta} = \frac{0.2}{\cos21.78°} = 0.22(m)$$

由式(7-66)求一个基础体积：

$$V_{基}=m_0(c+e_1+e_2)(H-h)d+\frac{m_0}{2n_0}(H^2-h^2)d+\left(e_1+e_2+c+\frac{h}{n_0}\right)ed$$

$$=1.5\times(0.46+0.23+0.22)\times(4-0.4)\times0.6\times\frac{1.5}{2\times3.75}\times$$

$$(4^2-0.4^2)\times0.6+\left(0.23+0.22+0.46+\frac{0.4}{3.75}\right)\times0.2\times0.6$$

$$=4.97(\mathrm{m}^3)$$

两个基础体积： $2V_{基}=2\times4.97=9.94(\mathrm{m}^3)$

3)求两个翼墙墙体顶面积：

由式(7-69)求一个翼墙顶面面积：

$$A_{顶}=c\sqrt{1+m_0^2}(H-h)=0.46\times\sqrt{1+1.5^2}\times(4-0.4)=2.99(\mathrm{m}^2)$$

两个翼墙顶面面积：

$$2A_{顶}=2\times2.99=5.98(\mathrm{m}^2)$$

[算例二] (斜交涵洞八字墙计算)

斜交斜做涵洞：$\varphi=50°$，下游洞口八字墙 $\theta=10°$，翼墙高度 $H=3.50\mathrm{m}$，$h=0.20\mathrm{m}$，墙顶宽 $a=0.40\mathrm{m}$，翼墙背坡4∶1($n=4$)，基础厚度 $d=0.6\mathrm{m}$，襟边宽 $e=0.10\mathrm{m}$，路基边坡为1∶1.5($m=1.5$)，求下游洞口两个翼墙墙身及基础圬工体积。

解：洞口翼墙张角 β：

正翼墙： $\beta_1=\theta+\varphi=10°+50°=60°$

反翼墙： $\beta_2=\theta-\varphi=10°-50°=-40°$

(1)一个正翼墙墙身及基础圬工体积

$$m_0=m=1.5$$

$$n_{0正}=\left(n+\frac{\sin\beta}{m}\right)\cos\beta=\left(4+\frac{\sin60°}{1.5}\right)\cos60°=2.29$$

$$c=\frac{a}{\cos\beta}=\frac{0.40}{\cos60°}=0.80(\mathrm{m})$$

$$V_{身}=\frac{1}{2}cm_0(H^2-h^2)+\frac{m_0}{6n_0}(H^3-h^3)$$

$$=\frac{1}{2}\times0.8\times1.5\times(3.5^2-0.2^2)+\frac{1.5}{6\times2.29}\times(3.5^3-0.2^3)$$

$$=12(\mathrm{m}^3)$$

$$e_1=\frac{e}{\cos\beta}=\frac{0.1}{\cos60°}=0.2(\mathrm{m})$$

$$\delta_{正}=\arctan\left(\tan\beta-\frac{1}{mn_0^{正}}\right)=\arctan\left(\tan60°-\frac{1}{1.5\times2.29}\right)=55.24°$$

$$e_2=\frac{e}{\cos\delta_{正}}=\frac{0.1}{\cos55.24°}=0.18(\mathrm{m})$$

$$V_{基} = m_0(c + e_1 + e_2)(H - h)d + \frac{m_0}{2n_0}(H^2 - h^2)d + \left(e_1 + e_2 + c + \frac{h}{n_0}\right)ed$$

$$= 1.5 \times (0.8 + 0.2 + 0.18)(3.5 - 0.2) \times 0.6 + \frac{1.5}{2 \times 2.29} \times$$

$$(3.5^2 - 0.2^2) \times 0.6 + \left(0.2 + 0.18 + 0.8 + \frac{0.2}{2.29}\right) \times 0.1 \times 0.6$$

$$= 5.98(m^3)$$

(2)一个反翼墙 n_0 墙身及基础圬工体积($\beta = -40°$,按 $\beta = 40°$计算)

因正、反翼墙 n_0 值不同,故反翼墙不能查表,其体积按式(7-64)、(7-66)计算:

$$m_0 = m = 1.5$$

$$n_{0反} = \left(n - \frac{\sin\beta}{m}\right)\cos\beta = \left(4 - \frac{\sin40°}{1.5}\right)\cos40° = 2.74$$

$$c = \frac{a}{\cos\beta} = \frac{0.40}{\cos40°} = 0.52(m)$$

$$V_{身} = \frac{1}{2}cm_0(H^2 - h^2) + \frac{m_0}{6n_0}(H^3 - h^3)$$

$$= \frac{1}{2} \times 0.52 \times 1.5 \times (3.5^2 - 0.2^2) + \frac{1.5}{6 \times 2.74} \times (3.5^3 - 0.2^3)$$

$$= 8.67(m^3)$$

$$e_1 = \frac{e}{\cos\beta} = \frac{0.1}{\cos40°} = 0.13(m)$$

$$\delta_{反} = \arctan\left(\tan\beta + \frac{1}{mn_0^{反}}\right) = \arctan\left(\tan40° + \frac{1}{1.5 \times 2.74}\right) = 47.27°$$

$$e_2 = \frac{e}{\cos\delta_{反}} = \frac{0.1}{\cos47.27°} = 0.15(m)$$

$$V_{基} = m_0(c + e_1 + e_2)(H - h)d + \frac{m_0}{2n_0}(H^2 - h^2)d + \left(e_1 + e_2 + c + \frac{h}{n_0}\right)ed$$

$$= 1.5 \times (0.52 + 0.13 + 0.15)(3.5 - 0.2) \times 0.6 + \frac{1.5}{2 \times 2.74} \times$$

$$(3.5^2 - 0.22^2) \times 0.6 + \left(0.13 + 0.15 + 0.52 + \frac{0.2}{2.74}\right) \times 0.1 \times 0.6$$

$$= 4.43(m^3)$$

(3)下游洞口两个翼墙墙身、基础圬工体积

墙身圬工:$V = 12 + 8.67 = 20.67(m^3)$

基础圬工:$V = 5.98 + 4.43 = 10.41(m^3)$

[算例三] (锥坡洞口)

锥坡高 $H = 4.5m$,纵坡 $1:m = 1:1.5$,横坡 $1:n = 1:1$,片石护坡厚 $t = 0.25m$,基础厚 $d =$

0.6m，基础宽 $mu+2e=0.6$m，襟边宽 $e=0.1$m，求锥坡填土、护坡片石和基础工程数量。

解：根据已知条件，由表7-6得：

$$
\begin{aligned}
V_{土} &= 0.393H^3 - 0.385H^2 + 0.126H - 0.014 \\
&= 0.393 \times 4.5^3 - 0.385 \times 4.5^2 + 0.126 \times 4.5 - 0.014 \\
&= 28.57(\mathrm{m}^3) \\
V_{片石} &= 0.385H^2 - 0.126H + 0.014 \\
&= 0.385 \times 4.5^2 - 0.126 \times 4.5 + 0.014 \\
&= 7.24(\mathrm{m}^3) \\
V_{基} &= 0.714H - 0.114 \\
&= 0.714 \times 4.5 - 0.114 \\
&= 3.10(\mathrm{m}^3)
\end{aligned}
$$

附录 《公路小桥涵设计》教学基本要求

（52 学时）

一、课程性质和任务

本课程是公路与桥梁专业的一门专业课程。

本课程学习小桥涵勘测方法和构造形式的选择，桥上作用荷载和外力的形式，小桥涵设计的一般程序和方法，基础设计与分析，天然地基浅基础设计方法。重点是学习和运用桥涵设计规范，套用标准图和有关手册进行小桥和涵洞的设计，并计算相应的工程数量。

二、课程教学目标

学完本课程之后，学生能够：

(1)描述小桥涵的分类和特点以及小桥涵的基本要求；

(2)进行小桥涵的勘测；

(3)运用直接类比法和形态调查法进行流量计算；

(4)描述涵洞基础的组成、构造，沟床加固和防护方法；

(5)描述基础的类型及适用条件；

(6)根据有关规范进行天然地基浅基础的设计；

(7)按照标准图和有关手册进行小桥和涵洞的设计；

(8)计算小桥涵工程数量。

三、教学内容和要求

1. 概述

(1)描述小桥涵的划分标准、分类及特点；

(2)描述小桥涵设计的原则及选型应考虑的因素；

(3)描述小桥涵设计的基本要求。

2. 小桥涵勘测

(1)描述河流、河床断面的基本概念以及径流形成过程和影响因素；

(2)描述汇水区几何参数；

(3)描述小桥涵勘测的内容以及勘测前的准备工作；

(4)描述小桥涵测量的内容；

(5)描述形态调查法的基本内容；

(6)进行河沟糙率的选取以及洪水比降的确定；

(7)描述小桥涵工程地质调查的内容和方法。

3. 小桥涵流量及孔径计算

(1)描述小桥的两种水力图式及判定条件；

(2)描述涵洞的三种水力图式及判定条件；
(3)利用直接类比法进行流量计算；
(4)利用形态调查法进行流量计算；
(5)描述小桥涵孔径计算的特点；
(6)能进行小桥孔径的计算，能用表解法速算孔径；
(7)能利用表解法确定涵洞孔径。

4. 涵洞构造

(1)描述涵洞的组成；
(2)描述涵洞的构造及立面布置；
(3)描述涵洞口构造及类型；
(4)描述沟床加固方法及防护措施。

5. 小桥涵基础设计

(1)描述小桥涵基础设计的一般要求、基础设计所需的资料；
(2)描述基础的类型及适用条件；
(3)描述作用于基础上的荷载；
(4)分析基础埋置深度的确定方法，会拟定刚性扩大基础的尺寸；
(5)进行刚性浅基础的验算；
(6)描述软土地基加固方法。

6. 小桥涵设计

(1)描述小桥涵设计的内容、步骤；
(2)运用标准图或有关手册进行小桥涵设计；
(3)描述小桥涵设计的图幅、图例等有关规定。

7. 小桥涵工程数量

(1)计算正交、斜交涵洞的长度；
(2)计算桥涵主体工程数量；
(3)计算涵洞洞口尺寸以及工程数量。

四、学时分配建议(附表1)

附表1

序号	课程内容	教学时数			
		合计	讲课	实训	机动
1	概述	4	4		
2	小桥涵勘测	8	6	2	
3	小桥涵流量及孔径计算	8	8		
4	涵洞构造	6	4	2	
5	小桥涵基础设计	9	6	3	
6	小桥涵设计	10	4	6	
7	小桥涵工程数量	4	4		
	机动	3			3
	合计	52	36	13	3

五、说明

(1)本课程的内容有较大的地域性差异,教学过程中应注意联系当地实际。

(2)本课程与许多技术规范有关,在教学过程中应要求学生能熟悉和运用这些规范,并及时跟踪它们的变化。

(3)小桥涵勘测的实训主要安排水文测量实习和形态调查实习。

(4)涵洞构造的实训主要安排各类涵洞的认识实习。

(5)小桥涵基础设计及小桥涵设计部分均附有习题供学生设计选用。

参考文献

[1] 孙家驷. 公路小桥涵勘测设计. 北京:人民交通出版社,1998

[2] 俞高明. 桥涵水力水文. 北京:人民交通出版社,1998

[3] 顾克明,等. 公路桥涵设计手册·涵洞. 北京:人民交通出版社,2001

[4] 河北省交通规划设计院. 公路小桥涵手册. 北京:人民交通出版社,1982

[5] 毛瑞祥,程翔云. 公路桥涵设计手册·基本资料. 北京:人民交通出版社,1993

[6] 中华人民共和国行业标准. 公路工程技术标准(JTG B01—2003). 北京:人民交通出版社,2004

[7] 中华人民共和国行业标准. 公路桥涵设计通用规范(JTG D60—2004). 北京:人民交通出版社,2004

[8] 中华人民共和国行业标准. 公路勘测规范(JTG C10—2007). 北京:人民交通出版社,2007

[9] 中华人民共和国行业标准. 公路工程地质勘察规范(JTJ 064—98). 北京:人民交通出版社,1998

[10] 中华人民共和国行业推荐性标准. 公路涵洞设计细则(JTG/T D 65-04—2007). 北京:人民交通出版社,2007

[11] 中华人民共和国国家标准. 公路工程结构可靠度设计统一标准. 北京:中国计划出版社,1999

[12] 俞高明. 公路施工技术. 北京:人民交通出版社,2002

[13] 凌治平. 基础工程. 北京:人民交通出版社,1986

[14] 王经羲. 土力学地基与基础. 北京:人民交通出版社,2002